文化遗产法治保障研究

黄墨樵 著

重庆出版集团 重庆出版社

图书在版编目(CIP)数据

文化遗产法治保障研究 / 黄墨樵著. —重庆：重庆出版社，2022.12

ISBN 978-7-229-17442-2

Ⅰ.①文… Ⅱ.①黄… Ⅲ.①文化遗产—保护—法律—研究—中国 Ⅳ.①D922.164

中国版本图书馆CIP数据核字(2022)第002950号

文化遗产法治保障研究
WENHUA YICHAN FAZHI BAOZHANG YANJIU

黄墨樵 著

责任编辑：吴 昊 李 孟
责任校对：何建云
装帧设计：胡耀尹

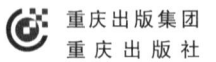

重庆出版集团
重庆出版社 出版

重庆市南岸区南滨路162号1幢 邮政编码：400061 http://www.cqph.com
重庆出版社艺术设计有限公司制版
重庆天旭印务有限责任公司印刷
重庆出版集团图书发行有限公司发行
E-MAIL:fxchu@cqph.com 邮购电话：023-61520646
全国新华书店经销

开本：787mm×1092mm 1/16 印张：22.25 字数：230千
2022年12月第1版 2022年12月第1次印刷
ISBN 978-7-229-17442-2
定价：75.00元

如有印装质量问题，请向本集团图书发行有限公司调换：023-61520678

版权所有 侵权必究

前言

中国是文明古国，有着百万年的人类史、一万年的文化史、五千多年的文明史，亦是文化遗产大国。随着我国综合实力日益增强，老百姓对于中华民族的认同感和自豪感持续提升，中华传统文化对于当下社会生活的影响力逐渐回归到应有的位置。近年来，无论是故宫博物院、敦煌研究院等文化遗产和博物馆机构持续受到大众关注，三星堆遗址、良渚遗址等一大批考古重大发现和遗址保护实践不断出现在各大媒体头条，还是一大批民俗活动、传统节日、歌舞、戏剧等非物质文化遗产通过创造性转化和创新性发展融入到民众现代生活，这些都无不实证着中华传统文化和文化遗产在当下中国人生活中所占的重要位置。正如习近平总书记所说："文物和文化遗产承载着中华民族的基因和血脉，是不可再生、不可替代的中华优秀文明资源。""如果没有中华五千年文明，哪里有什么中国特色？"文化遗产对于一个国家、一个民族的重要性不言而喻。

要建立保存国家记忆、赓续中华文脉的基本制度保障，法律保护无疑是必然之选项。目前中外涉及文化遗产论题的法治研究，在研究对象上，多聚焦于非物质文化遗产的法治保障；在研究视角上，也偏重于民商法、行政法与国际法等部门法。因而总的来看，对整个文化遗产法治保障的整体性架构和系统性体系的探讨均有不足之处。文化遗产法治保障问题不单单是法律规范和法律制度问题，而且是一个法治的系统性问题。基于此,"体系"与"系统"的概念则成为笔者观察和厘清文化遗产法治保障的主要工具。本书旨在从法学理论视域出发,从中国与外国、历史与现实、理论与制度等多个维度对文化遗产的法治保障问题进行较为系统和深入的探讨,明确文化遗产法治保障的基本框架,分析和完善中国文化遗产的法治保障体系。

本书聚焦于回答什么是文化遗产法治保障基本框架。对立法、执法、司法、守法、法治监督和法治文化这六个法治保障体系的核心要件进行归纳和提炼,以勾勒出文化遗产法治保障的基本框架,即两个方面与三个层次。两个方面是指:立法保障和法律实施保障。三个层次:一是立法保障,即保障文化遗产的立法层面。二是主体性实施保障,即保障文化遗产之法律实施的主体性力量,包含法律的执行(执法)、适用(司法)和遵守(守法)。三是支持性实施保障,即保障文化遗产之法律实施的支持性力量,包含法治监督和法治文化。

从总体上观察,当代中国的文化遗产法治保障已经形成一个基本的框架。一方面,一些主要的法律制度及其实施机制已经建立,其保障成效日益彰显;另一方面,文化遗产的法治保障还存在不少问题和缺失。在立法保障方面存在缺乏统一性,行政化倾向较重,法律法规尚有缺位,法律法规条文笼统、缺乏可操作性等问题;主体性实施保障方面存在执法主体分散,执法权力羸弱,执法队伍建设欠缺,惩处过轻,公益诉讼缺失,法人与公民不守法,违法现象严重等问题;支持性实施保障方面存在法治监督成效性不足,法治文化宣传普及欠缺等问题。

在当代中国,文化遗产法治保障是法治中国建设中的重要组成部分，因此如何完善文化遗产法治保障框架尤显重要。在立法保障方面首先要充实法律制度内容，加强相关法律、法规的衔接与协调，增强法律、法规的可操作性。在主体性实施保障方面，建立新型文化遗产行政管理与执法体系，提高文化遗产行政执法队伍执法能力，强化对违法犯罪者法律责任的追究，实行文化遗产公益诉讼制度，推动各方主体的自觉守法。在支持性实施保障方面，加强文化遗产的法治监督和培育保护文化遗产的法治文化。

本书亦是笔者近些年在法学语境下思考文化遗产保护的一个总结。希望通过本书的讨论，为当下文化遗产法治保障提供一个系统性思考维度，在法治中国建设总体系中构建符合文化遗产事业发展内在规律的文化遗产法治保障体系。

目 录

前 言 ·· 1

导 论 ·· 1
第一节 问题源起 ·· 3
第二节 文献综述 ·· 7
第三节 研究方法 ·· 16
第四节 体例结构 ·· 20

第一章 文化遗产法治保障的基本理论 ································ 23
第一节 文化遗产的概念 ·· 25
一、"文化遗产"语词的演进 ·· 25
二、"文化遗产"的概念界定 ·· 31
三、"文化遗产"相关概念辨析 ···································· 40

第二节 文化遗产权利 ·· 47
一、文化遗产权利的发生与演进 ··································· 47
二、文化遗产权利的基本概念 ······································ 52
三、文化遗产权利的主体 ··· 57

四、文化遗产权利的公权与私权属性 ……………………………… 58
五、文化遗产权利的行使 …………………………………………… 60

第三节 文化遗产法治保障的范围与意义 ……………………………… 63
一、文化遗产法治保障的范围 ……………………………………… 63
二、文化遗产法治保障的意义 ……………………………………… 65

第四节 文化遗产法治保障的概念与框架 ……………………………… 72
一、文化遗产法治保障的概念 ……………………………………… 72
二、文化遗产法治保障的基本框架 ………………………………… 74

第二章 国外及国际的文化遗产法治保障 ……………………………… 77

第一节 世界各国宪法对文化遗产保护的规定 ………………………… 79
一、各国现行宪法表达"文化遗产保护"的历史变迁 …………… 80
二、各国文化遗产保护相关条款入宪的成因分析 ………………… 83
三、文化遗产保护条文在各国宪法中的表达 ……………………… 84
四、文化遗产宪法保障的实践及效果 ……………………………… 86

第二节 法国和意大利的文化遗产法治保障 …………………………… 91
一、法国文化遗产法治保障的发展与特点 ………………………… 91
二、意大利文化遗产法治保障的演进及特点 ……………………… 98

第三节 美国文化遗产的法治保障 ……………………………………… 105
一、美国文化遗产法治保障的历史变迁 …………………………… 105
二、美国文化遗产法治保障的特点 ………………………………… 109

第四节 日本和韩国的文化遗产法治保障 ……………………………… 115
一、日本文化遗产法治保障的沿革与特点 ………………………… 115
二、韩国文化遗产法治保障的发展及特点 ………………………… 126

第五节 联合国的文化遗产法治保障 …………………………………… 134
一、联合国文化遗产法治保障的历史进程 ………………………… 134

二、联合国文化遗产法治保障的特点 ………………………………………………142

第三章　中国文化遗产法治保障的演进 ……………………………………145
第一节　近代中国文化遗产的法治保障 ……………………………………147
一、清末的文化遗产法律保护 ……………………………………………………147
二、中华民国时期的文化遗产法律保护 …………………………………………149
三、新民主革命时期中国共产党的文化遗产法律保护 …………………………156

第二节　新中国前30年文化遗产的法治保障 ………………………………158
一、新中国成立和社会主义建设初期（1949—1956年）…………………………158
二、社会主义道路艰辛探索时期（1957—1965年）………………………………159
三、社会主义建设曲折发展时期（1966—1976年）………………………………161

第三节　改革开放后中国文化遗产的法治保障 ……………………………162
一、恢复期（1978—1981年）………………………………………………………162
二、开创期（1982—2001年）………………………………………………………163
三、发展期（2002—2010年）………………………………………………………168
四、完善期（2011年至今）…………………………………………………………173

第四节　中国台湾地区文化遗产的法治保障 ………………………………177

第四章　中国文化遗产法治保障的基本框架及存在的问题 ………181
第一节　中国文化遗产的"立法保障"及其不足 ……………………………183
一、中国文化遗产权利的法律化 …………………………………………………183
二、保护文化遗产的立法体系 ……………………………………………………186
三、保护文化遗产的主要法律制度 ………………………………………………191
四、文化遗产"立法保障"的不足之处 ……………………………………………197

第二节　中国文化遗产法律的"主体性实施保障"及其问题 ………………203
一、"主体性实施保障"的基本构成 ………………………………………………203

二、"主体性实施保障"存在的问题 ………………………………207

第三节　中国文化遗产法律的"支持性实施保障"及其缺失 ……214
一、"支持性实施保障"的基本构成 ………………………………214
二、"支持性实施保障"的缺失 ……………………………………216

第五章　中国文化遗产法治保障的完善 …………………………221

第一节　完善文化遗产的"立法保障" ………………………………223
一、充实法律制度的内容 …………………………………………224
二、加强相关法律、法规的衔接与协调 …………………………234
三、增强法律、法规的可操作性 …………………………………235

第二节　健全文化遗产法律的"主体性实施保障" …………………236
一、建立新型文化遗产行政管理与执法体系 ……………………236
二、提高文化遗产行政执法队伍的执法能力 ……………………238
三、强化对违法犯罪者法律责任的追究 …………………………238
四、实行文化遗产公益诉讼制度 …………………………………239
五、推动各方主体的自觉守法 ……………………………………241

第三节　强化文化遗产法律的"支持性实施保障" …………………242
一、加强文化遗产的法治监督 ……………………………………242
二、建设保护文化遗产的法治文化 ………………………………243

结语 …………………………………………………………………247

参考文献 ……………………………………………………………251

附录　世界各国现行宪法"文化遗产保护"相关条款一览表 ………269

后记 …………………………………………………………………342

导 论

第一节
问题源起

本研究旨在从法学理论上对文化遗产的法治保障问题进行较为系统和深入的探讨。这一探讨，包括中国与外国、历史与现实、理论与制度等多个维度。其根本目的在于分析和完善中国文化遗产的法治保障。所以，这既是文化遗产法律保护问题的研究，更是一项专项法治问题的研究。

在历史长河中，如何证明人类文明在持续发展？如何勾勒出人类文明发展的过往印记？如何为人类未来之路提供延续性的方向参考？文化遗产无疑给人类提供了一条极为重要的途径。一方面，人类通过文化遗产能够最为客观地了解和认识人类发展的过往，证明人类发展过程中的点点滴滴，为人类的自我认同和精神建构提供了强大的物证支撑。人类、国家、民族，乃至个人的身份认同都需要文化遗产的支持。另一方面，文化遗产的永续流传为人类的持续发展提供了强大的精神动力和思想源泉。回答"我是谁""我从哪里来""我到哪里去"这些哲理之问，同样需要依靠文化遗产。文化遗产的消失殆尽会让人类精神成为游荡在空中的虚幻幽灵，"皆若空游无所依"。只有保护好文化遗产，人类的发展才有坚固的精神基石，人类的可持续发展才能有正确的方向。

过去的数千年，中华民族一直在连续不断地书写着灿烂文明的伟大历史长卷。这就决定了中国必然是一个文化遗产大国，拥有数量庞大、分布广阔、种类繁多、形态各异、精妙绝伦的文化遗产。这些文化遗产不仅是中华民族的宝藏，也是全人类的共同财富。根据《中华人民共和国文化和旅游部2019年文化和旅游发展统计公报》统计，全国10562个文物机构拥有文物藏品

5130.19万件；全国共有可移动文物1.08亿件/套，不可移动文物76.7万处；"世界遗产"55项，与意大利并列第一；国务院公布的国家级非物质文化遗产代表性项目有1372个，共认定的国家级非物质文化遗产项目代表性传承人有3068名。[1]文化遗产乃是中华民族根之所在、魂之所系。也就是说，这些文化遗产是中华民族历经数千年繁衍生息的证明，是中华民族思维模式、精神信仰和处世哲学的载体，是中华民族蓬勃生命力和无尽创造力的凝结。尤其是当下中国，正行进在努力实现民族复兴的伟大征途中，当今世界国与国之间的竞争更是综合国力的较量，而文化实力起着越来越重要的作用，文化遗产作为一国文化的根本组成要素，对国家社会生活的方方面面都发挥着重大作用，深刻影响着国家民族前行的方向。

但是，文化遗产自不能任凭其自然存在，必须由国家和社会加以保护，才能永续留存于民族的生命长河之中。在此方面，我们历史上有过惨痛教训。清末民初，时局动荡，法治羸弱。国外考古探险队未经政府许可，私自闯入中国开展所谓的考古科研考察，大肆盗掘中国古代遗址和墓葬，将众多珍贵文物私自带回各国，给中国造成了不可挽回的巨大损失。例如1902年至1904年，日本大谷光瑞等人赴新疆，在库车、于阗等地盗掘；德国"探险家"勒柯克（Albert Von Lecoq）于1904年至1905年到库车赫色尔等地调查千佛洞，并盗走最有价值的壁画；1906年至1908年，英国人斯坦因（Marc Aurel Stein）在磨朗、罗布泊、东去敦煌的路上、汉长城一带盗掘，挖掘到大批竹木简牍，并在敦煌莫高窟攫取大批文物；1906年至1911年，法国人伯希和（Paul Pelliot）由新疆到敦煌，在莫高窟盗取大量精美文物。在这些文化悲剧中，最令人唏嘘不已的当属1907年至1908年间，英国人斯坦因和法国人伯希和先后对敦煌莫高窟藏经洞内的敦煌遗书进行了大规模洗劫。英国人斯坦因窃取写本、刻本24箱，绢画、绣像等5箱，前后共窃取七千多卷子。法国人伯希和窃取四千多卷子。[2]又如1928年"东陵大盗"孙殿英对清东陵的大肆破坏和

---

[1]中华人民共和国文化和旅游部：《中华人民共和国文化和旅游部2019年文化和旅游发展统计公报》，2020年6月20日，https://www.mct.gov.cn/whzx/ggtz/202006/t20200620_872735.htm。

[2]阎文儒：《中国考古学史》，广西师范大学出版社2004年，第126—131页。

掠夺。十四年的抗日战争，日本帝国主义对中国文化遗产的掠夺及所带来的破坏更是罄竹难书！

新中国成立后，随着中国社会的不断进步，保护文化遗产的意识不断提升，制度建设和实际保护工作从未停止。但总体而言，中国的文化遗产现状远未到值得夸耀的程度。文化遗产具有稀缺性、不可再生性和不可复制性等特质，一旦破坏，将造成永久损坏，无法逆转。即使修复弥补或是重制，仍是"斯人已逝"，原物不再，失去了文化遗产的原有价值。正如1992年济南市以城市建设为由，将已有80年历史，被誉为"亚洲第一站"的济南老火车站（1912年建成）全部拆毁。[1]而仅过了20年，即2012年，济南市又决定"原汁原味"重建老火车站和行李包房，引来社会各界一片哗然。[2]如此荒唐，视文化遗产保护为儿戏的事件并非仅在济南一地出现。由于中国正处于经济飞速发展、社会急速转型的时期，文化遗产的保护与经济社会发展之间的裂痕加剧。正如叶秋华所言，长期以来，主体保护意识缺位，保护观念陈旧，保护技术落后，保护经费短缺，保护专业人才匮乏，加之外部自然环境恶化，人为破坏严重，文物盗掘、盗窃、非法交易等违法活动频发，我国文化遗产保护事业现状不容乐观。一方面，对"文化产业化"的错误理解，一系列"毁掉真文物，建造假文物"背离文化遗产保护原则的事件在全国范围内屡次发生；另一方面，全国不少地方为追逐短期经济利益，肆意损坏和毁坏文化遗产的事件屡见不鲜，大量文化遗产正以惊人的速度消失，无不令人扼腕叹息，唏嘘不已。[3]如在2016年12月，河南省汝州市120座汉、晋、唐各时期古墓葬遭房地产商开发破坏。在有关方面纵容下，在保护方案尚在论证过程中，项目施工方就将具有重大文物价值的汉墓葬夷为平地，毁失殆尽。[4]如何才能阻止破坏文化遗产的悲剧反复上演，如何才能从根本上"保护好、利用

---

[1] 张润武：《济南老火车站拆除有感》，载《设计艺术》2000年第2期，第9页。
[2] 刘佳、胡晓英：《济南老火车站重建调查》，载《决策探索》2013年第11期，第24—25页。
[3] 叶秋华、孙德超：《文化遗产法律保护中的几个问题》，载《法学家》2008年第5期，第38—39页。
[4] 国家文物局：《国家文物局关于河南省汝州市望嵩文化广场项目汉墓群遭破坏案调查处理情况的通报》2017年1月26日，http://www.sach.gov.cn/art/2017/1/26/art_722_136954.html.

好、传承好中华民族珍贵的历史文化遗产"①，这是国家必须解决的重大问题。笔者认为，保护文化遗产，要以战略高度、宏观角度、整体思考、系统分析为基本原则。在依法治国，建设社会主义法治国家的今天，应当在总结历史经验教训的基础上，加强对文化遗产的法治保障，特别是完善其整个法治保障体系。党的第十八届四中全会通过了《中共中央关于全面推进依法治国若干重大问题的决定》（2014年10月23日，以下简称《关于依法治国的决定》），为国家如何运用法治保障体系保护文化遗产，应对问题和挑战提供了理论指导和行动纲领。建立、健全文化遗产法治保障体系是建设法治中国的必然诉求，更是法治中国的应有之义！可以说，文化遗产法治保障体系是整个中国特色社会主义法治体系的重要组成部分。建立、健全文化遗产的法治保障体系，既是中国保护文化遗产的基础性工程，也是提高中国文化遗产保护实效的基本保障。简而言之，良好的文化遗产法治保障体系建设为文化遗产保护事业提供了制度运行机制，让文化遗产保护事业沿着更加科学化和规范化路径前行。就世界范围而论，建立健全文化遗产法治保障体系也是维护各自国家文化遗产权利与利益的有效武器。中国目前还有数目惊人的文化遗产流失海外，大多数海外流失文物追索存在难度，这就更加要求完善国内文化遗产法治保障体系，以便在未来的文化遗产权利与利益争夺中占据法理上的有利位置。

---

① 谢辰生：《当前文物工作的四种错误倾向——在全国人大常委会纪念〈文物保护法〉颁布30周年座谈会上的发言》，载《城市规划》2013年第3期，第38页。

第二节
文献综述

在学术理论层面，多年来中外法学界和文博界（文物与博物馆学界）已经对有关文化遗产领域的法治相关问题作了许多卓有成效的探索。进入新世纪，随着文化遗产法治认知及理论探讨的持续深入，学界产生了一系列相关研究成果，逐步形成了文化遗产法律保护的系统性分析框架和理论建构。

从学术专著来看，目前已出版的相关专著有顾军和苑利的《文化遗产报告——世界文化遗产保护运动的理论与实践》（社会科学文献出版社2005年版）、朱祥贵的《文化遗产保护法研究：生态法范式的视角》（法律出版社2007年版）、李墨丝的《非物质文化遗产保护国际法研究》（法律出版社2010年版）、傅崐成和宋玉祥的《水下文化遗产国际法保护》（法律出版社2006年版）、王云霞主编的《文化遗产法学：框架与使命》（中国环境出版社2013年版）和《文化遗产法教程》（商务印书馆2012年版）、杨明的《非物质文化遗产的法律保护》（北京大学出版社2014年版）、刘红婴的《非物质文化遗产法律体系》（知识产权出版社2014年版）、刘丽娜的《中国水下文化遗产的法律保护》（知识产权出版社2015年版）、蒋万来的《传承与秩序：我国非物质文化遗产保护的法律机制》（知识产权出版社2016年版）。上述著作对文化遗产法治保障的一些基本问题进行了各具特色的分析。以《文化遗产报告——世界文化遗产保护运动的理论与实践》为例，该书主要以意、法、英、美等七国，以及中国（含中国台湾地区）等共十个案例为研究样本，分别从文化遗产法律保护历史进程、保护机构组织建置（中央政府、地方政府、咨询机构、社团组织）、主要相关法律制定（立法角度）、相关经验教训等方面进行系统性梳理、分析和总结。书中用大量篇幅对域外文化遗产法律保护的相关问题予以阐释，尤其是总结出了一系列较为系统和明晰的有益经验，例如：意大利的"文化遗产宪兵"制度；法国的"文物大普查"制度；英、美等国强调文化遗产的整体性保护；英、韩等国强调相关法律的可操作性等。这为进一步结合中国实际促进相关制度创新，提供了相应的案例样本和可行性分析。另外，就中国当下的文化遗产法律保护现状，该书也进行了较为系统性的观察。该书认为我国的立法对文化遗产整体性的观照还较为缺失；执法环节缺乏统一性，效率低下；司法环节存在量刑过轻，难起震慑作用等问题，并针对这些问题提出了相应的改善建议。[①]

其次，随着文化遗产相关概念在我国的不断演进吸纳——例如"水下文化遗产""非物质文化遗产"等法律保护问题进入我国学者视野——在21世纪10年代里，有一批相关学术专著陆续面世。以杨明的《非物质文化遗产的法律保护》为例，该书主要有三方面的内容：一是非物质文化遗产法律保护的价值诉求和哲学考量；二是有关非物质文化遗产核心要件——权利的讨论，主要涉及权利主体的构成和划分、获得权利的条件，以及权利的内容构成；三是非物质文化遗产法律保护制度的实施路径建构。值得注意的是该书一方面从法价值论和法哲学层面对非物质文化遗产法律保护进行了分析和考察；另一方面对一些在非物质文化遗产法律保护中容易混淆的概念和遇到的问题难点都进行了有效回应，具有借鉴意义。例如该书主张在建构非物质文化法律保护路径时，需要根据保护对象的特点，避免一概而论和非此即彼的处置方法，采取多元化的法律保护实施路径。[②] 而多元化的思路势必使整个法律保护框架更为系统化，既相互联系，又相互作用。在笔者看来，将这种思路放置在更广阔的文化遗产整体法律保护框架之中，也是同样适用的。

此外，除了有关文化遗产法律保护的专著之外，也不乏一些与之关联性较强的法学著作问世，例如黄明涛的《公民文化权研究——〈宪法〉第47条

---

①顾军、苑利：《文化遗产报告——世界文化遗产保护运动的理论与实践》，社会科学文献出版社2005年，第162—175页。

②杨明：《非物质文化遗产的法律保护》，北京大学出版社2014年，第161—162页。

之规范建构》。该书虽然未直接涉及文化遗产的专门法律保护,但在宪法建构的语境中对文化遗产法律保护中的核心要件文化权——文化遗产权利的上位权利——进行了深入的法律理论建构分析。该书将对于文化权利的讨论回归到法律体系中最为根本的场域——宪法层面,以我国《宪法》第47条中有关公民自由参与文化生活的权利之规定为路引,逐步勾勒出在宪法意义上的文化权利样态。宪法与普通法律之间最大的区别在于宪法首先是一部保障权利的"法"。[①]因此在宪法场域中谈论文化权及文化遗产权相关问题尤为必要。这也是该书最为启发笔者的地方。

在学术期刊论文方面,与本书论题有关联的,主要分为以下四类。

第一类以文化遗产法律保障建设相关(历程、构架、启示)主题为论题进行讨论。其中有涉及外国文化遗产法律保障建设相关的论文,代表有孔德超的《法国文化与自然遗产法历史发展概述》(《法学论丛》2010年第4期)、叶秋华和孔德超的《论法国文化遗产的法律保护及其对中国的借鉴意义》(《中国人民大学学报》2011年第2期)、白瑞斯(Berthold Riese)和王霄冰的《德国文化遗产保护的政策、理念与法规》(《文化遗产》2013年第3期)、杨丽霞的《英国文化遗产保护管理制度发展简史(上下)》(《中国文物科学研究》2011年第4期、2012年第1期)。同时也有涉及中国文化遗产法律保护体系建设相关的论文。代表论文有莫纪宏的《建立文化遗产与文化权利的法律保障体系》(《科学新闻》2003年第17期)、李晓东的《略谈文物法律体系和法治文化》(《中国文物科学研究》2011年第2期)、刘先辉的《我国文化遗产保护法律体系:构建与发展》(《时代法学》2013年第4期)。还有就文化遗产法治保障中的某些或某个要素进行评析的论文。代表论文有叶秋华和孔德超的《文化遗产法律保护中的几个问题》(《法学家》2008年第5期)、王云霞的《论文化遗产权》(《中国人民大学学报》2011年第2期)、马明飞的《两岸文物交流的司法扣押问题及其解决路径——以欧美相关立法为借鉴》(《政治与法律》2011年第11期)。该类论文主题虽然涉及文化遗产法治保

[①] 张千帆:《宪法学讲义》,北京大学出版社2011年,第52页。

护体系或系统建设历程、架构和启示,但大都缺乏整体性研究,其系统性略显不足。

第二类论文,以部门法(行政法、民商法、刑法、自然资源和环境保护法)的视角讨论其在文化遗产法治保障中的运用。代表论文主要有李玉雪的《文物的私法问题研究——以文物保护为视角》(《现代法学》2007年第6期)、唐海清的《论美国"文化遗产犯罪量刑准则"及其对我国的启示》(《时代法学》2010年第2期)、俞剑勤的《基层文物行政执法的问题和对策研究》(《中国文物科学研究》2013年第2期)。该类论文虽然对文化遗产法律运用过程进行梳理,分析其间的不足和缺失,并提供完善建议,但由于视角的限制,未能从法治保障体系层面对整个文化遗产法律保护机制进行系统分析和评述。

第三类以国际法为视角,针对国际文化遗产法律保护机制进行介绍,对运行中所出现的问题进行分析,特别是针对文化遗产所有权的归属、争端的解决、海外流失文化遗产的追索、水下文化遗产权益的保障等议题进行了专门研究。代表论文有郭玉军和徐锦堂的《国际水下文化遗产若干法律问题研究》(《中国法学》2004年第3期)、杨树明的《"国际主义"与"国家主义"之争——文物返还问题探析》(《现代法学》2005年第1期)、王云霞和黄树卿的《文化遗产法的立场:民族主义抑或国际主义》(《法学家》2008年第5期)、杜涛的《境外诉讼追索海外流失文物的冲突法问题——伊朗政府诉巴拉卡特美术馆案及其启示》(《比较法研究》2009年第2期)、纳夫齐格(James A.R. Nafziger)著,周雪帆译的《文化遗产法概述》(《贵州社会科学》2011年第1期)。该类论文集中于介绍国际文化遗产法律文件、国际文化遗产所有权的争端解决和相关权益保障,较多涉及国内法如何与国际法协调关系。

第四类是就文化遗产事业中某个或某些组成要素——可移动文物、不可移动文物;历史文化街区(村镇)或历史文化名城、非物质文化遗产或物质文化遗产的保护和利用等——所涉及的法律概念及保护问题进行讨论。代表性论文有牟延林和吴安新的《非物质文化遗产保护中的政府主导与政府责任》(《现代法学》2008年第1期)、陶信平的《我国古都历史文化遗产的法律保护——以西安市为例》(《政治与法律》2009年第10期)、吴汉东的《论传统文化的法律保护——以非物质文化遗产和传统文化表现形式为对象》(《中国法学》2010年第1期)、王云霞的《文化遗产的概念与分类探析》(《理论月刊》2010年第11期)、田艳的《非物质文化遗产代表性传承人认定制度探究》(《政法论坛》2013年第4期)、张舜玺和马作武的《公益与私益之间：论文物保护法的价值取向——以非国有不可移动文物保护为例》(《法学评论》2013年第5期)。在文化遗产法治研究的视角下，将法学理论研究结合具体的文化遗产保护门类案例，得出了一系列具有实际参考意义的结论。

从博硕论文来看，随着文化遗产法治理论建构和实践探索的不断发展，近十年来有不少博士论文和硕士论文研究文化遗产（文物）法治保障的相关问题。博士论文有彭蕾的《近代以来我国流失文物的返还及其相关法律问题的探讨》(2009年)、李秀娜的《论非物质文化遗产的知识产权保护》(2009年)、孔德超的《法国文化遗产法研究》(2010年)、黄树卿的《武装冲突情况下保护文化遗产的法律规则与实践》(2010年)、张伟明的《中国文物保护法实施效果研究》(2011年)、胡娟的《现代化背景下历史文化名城的法律保护》(2011年)、周军的《论文化遗产权》(2011年)、郭萍的《水下文化遗产法研究》(2011年)、吴磊的《我国少数民族非物质文化遗产政策研究》(2012年)、刘丽娜的《中国水下文化遗产法律保护研究》(2012年)、付文军的《文物行政许可制度研究》(2013年)、李建的《我国近代文物保护法制化进程研究》(2015年)。其中孔德超的《法国文化遗产法研究》(2010年)从历史进程、理论基础及制度框架三个方面对法国文化遗产法治体系构建进行了梳理、分析和评述，并联系国内实际，为国内文化遗产法治建设提供有益借鉴和参考性建议。硕士论文有贾俊艳的《文化遗产保护立法之比较研究》(2005年)、杨婧的《文化遗产权刍论》(2006年)、夏成杨的《论城镇建设中文化遗产的法律保护》(2011年)、戴颖的《国际投资中的文化遗产保护法律问题研究》(2012年)、王琬琼的《我国文物建筑保护法律制度研究》(2013年)、刘宗良的《山西省文物法律保护存在的问题及对策》(2014年)、崔纪纪的《文物保护中行政执法问题研究》(2014年)、何晴的《我国可移动文物保护的法律制度研究》（2015年）、朱斌华的《非物质文化遗产的刑法保护研究》（2015年）。其中，王琬琼的《我国文物建筑保护法律制度研究》（2013年）和何晴的《我国可移动文物保护的法律制度研究》（2015年），从各自题目即可知，前者关注不可移动文化遗产的法律保护，后者则关注可移动文化遗产的法律保护。这些论文通过对我国物质文化遗产法律保护的发展历程、现有法律体系架构以及国外法律保护经验的梳理，分析现有法律体系存在的不足，提出了诸如"明确责任主体、落实保护责任""完善法律体系、增强可操作性""鼓励公民参与、行使公民监督权"等完善建议。博硕论文选题总体来看存在追逐研究热点的倾向，而基于文化遗产领域的基础性、框架性法治研究则较为欠缺。博士论文选题主要集中于"水下文化遗产""流失文物追索""非物质文化遗产保护"等热点研究；硕士论文选题也趋于以上研究热点选择，其中近十篇讨论"流失文物追索"问题，六十余篇讨论"非物质文化遗产法律保护"问题。

此外，国外学者对文化遗产法治相关问题的研究也建树颇多。例如纳夫齐格（James A.R. Nafziger）与斯科瓦齐（Tullio Scovazzi）编著的《人类文化遗产》（*The Cultural Heritage of Mankind*，Martinus Nijhoff Publishers，2008）一书，是从国际法角度研究人类文化遗产的权威著作之一。全书共分四个部分：第一部分是人文向度（The Human Dimension）；第二部分是物质与非物质文化遗产保护（Protection of Tangible and Intangible Cultural Heritage）；第三部分是公共空间及国际文化遗产的保护（Protection of the Cultural Heritage in Common Spaces and between States）；第四部分是武装冲突中的文化遗产保护（Protection of Cultural Heritage in Armed Conflict）。该书认为保护文化遗产已经超越了个体所有者层面，也超越了原属国或是现所在国利益层面。虽然按照目前利益划分和习惯判定，选择适当的规则十分复杂，但仍试图构建一套真正具有实操意义的文化遗产保护原则、实践和程序。再如皮卡德（Robert Pickard）等人在欧洲理事会文化遗产部（Cultural Heritage Department of the Council of Europe）支持下主编的《遗产保护中的政策与法律》（*Policy and Law in Heritage Conservation*，Spon Press，2001）一书。该书收录了欧洲域内

13个国家（英国、法国、德国、意大利、比利时、捷克、丹麦、爱尔兰、荷兰、西班牙、格鲁吉亚、拉脱维亚、马耳他）文化遗产保护的立法和政策制定情况，以及相关法律和政策实践活动，审视各国对于《格拉纳达公约》（Granada Convention，1985）和《马耳他公约》（Malta Convention，1992）[①]条款实施程度，梳理各国所采取法律和政策保护的共性。该书对整体了解欧洲文化遗产法治运行状态提供了翔实材料。另外，牛津大学出版社近些年来陆续出版了一系列以文化遗产国际法保护为视角的学术著作。例如布莱克（Janet Blake）的《国际文化遗产法》（International Cultural Heritage Law，Oxford University Press，2015）一书。该书全面概述了自1945年以来国际文化遗产法律建构与政策制定情况，将文化遗产法律议题引入国际法语境中，对非法发掘、文物非法贸易、水下文化遗产保护、文化遗产与环境之间的关系、非物质文化遗产保护、与文化遗产相关的人权问题，以及文化遗产所面临的新挑战进行了论述。除在相应的法律框架内进行分析之外，该书还将分析范围进行了延伸，聚焦于造成文化遗产法律发展变化的更广泛的政策影响和其他背景。又如李辛斯基（Lucas Lixinski）的《国际法中的非物质文化遗产》（Intangible Cultural Heritage in International Law，Oxford University Press，2013）。该书对非物质文化遗产的相关法律问题进行了全面剖析，综合法学界和其他相关学科观点，探讨法律对保护非物质文化遗产保护提供的制度性和实质性回应。该书还将非物质文化遗产保护分为三个层面，即国际、地区和国家。在国际层面依靠联合国公约体系予以保障。在地区层面，主要依靠域内国家之间的共同推动，以期促进区域内国家和民族的融合。在国家层面，主要依靠以宪法为根本保证的国内法保障体系。同时，该书还对非物质文化遗产法律实际运作过程进行了探究。除上述著作外，还有弗朗西奥尼（Francesco Francioni）和戈德利（James Gordley）编著的《国际文化遗产法的实施》（Enforcing International Cultural Heritage Law，Oxford University Press，

[①]《格拉纳达公约》即《欧洲建筑遗产保护公约》(Convention for the Protection of the Architectural Heritage of Europe)，1985年通过；《马耳他公约》即《考古遗产保护欧洲公约》(European Convention on the Protection of the Archaeological Heritage)，1992年修订。

2013）。该书分为三个部分：一是评估和分析国际和国内公私法规范之间的相互作用。讨论国际执法的不同路径，国际刑事法庭和混合刑事法庭在文化遗产司法实践中的作用，以及在武装冲突期间保护文化遗产的手段。二是论述文化遗产国际法在国内法框架实践过程中出现的问题，例如国内执行国际准则的障碍、保护水下遗产实践中领土边界的问题，以及国内法院对国际刑事裁定的适用问题。三是探讨除法律之外的文化遗产保护替代方案，例如仲裁、非法律性约束和外交途径。

总体来看，目前中外涉及文化遗产论题的法治研究，在研究对象上，近十年来多聚焦于非物质文化遗产的法治保障；在角度上，也偏重于民商法、行政法与国际法等部门法。在这些研究特色之下，对整个文化遗产法治保障的整体性架构和系统性体系的探讨，就会有不足之处。笔者认为，文化遗产法治保障问题，不单纯是法律规范和法律制度问题，而是一个法治的系统性问题。解决好系统性问题就是要求协调好各要素（子系统）的关系。在法学界、文化界和文博界，尽管对文化遗产法治保障问题进行了大量研究，但仍有不少问题需要进一步探讨。例如文化遗产的法治保障到底有什么作用以及其范围何在、文化遗产法治体系有哪些构成要素、相互关系如何、文化遗产权利的保障等问题；一些重要的文化遗产相关概念还存在争论，例如"文物"与"文化遗产"的概念辨析、"文化遗产"的内涵外延、文化遗产的类别等问题，也有必要将它们放在整个文化遗产法律保障体系中进行考察研究，从而明确其法律内涵。再者，在当前中国文化遗产法治保障实践中，还存在诸如文化遗产领域立法不完善、执法力量羸弱、司法震慑力不足、守法意识淡薄、法治监督效力甚微、法治文化匮乏等问题，这些问题是很难仅靠完善法律体系或加强执法力度等单方面的努力就能改善的，而是需要从整个文化遗产法治保障体系层面入手，综合立法、执法、司法、守法、法治监督和法治文化六位一体的体系建设，合力改善当前中国并不乐观的文化遗产法治保障现状。此外，现代文化遗产法治保障理念起源西方，因此，系统梳理文化遗产法治保障体系的演进和基本框架，借鉴吸收其丰富的经验，能够为建立、健全中国文化遗产法治保障体系提供有益参考。文化遗产法治保障体系研究是一个宏大命题，本书显然不可能对所有这些问题进行逐一分析，因此笔者将侧重于法治理论层面的讨论，即以保障文化遗产的法律制度为核心和主体内容，展开对文化遗产法治保障问题的研究。

第三节
研究方法

本书因涉及文化遗产法治保障体系多个方面的问题，故拟运用四种研究方法，即比较方法、历史方法、实证分析方法和系统方法。比较方法运用于研究各国宪法、欧美等国家和地区法律以及联合国法律文件中对文化遗产的法治保障，比较其异同；历史方法运用于梳理和解释包括中国在内的各国文化遗产法治保障的历史变迁与发展历程，观察其历史演进中的联系和实践创新；实证分析方法与系统方法则主要运用于研究当下中国文化遗产法治保障的已有法律制度乃至整个运行体系，剖析其存在的问题，进而探讨其完善的发展方向与具体举措。

比较方法是任何理论研究都可以采用的基本方法。在法学研究中，比较方法的运用可谓历史悠久。"对不同地区的法制进行比较，其历史与法学本身同样古老。"[1]上溯到古希腊，柏拉图、亚里士多德等先贤就运用比较方法在对古希腊各城邦的政治和法律制度进行过比较的基础上，完成了《柏拉图对话录》《理想国》《形而上学》《政治学》等鸿篇巨著。到了近现代，法学家们追慕其后，通过对各国法的比较，吸取养分，在比较中找寻、确立和改善本国的法律体系。

在法学语境中，比较方法主要可分为四组模式。[2]第一组模式为结构比较和功能比较。对于同一法系的国家而言，运用结构比较方法对比相同或近似的文化遗产法治系统，寻找其间异同。而对不同法系或不同文化背景国家的

---

[1] 法勒内·达维德：《当代世界重要法律体系》，漆竹生译，上海译文出版社1984年，第7页。
[2] 李其瑞：《法学研究与方法论》，山东人民出版社2005年，第250—255页。

文化遗产法治体系进行横向对比时，就需要运用功能比较方法。例如欧洲大陆国家（法、德、意等）与英、美两国的文化遗产法治体系对比，西方国家与中国文化遗产法治体系的对比。第二组模式为宏观比较和微观比较。宏观比较运用于对不同国家整个文化遗产法治体系的宏观比较，多着眼于对于文化遗产法律保护中一般方法的异同。对于各国文化遗产法治体系内所涉及的具体法律概念、制度、规则、部门法等的比较，就需要运用微观比较的方法。第三组模式为静态比较和动态比较。前者将法律制度置于相对静止的位置上，以时间点或空间点作为参照物进行比较研究；后者将法律制度与之相关的各种要素纳入研究范畴中，将对法律制度的比较放在变化运动的语境和轨迹中。第四组模式为叙述比较和评价比较。叙述比较是对各国法律体系和具体规则的事实性认识，不附加任何评价。评价比较则是完成对客观事实的比较陈述后，经过基于研究者价值观的分析和批判，发表相应的主观评价。[1]笔者并不赞成选择比较方法上"非此即彼"的对立和不相容。例如在结构比较和功能比较方法的选择上，结构比较应该作为功能比较的前提；又如一定前提下的静态比较应该成为动态比较的有益补充；再如叙述比较应该成为评价比较的事实基础。一切从比较研究的目的出发，只要有利于进一步改善本国法律的比较方法都应该综合运用，而非束之高阁。

习近平总书记指出："历史研究是一切社会科学的基础。"历史方法也是研究法学的基本方法。在法学研究中，运用历史方法研究法律历史成为"显学"。历史方法并非仅仅限于法律史学科，也可以运用于任何一项法学研究。社会发展受历史阶段和条件限制，呈现出不同面貌。"人们自己创造自己的历史，但是他们并不是随心所欲地创造，并不是在他们自己选定的条件下创造，而是在直接碰到的、既定的、从过去承继下来的条件下创造。"[2]在历史过程中探讨文化遗产法治保障，找出其发展的一脉相承联系、发展特点，分析其经验教训或价值大小，这是历史方法的重要任务。对于本书而言，历史方法

---

[1] 沈宗灵：《比较法研究》，北京大学出版社1998年，第42—44页。
[2]〔德〕马克思：《路易·波拿巴的雾月十八日》，中共中央马克思恩格斯列宁斯大林著作编译局译，人民出版社2015年，第9页。

主要涉及三个方面的探讨：第一，对各国（包括中国在内）文化遗产法治保障历程的追本溯源。第二，对各国文化遗产法治保障的演进过程进行梳理。这部分涉及两个方面的内容：一是特定条件，即历史背景（环境）。任何国家任何时代的法律，都必然生成与发展于一定的历史阶段和条件。一旦社会历史条件发生变化尤其是重大的变化，法律也必将随之改变，乃至出现新的法律。对历史进程的梳理，必须将特定历史条件和当时社会发展环境纳入考察范围。二是重要法治事件，即梳理对文化遗产法治保障的历史演进具有重要推动作用的法治事件（立法、执法、司法）。第三，从各国文化遗产法治保障的演进过程中，辨明发展方向，提炼发展趋势，从而为思考、完善和创新当下中国文化遗产法治保障体系提供历史经验和借鉴。

无论是对其他国家文化遗产法治保障制度的比较辨析，还是对中国文化遗产法治保障的历史回顾、现状解析、问题归纳和系统完善，根本上需要回归到历史现场，回到相关的法律文本中，在对文本的解读中寻找相关问题的答案。实证分析首先要锁定法律文本，不能离开法律文本。因此，就本书而言，实证分析方法的运用，既涉及历史和比较部分的研究，更涉及对当下中国文化遗产法治保障制度的考察。仅从后者来看，这一方法又包括两个方面：一方面是对文本中主题词（关键词）的规范含义进行解读，例如对所涉及的概念内涵和外延进行分析，明确主题词（关键词）所涉范畴和边界；对主题词（关键词）所涉基本原则、判断标准和规则效力进行解读和分析；梳理相关主题词（关键词）在法律文本的演进过程，分析其生成和变化的背景和成因。借助此方法，本书对一个文本主题词（关键词）的分析研究，将通过类似的四个路径进行：一是通过法律文本中的解释性语句获得对主题词（关键词）的基本理解；二是通过梳理学术界对该主题词（关键词）的研究成果，明确该主题词（关键词）的学术内涵和外延；三是通过在该主题词（关键词）相关的法院判例中寻找判断标准和规范效力；四是通过对该主题词（关键词）所涉法律、法规的具体规定进行专门分析。另一方面则是厘清中国现行的保障文化遗产的核心及相关法律制度与规范，从而探寻其规范结构与制度体系。

本书的研究还将运用系统方法。系统方法被应用到人类认识和理解世界过程中已由来已久。在古代，东西方的哲人们就开始运用系统方法来认识和理解世界。例如东方的"五行相生相克"理论，西方的"整体大于部分的总和"等理论。系统方法要求将研究对象作为一个由相互关联的要素集成的整体加以考察，从系统角度研究事物现象。重点从四个方面入手：一是把握整体性。把研究对象看作是一个有各要素相互关联和作用的整体看待，需要从整体和全面的角度把握研究对象。二是分析目的性。整体的目的性明确才能使整个系统内部的各组成要素发挥功能、协同运作。同时各组成要素的目的性明确且各司其职将有利于推动系统整体稳定运作。三是着眼关联性。如果说整体性是分析系统与外部环境的关系，那么着眼关联性就是分析系统内部各要素间的影响、作用和制约关系。四是重视动态性。事物每时每刻都处在运动变化之中，系统运行是一个动态发展过程，涉及系统的历史演进和发展方向。[①]需要把对系统内部各要素和外部其他系统间的相互作用放在动态变化的语境中进行考察。

本书将文化遗产法治保障体系视为一个涉及专业领域的法治系统进行整体把握，全面深入洞察文化遗产法治保障体系中立法、执法、司法、守法、法治监督和法治文化六个系统组成要素及其作用关系。但这一方法的运用，将根据不同论题而有所侧重。例如，考察各国以及中国历史上文化遗产的法治保障，重点关注其法律规范与法律制度体系的建构。而探讨中国当下的文化遗产法治保障，虽然核心仍然是其法律规范与法律制度体系，但也着力于从法治的完整体系上予以展开。

上述四种方法的运用，是一个相互联动和补充的过程。任何一种关于某一"问题"的法学研究，都不是单一方法所能完成的。而对文化遗产法治问题的多向度研究，也使得将上述四种方法进行综合、贯通的运用，成为理所当然的选择。

[①] 彭大均、凌云：《系统方法论和唯物辩证法》，载《上海大学学报（社会科学版）》1995年第5期，第80页。

第四节
体例结构

本书除导论与结语之外，一共分为五章。

第一章涉及文化遗产法治保障的基本理论。本章主要探讨三个问题：一是关于"文化遗产"概念的讨论，首先从语词上对"文化遗产"一词的演进过程加以解析，而后将"文化遗产"一词放入法律语境中，观察其形成和发展的过程，回答"文化遗产"的内涵和外延是什么这一问题。同时对"古物""文物""文化财产（资产）""世界文化遗产""非物质文化遗产"五个与"文化遗产"相关的概念进行辨析，梳理这些概念的演进过程和在法律范畴中的运用情况。二是阐释文化遗产法治保障的重要意义，从而回答为什么要通过法治保护文化遗产这一问题。三是探讨什么是文化遗产法治保障体系，以及哪些要素或环节构成当代中国的文化遗产法治保障体系。

第二章涵盖国外及国际文化遗产法治保障。"他山之石，可以攻玉。"本章首先将从各国宪法入手，从这一国家根本大法的文本中观察文化遗产保护这一社会公益行为在各国宪法中的表达，分析文化遗产保护条款在各国宪法中出现的章节、作用和意义。同时聚焦欧美、日韩等发达国家和地区，以及联合国等国际组织在文化遗产法治上所进行的种种制度建构，通过梳理其历史的发展、演变过程，分析重点法案，试图找寻各国文化遗产法治实践中的优点，为中国的文化遗产法治保障体系建构提供参考和启示。

第三章勾勒中国文化遗产法治保障的演进过程。本章将考察清末以降，中国历届政府和各执政党在文化遗产法治保护中所作出的努力。这一历史考察，具体分为近现代中国、新中国前30年、改革开放至今以及中国台湾地区四个方面,重点对各个历史时期的文化遗产重要法律文件进行解析,以勾勒出中国近现代文化遗产法律保护之路。

　　第四章探讨中国当下文化遗产法治保障的基本框架及其存在的问题。本章将分析当下中国文化遗产法治保障的已有法律制度及其实践,着重以《关于依法治国的决定》为指针,从立法、执法、司法、守法、法治监督以及法治文化六个方面对当下的中国文化遗产法治保障体系进行考察和评析,一方面总结其已经形成的基本格局,另一方面把握其运行过程中出现的问题、缺陷或者不足之处。

　　第五章探究中国文化遗产法治保障的完善。以第四章的分析和把握为基础,本章将就如何完善中国文化遗产的法治保障体系进行探讨,亦即分别对保护文化遗产的立法、执法、司法、守法、法治监督和法治文化六个方面提出一些具有针对性的完善建议,从而整体地、系统地回应中国文化遗产法治保障的基本问题。

第一章

文化遗产法治保障的基本理论

第一节
文化遗产的概念

一、"文化遗产"语词的演进

"文化遗产"是由形容词"文化的"和名词"遗产"构成的偏正短语（定中短语）。"文化"一词的使用在中国历史上出现较早，最早见于《周易·彖传》："观乎天文，以察时变，观乎人文，以化成天下。"①文中虽未直接出现"文化"的连用，但已将"人文"与"化成天下"相连，在文义上形成了连用，具有"文以教化"之意，作为一个政治道德概念出现，这表明早在西周时代就已经出现了"文"和"化"的连用。②西汉刘向在《说苑·指武》中写道："圣人之治天下也，先文德而后武力。凡武之兴，为不服也，文化不改，然后加诛。"③这里也出现了"文化"一词，有"以文化之"之意，指以非武力的方式来教化转变人。④可见"文化"一词的古义主要与礼教有关，将其作为一种当时先进而优良的社会秩序予以彰显，与野蛮落后相对。而在现代汉语中，"文化"一词主要有四种不同含义：一是"广义指人类在社会实践过程中所获得的物质、精神的生产能力和创造的物质、精神财富的总和"。二是"泛指一般知识"。三是"中国古代封建王朝所施的文治和教化的总称"。四是

---

① (明)来知德:《周易集注》，九州出版社2004年，第316页。
② 毛慧君:《中国历史词源中的"文化"述说》，载《云南师范大学学报(对外汉语教学与研究版)》2005年第3期，第66页。
③ (汉)刘向:《说苑全译》，王锳、王天海译注，贵州人民出版社1992年，第650页。
④ 毛慧君:《中国历史词源中的"文化"述说》，载《云南师范大学学报(对外汉语教学与研究版)》2005年第3期，第66页。

"考古学上指同一个历史时期的不依分布地点为转移的遗迹、遗物的综合体"。①由此看来"文化遗产"中的"文化"使用第一种含义解释较为合适。中心词"遗产"一词最早见于南朝范晔的《后汉书·郭丹传》中:"丹出典州郡,入为三公,而家无遗产,子孙困匮。"②此含义已与"遗产"的今义趋近,指"个人(公民)死亡时遗留的个人合法财产"。除此含义外,"遗产"一词还有"历史上遗留下来的精神财富或物质财富"③的含义。这一含义解释较为契合"文化遗产"中"遗产"的内涵主旨。"遗产"一词在近代法律上应用最早见于京师同文馆1864年刊印的《万国公法》中。就笔者掌握的现有材料来看,"文化遗产"一词在汉语语言系统中并没有直接的语词渊源,是由英文"Cultural Heritage"翻译而来。

从英文词源上考察"文化遗产"词汇,就要先分别考察"Culture"(文化)和"Heritage"(遗产)两个词汇。"Culture"(文化)一词含义的演变至少经历了三个时期或阶段。④英文中的Culture一词出现于15世纪中叶,意为"耕作"(the Tilling of Land),其词源来自拉丁语和中古法语,本义为"种植、农业"(Acultivating, Agriculture),引申为"Care, Culture, An Honoring"(关心、培养、荣耀)。16世纪,该词首次被证实赋予"教化"(Cultivation Through Education)的含义。18世纪末以来,随着此起彼伏的社会思想运动的不断推动,"Culture"(文化)一词也朝着现代含义不断演进,其过程充满了复杂性。而这种复杂性则与人类生活、智力活动,尤其与艺术相关。⑤1805年加入"文明的智力领域"(the Intellectual Side of Civilization)的含义。1867年,该词被进一步赋予了"一个民族的习惯和成就"(Collective customs and achievements of a people)的含义。而"Cultural"(文化的)一词作为"Culture

---

① 《辞海》(第6版彩图本),上海辞书出版社2009年,第2379页、第2705页。
② 《汉语大词典》(第6卷),汉语大词典出版社1990年,第1208页。
③ 《辞海》(第6版彩图本),上海辞书出版社2009年,第2705页。
④ 宋启军、鲁克园、刘绍忠:《"Culture"的词源学视野及其启示》,载《柳州师专学报》2011年第6期,第41页。
⑤ 〔英〕雷蒙·威廉斯:《关键词——文化与社会的词汇》,刘建基译,生活·读书·新知三联书店2016年,第152—153页。

（文化）"的形容词，在1875年前均与表示动植物的养育（Raising of plants or animals）有关。而后与精神上的培育（the Cultivation of the Mind）逐渐关联，此后就与文化和文明相关联。之后人类学家及社会学家大量使用该词，创造了一系列短语。例如文化差异（Cultural Diffusion）（1912年）、文化多样性（Cultural Diversity）（1935年）、文化帝国主义（Cultural Imperialism）（1937年）、文化多元化（Cultural Pluralism）（1932年）、文化相对主义（Cultural Relativism）（1948年）。英文"Heritage"出现于13世纪，意为"可继承的物品"（That which may be inherited），来自古法语，本义为"继承人、继承、祖产、传家宝"（Heir，Inheritance，Ancestral Estate，Heirloom）。后来在17世纪20年代，又加入了后期拉丁语的释义，意为"祖先传下的状态和资格"（Condition or state transmitted from ancestors）。由此可知，"文化遗产"这一短语并非古来有之，可以说人类社会直至发展到20世纪前后才逐渐衍生出了"文化遗产"这一短语。

"文化遗产"在法律上的历史渊源首先出现在国际法范畴中。该短语的雏形最早出现在1874年的《关于战争法规与惯例的国际宣言》（"布鲁塞尔会议宣言"）（*Project of an International Declaration concerning the Laws and Customs of War*）里。该宣言第8条对占领区的相关教科文设施以及历史古迹、艺术和科学作品的处置进行了规定。[①]文中出现了"the Property of Municipalities"和"State Property"的表述，即"市政财产"和"国家财产"之意。在1899年的《海牙（第二）公约：关于陆战法规与惯例及其附件》［*Convention（Ⅱ） with Respect to the Laws and Customs of War on Land and Its Annex*］以及1907年的《海牙（第四）公约：关于陆战法规与惯例及其附件》［*Convention（Ⅳ） respecting the Laws and Customs of War on Land and Its Annex*］在各自公约的相同位置（第三章第56条）复用了1874年《宣言》里的条款，只是1899年《海牙（第二）公约》将"the Property of Municipalities"变为了"the

---

① International Committee of the Red Cross. *On Military Authority over Hostile Territory*—art. 8. ICRC: 2017—02—10. https://ihl—databases.icrc.org/applic/ihl/ihl.nsf/ART/135—70008?OpenDocument.

Property of Communes",意义未发生实质变化①。而1907年《海牙（第四）公约》则恢复了1874年《宣言》里的表述②。1935年在美国华盛顿签署的《关于保护艺术和科学机构及历史纪念物条约（洛埃里奇条约）》[*Treaty on the Protection of Artistic and Scientific Institutions and Historic Monuments（Roerich Pact）*]的序言里写道："为了保护时刻处于危险中的历史纪念物，无论属于国家还是个人，它们构成了人类的文化宝藏。"③这里提到了"Cultural Treasure"，即"文化宝藏"。该条约对战后联合国教科文组织在保护文化遗产领域的相关理念和建设具有重要的参考意义。1945年在英国伦敦通过的《联合国教育、科学及文化组织法》（UNESCO Constitution）中写道："保证对图书、艺术作品及历史和科学文物等世界遗产之保存与维护，"④原文使用"the World's Inheritance"一词，"Inheritance"与"Heritage"一词都有遗产之意，但"Inheritance"的重心在"继承"，而非"遗产"本身。由此可见，联合国教科文组织的职能是为了传承和延续人类的文化，而非单纯将图书、艺术作品、历史和科学文物作为极富价值的财产进行保存与维护；而是由于这些特殊财产具有传承人类文化的功能，才需要保存与维护。九年之后，有鉴于两次世界大战，以及二战后短时间内爆发的数次局部战争（第一次中东战争、第一次印度支那战争、朝鲜战争等）所带来的严重后果和空前浩劫，加之迅猛发展的战争科技所带来的毁灭性影响，1954年联合国教科文组织在海牙通过了《关于发生武装冲突时保护文化财产的公约及其实施条例》（*Convention*

---

①International Committee of the Red Cross. *Convention（II）with Respect to the Laws and Customs of War on Land and its Annex*. ICRC: 2017-02-10. https://ihl—databases.icrc.org/applic/ihl/ihl.nsf/ART/150-110062?OpenDocument.

②International Committee of the Red Cross. *Convention（IV）respecting the Laws and Customs of War on Land and its Annex*. ICRC: 2017-02-10. https://ihl—databases.icrc.org/applic/ihl/ihl.nsf/ART/195-200066?OpenDocument.

③University of Minnesota. *Treaty on the Protection of Artistic and Scientific Institutions and Historic Monuments（Roerich Pact）*,167 L.N.T.S. 289,entered into force Aug. 26,1935. University of Minnesota: 2017-02-10. http://hrlibrary.umn.edu/instree/1935a.htm.

④UNESCO. *UNESCO Constitution*. UNESCO: 2017-02-10. http://portal.unesco.org/en/ev.php-URL_ID=15244&URL_DO=DO_TOPIC&URL_SECTION=201.html.

for the Protection of Cultural Property in the Event of Armed Conflict with Regulations for the Execution of the Convention)（以下简称《1954年公约》）。在这份公约中，同时出现了"Cultural Property"和"Cultural Heritage"的表述。从文本来看，相较于"Cultural Property"，"Cultural Heritage"从全世界和全人类的立场出发，所涵盖的范围都更为广泛，内涵更为宏大。而后在1970年联合国教科文组织16届大会上通过的《关于禁止和防止非法进出口文化财产和非法转让其所有权的方法的公约》(Convention on the Means of Prohibiting and Preventing the Illicit Import, Export and Transfer of Ownership of Cultural Property)（以下简称《1970年公约》）再次使用"Cultural Property"和"Cultural Heritage"两种表述。值得注意的是上述两个公约中，对"Cultural Property"都进行了详尽的法律表述和解释，并没有对"Cultural Heritage"进行法律释义。可知"Cultural Heritage"此时还只是一般抽象概念，未具有法律意义。而在1972年联合国教科文组织17届大会上通过的《保护世界文化和自然遗产公约》(Convention Concerning the Protection of the World Cultural and Natural Heritage)中，"Cultural Heritage"首次获得了法律上的具体意义，成为法律保护的直接对象。[1]进入21世纪，该词在国际法的使用频率逐渐提高。例如2001年在联合国教科文组织31届大会上通过的《保护水下文化遗产公约》(Convention on the Protection of Underwater Cultural Heritage)，以及在2003年联合国教科文组织32届大会上通过的《保护非物质文化遗产公约》(Convention for the Safeguarding of the Intangible Cultural Heritage)，都使用了"Cultural Heritage"加限定词的做法，以表示特定类别的文化遗产。

与此同时，法国、意大利、西班牙等国也都在法律文本中使用"文化遗产"这一短语，法语为"Patrimoine Culturel（Bien Culturel）"，意大利语为"Patrimonio Culturale"，西班牙语为"Patrimonio Cultural"。

中国使用"文化遗产"一词始于近现代。1933年，胡适在芝加哥大学作过一个演讲，题目是《中国的文艺复兴》。在演讲中，胡适说，五四新文化运

---

[1] 王云霞：《文化遗产法教程》，商务印书馆2012年，第2页。

动"是由既了解他们自己的文化遗产，又力图用现代新的、历史地批判与探索方法去研究他们的文化遗产的人领导的"。①这是中国知识界较早直接使用"文化遗产"这一表述。遗憾的是胡适原文使用的是英文，而非汉语。1935年，嵇希宗将万里长城称为"中国古代文化遗产之一"。②1937年，黄峰发表《怎样接受文化遗产》一文，把社戏和灯会这类"我们民族数千年来的文化的产物"称为"遗产"，并主张批判性地继承我们的"文化遗产"。③1944年，《中国文化季刊》的"发刊辞"开宗明义讲道："我国历史文化遗产之足供我人受用者，至多且大，惟此亦视我人受用方式之正确与否，以为定夺。事已至此，我国自非现代化无以建国，更非现代化无以图存，因此我人对我国历史文化遗产之受用，亦惟有采取现代化之方式，始为正确。"④其后，也有人将"风俗"称为"活的文化遗产"。由此可见，在近代中国的思想、文化界，"文化遗产"一词的使用，已经较为频繁。但就笔者所掌握的材料看，"文化遗产"并未出现在新中国成立前的法律文件中。

新中国成立后，国内法律体系首次使用"文化遗产"这一表述是在1950年政务院颁布的《禁止珍贵文物图书出口暂行办法》中。该办法指出长期以来的文物图书非法盗运出口活动使我国的"文化遗产"遭受巨大损失。⑤同日颁布的《古文化遗址及古墓葬之调查发掘暂行办法》中，也出现"文化遗产"的表述。⑥1982年的《宪法》第22条第2款和第119条之规定都运用了"文化遗产"的表述。同年制定通过的《中华人民共和国文物保护法》（以下简称《文物保护法》）也在序言中使用"文化遗产"表述。随着我国成为《保护世界文化和自然遗产公约》缔约国后，国内法使用"文化遗产"一词的机会和频率逐渐增加。2005年12月22日，国务院发布的《关于加强文化遗产保护工作的通知》，决定设立中国的"文化遗产日"。在2011年通过的《中华人民共

---

① 胡适等编著：《中国的文艺复兴》，外语教学与研究出版社2001年，第79页、第181页。
② 嵇希宗：《万里长城——中国古代文化遗产之一》，载《新人周刊》1935年第35期，第708—709页。
③ 黄峰：《怎样接受文化遗产》，载《自修大学》1937年第1期，第670—672页。
④ 《发刊辞》，《中国文化季刊》1944年第1期，第1页。
⑤ 国家文物局：《中国文化遗产事业法规文件汇编》，文物出版社2009年，第1页。
⑥ 国家文物局：《中国文化遗产事业法规文件汇编》，文物出版社2009年，第3页。

和国非物质文化遗产法》中（以下简称《非物质文化遗产法》）也使用了该词。同时在一系列行政法规如《历史文化名城名镇名村保护条例》《中华人民共和国水下文物保护条例》等，部门规章如《世界文化遗产保护管理办法》《大运河保护管理办法》等，地方性法规如《山西省五台山风景名胜区环境保护条例》《苏州园林保护和管理条例》《四川省世界遗产保护条例》等，以及规范性文件《关于加强文化遗产保护的通知》《关于加强我国世界文化遗产管理保护管理工作的意见》等，其中也陆续出现了"文化遗产"的表述。由此可见，随着我国拥有的世界文化遗产数量的不断增加，以及世界文化遗产法律保护实践的深入，"文化遗产"一词在众多法律、法规和规章制度中的使用频率、运用范围和接受程度都有较大幅度提高。

综上所述，"文化遗产"语词的演进，受制于内外两方面因素的影响，内在因素在于人类传承和维护文化载体的意识随着经济社会的发展逐渐觉醒；外在因素是随着近现代战争、工业化开发等破坏性活动的规模迅速扩大、毁坏力的不断攀升逼迫人类需要对相关有价值的文化遗存的命运做出抉择。

二、"文化遗产"的概念界定

首先，我们需要从语言学角度对"文化遗产"的语义进行认识。《汉语大词典》（1990年版）中，"遗产"有"历史上遗留下来的精神财富或物质财富"之义。而在《中国大百科全书·文物博物馆》中"文化遗产"的定义与"人类""历史""遗留""财富"等关键词息息相关。"文化遗产"是人类活动的产物。离开了人类活动，将无法产生"文化遗产"，人类活动是产生"文化遗产"的前提条件。"历史"即人类活动发展所经历的漫长时间过程和轨迹。离开了历史，"文化遗产"就失去了承载价值的时间载体。"遗留"即继续存在。无法留存，完全消散在历史长河中的东西，也就无法成为"遗产"。"财富"则是从价值层面对遗存的东西进行了估值与限定，离开价值判定，"文化遗产"将失去意义。

其次，从法学角度对"文化遗产"的定义过程进行考察可以发现有两个方面的特点：一是从"文化遗产"概念诞生以来，多就"文化遗产有什么"，即"文化遗产"的外延进行界定,而"文化遗产是什么",即"文化遗产"的内涵则涉及较少。二是"文化遗产"概念一直处于动态调整和丰富的过程。最早对"文化遗产"进行法律概念定义的是1972年《保护世界文化和自然遗产公约》。该公约第一部分第1条就对"文化遗产"概念进行了界定,主要将从历史、艺术和科技角度来看是否存在突出的普遍价值作为判定的根本标准。该条规定的对象(古迹、建筑群和遗址)只有在历史、艺术和科技等领域具备突出的普遍价值,才能被纳入该公约的保护范围。而从历史、艺术和科技角度审视"文化遗产"的普遍价值并非该公约首创,在《1954年公约》第1条和《1970年公约》第1条中都使用了"文化财产"这一语词。虽然上述两个公约都对"文化财产"而非"文化遗产"进行界定,但其内涵其实与1972年的《保护世界文化和自然遗产公约》对"文化遗产"规定的内涵是基本一致的。这也就证明,"文化财产"与"文化遗产"的内涵在联合国相关公约的语境中是具有延续性和一致性的,只是对部分外延或范围有所扩展和侧重。法国历史学家皮埃尔·诺拉曾在1997年撰的文章《一种正当其时的思想——法国对遗产的认识过程》中总结道,自1979年以来的大约20年间,"遗产"这个概念的内涵已经扩大,甚至可以说是"爆炸"到了如此程度,致使该概念本身都发生了很大变化。因为传统上把"遗产"一词主要界定为父母留传给子女的财物,而当下人们把这个词主要定义为一个民族或国家拥有传统或悠久历史的证据。整体上看,"遗产"被认为是当今国家与民族的继承物,而非一个人的继承物。[1]1999年,国际古迹遗址理事会的《国际文化旅游宪章》,也给出了"文化遗产"的定义。这份由国际专业组织起草的行业准则对"文化遗产"的内涵进行了丰富,不仅仅从历史、艺术和科技角度,还从更大范围、更为复杂的人类生活角度出发评价各种载体的价值。这也从一个侧面说明以前不被作为"文化遗产"加以保护的对象,逐渐纳入保护的范畴之中。此外,不少国家的文化遗产法律文本亦对"文化遗产"进行了界定,甚至法律文本的名称中就含有"文化"和"遗产"。例如,意大利的《文化与景观遗

---

[1] 复旦大学文物与博物馆学系:《文化遗产研究集刊(2)》,上海古籍出版社2001年,第1—2页。

产法典》和西班牙《历史遗产法》，有关"文化遗产"概念内涵的表述，都将艺术、历史、考古价值三个方面视作"文化遗产"的本质属性。[1]而越南的《文化遗产法》，则认为"文化遗产"是："包括具有历史、文化和科学价值的知识与物理产物，上述价值在代际传承。"[2]

在中国现行法律文件中，一直未曾直接对"文化遗产"概念进行过界定。但在《文物保护法》对"文化遗产"的相关概念，即"文物"概念进行过界定。直到2005年12月，国务院发布的《关于加强文化遗产保护的通知》，才首次以带有法律效力的国家规范性文件的形式，对"文化遗产"的内涵和外延进行了明确界定。该文件明确将文化遗产分为两大类，一是物质文化遗产，另一类为非物质文化遗产。可以说，这一界定是丰富而具体的。

综上所述，无论"文化遗产"形式几何，作为"文化遗产"的本质属性，应该具有以下五个属性：地域性、历史性、人文性、价值性和资源性。

"文化遗产"具有地域性。这主要从历史过往和当今现实两个维度来看待地域这一属性。由于每个国家、每个民族的历史过往活动都是具有地域性的，因此在历史学和考古学中，常常使用地域来对文明和文化进行命名。例如"两河流域文明"，指代底格里斯河和幼发拉底河之间的美索不达米亚平原所发展出来的文明，是西亚最早的文明。再如印度河流域文明、中国的黄河文明、长江文明。还有众多考古学文化，例如仰韶文化、龙山文化、大汶口文化、马家窑文化等，都是以地域为主要识别标志的文明和文化。而对当今而言，地域属性意味着对文化遗产的所有权问题。《文物保护法》第5条规定："中华人民共和国境内地下、内水和领海中遗存的一切文物，属于国家所有。"世界各国的文化遗产保护法律也都规定对遗存在本国国境内的文化遗产拥有所有权，并行使保护义务。

"文化遗产"具有历史性。历史性是评价文化遗产价值的最普遍标准。正是因为历经漫漫历史长河，无论文化遗产形式如何，许多都已消散殆尽，存世稀少，原则上时代越久远，越是弥足珍贵。关于文化遗产的历史性，主要

---

[1] 励小捷:《文化保护法修订研究（一）》文物出版社2016年，第28页。
[2] 励小捷:《文化保护法修订研究（一）》文物出版社2016年，第28页。

考察时间限定和传承性两个方面的问题。时间限定即归为文化遗产的，需要符合特定的时间限定要求，有以时间点为划分标准的，也有以时间段为划分区间的。部分国家的文化遗产法典中可以看到运用历史时间限定来界定文化遗产的例子。如以色列的《古物法》（1978年）、埃及的《古物保护法》（1983年）都直接在法律中使用具体历史时间界限界定文化遗产。[1]我国《文物保护法》中也有诸如"历史上各时代"等较为宽泛的时间限定。历史皆可以被看作是一个个时间点，亦可被看作是一个演进过程。当然，历史性在物质文化遗产与非物质文化遗产中有不同的评判标准。一般而言，物质文化遗产历史性的标准以时间点为基点，而非物质文化遗产历史性的标准则是历史演变过程。

"文化遗产"具有人文性。人文性需要从"人类活动"和"文化价值"两个方面进行解读。所有文化遗产，无论何种形态或表现方式，其产生都离不开人类的活动。这是辨别是否是文化遗产的最根本的前提条件。"文化"即人类创造的全部物质的与和精神的财富。文化遗产作为历史过程中留存下来的物质的、精神的财富，显然包含了前人的智慧创造和精神诉求，它们无疑流淌着文化的血液。前文已述，无论是联合国、国际组织、外国还是中国的相关法律和规范性文件，都反复提及文化遗产的界定，需要考虑从艺术、科学、考古、人类学等角度的价值进行识别和评价。但是，随着社会历史的发展，人们对文化遗产认识的不断更新，以及保护文化遗产的理念不断扩展，上述角度已无法囊括文化遗产的主要价值取向。特别是应对非物质文化遗产的界定时更需要将价值尺度放大，将宗教、习俗、生活等主题词纳入其中，形成一个更丰富的价值内涵，"文化价值"无疑是更合适的概括性表达。

"文化遗产"具有价值性。价值是主体认定的客体对主体的作用或意义。为什么要保护文化遗产，是因为作为人类在作出评价或价值判断时，认定文化遗产对人类有积极作用，能够满足人类的各种需求，特别是文化与精神上的需求。因此，了解"文化遗产"的价值性，就要从"积极作用"和"满足

---

[1] 励小捷：《文化保护法修订研究（一）》，文物出版社2016年，第25页。

需求"来解读。正如约翰·亨利·梅尔曼（John Henry Merryman）所说：人类需要文化认同，需要意义感。在明确自我在事件体系中的位置，描绘"清晰"的过去，以及在寻求有关人类本性和命运的伟大存在性问题上，文物（文化遗产）为我们提供了相当一部分的答案。当文物（文化遗产）遭到战争、自然灾害或是故意破坏时，我们会感到失落。这正是由于我们因此失去了与前人联系的机会，以及在宏伟叙事中所处的位置。[①]在世界范围内的文化遗产法律文件中，文化遗产对于人类或者本国家、本民族主要有历史、科学、艺术三方面的积极价值。文化遗产能够满足本国家、本民族了解自身发展轨迹的需求。例如，意大利的《文化与景观遗产法典》（legge n.42/2004, Codice dei beni culturali e del paesaggio）首先将文化遗产分为文化财产和景观资产。被认定为文化财产的物品必须具备艺术、历史、考古或人种——人类学价值。被认定为景观资产的建筑物和区域，必须具备体现某地区历史、文化、自然、形态学、审美学价值。又如，西班牙的《历史遗产法》（1985年）对西班牙历史遗产的认定标准，必须是具备艺术性、历史性、人种学、古生物学、科学和技术价值的可移动财产和不可移动财产。[②]中国的《文物保护法》中也规定，文物（文化遗产）须具备历史、艺术、科学价值。可见，价值性是各国法律认定文化遗产的重要考量标准。

"文化遗产"具有资源性。过去人们通常认为，"资源性"更多地与自然、物质生产相关联。但随着人类社会的不断发展，文化遗产的资源属性越来越受到人们的重视。程恩富撰写的《文化经济学通论》一书，就提出了"文化资源"的概念。他认为："文化资源就是人们从事文化生产或文化活动所利用或可资利用的各种资源"，而且"文化资源不仅是指物质财富资源，同时也是精神财富资源"。[③]因此，从文化经济学的角度来看，文化遗产也是一种文化资源。不论是物质文化遗产，还是非物质文化遗产，都具有资源性。在我国《文物保护法》第11条中规定"文物是不可再生的文化资源"。在2005年国务

[①] John, H., M., The public interest in cultural property, Calif. L. Rev., 1989, 77: 349.
[②] 王萍：《西班牙文化遗产的保护及其启示》，载《山东图书馆学刊》2013年第6期，第53页。
[③] 程恩富：《文化经济学通论》，上海财经大学出版社1999年，第37页。

院颁布的《关于加强文化遗产保护的通知》中也提到"文化遗产是不可再生的珍贵资源"。[①]从世界范围内各国的文化遗产法律保护实践来看，不少国家也确实将文化遗产作为一种"资源"予以规定。例如，在美国的《国家历史保护法》（1966年）中，"历史财产"或"历史资源"是指任何可以纳入或有资格纳入国家名录的史前或历史的街区、场所、房屋、构筑物或物体，包括与任何一项财产或资源相关的手工品、记录和物质遗存。遗憾的是，恰恰文化遗产这种资源却具有稀缺性和不可再生性，是一种脆弱的不可再生的稀缺资源。在文化强国，大力倡导增强文化建设这一国家软实力的今天，文化遗产这一资源如何使用，如何将促进社会发展与保护文化遗产资源融为一体，成为破解文化遗产保护困境的一大关键所在。

  以上讨论的是"文化遗产"概念的内涵。但对于界定"文化遗产"概念来说，仅仅阐释其内涵，显然是不够的，还必须确定"文化遗产"概念的外延。根据法学家的说法，"在法律上和法学上对概念外延的划分即分类具有重要意义"。[②]由于"文化遗产"主要由物质文化遗产和非物质文化遗产两大类别组成，故而"文化遗产"概念的界定，有一种由物质化向非物质化逐渐延伸的过程。这就意味着，我们首先需要梳理物质文化遗产概念之外延界定的发展过程。应当看到，"文化遗产"概念在我国的确立过程，不过四十余年。过去，在物质文化遗产保护领域，主要使用"古物"和"文物"两个概念。民国时期使用"古物"概念，而新中国成立后逐步使用"文物"概念，并延续至今。新中国成立后首次出现文物概念的外延界定，是1950年政务院颁布的《禁止珍贵文物图书出口暂行办法》。该办法的其中第2条规定了文物的外延和具体分类。该办法将"文物"和"图书"作为并列关系使用，呈现的是"文物图书"这一表述。同年，政务院颁布的《古迹、珍贵文物、图书及稀有生物保护办法》也涉及文物的外延界定。该保护办法中的"文物"，特指可移动文物，与古迹等不可移动文物相区分，同时延续了《禁止珍贵文物图书出

[①]中华人民共和国国务院：《国务院关于加强文化遗产保护的通知》，中国政府网2006年1月1日，http://www.gov.cn/gongbao/content/2006/content_185117.htm。

[②]梁慧星：《民法解释学》，中国政法大学出版社1995年，第99页。

口暂行办法》中"文物"和"图书"并列的关系。随后政务院颁布的《关于征集革命文物的命令》和《关于保护古文物建筑的指示》对所涉类型文物（革命文物和古文物建筑）概念进行了表述。《关于征集革命文物的命令》第2条规定：革命文物即"一切有关革命之文献和实物"。而《关于保护古文物建筑的指示》中第2条则规定：古文物建筑，乃"全国各地具有历史价值以及有关革命史实的文物建筑"。到了1961年，国务院颁布的《文物保护管理暂行条例》，对"文物"重新进行组合和分类表述。该暂行条例中的文物概念的外延界定，奠定了我国"物质文化遗产"的外延基础。该暂行条例第2条规定：国家保护的文物范围有五个方面的内容。[①]其中值得注意的有以下两点：第一，将"古迹""图书"等原先与"文物"的并列关系改为了从属关系，也就是将"古迹""图书"都纳入到"文物"范畴中。第二，虽然在该暂行条例中并没有出现"不可移动文物"和"可移动文物"的直接表述，但进行了区别划分，即将古文化遗址、古墓葬、古建筑石窟寺、石刻等不可移动文物单列一项；将革命建筑物、遗址和纪念物单列一项；将艺术品、工艺美术品单列一项；将古旧图书资料单列一项；将代表性实物单列一项。前两项为不可移动文物，后三项皆为可移动文物范畴。1982年《文物保护法》中第2条所规定之文物范围，基本上延续了该暂行条例中的界定，只是在范围分项的顺序上进行了调整。《文物保护法》将原暂行条例中的第一项和第二项进行了调换。2002年，《文物保护法》第三次修订时，将第2条的第二项以及第四项作了修改。显然，第二项的修改是为了明确"重大历史事件、革命运动和著名人物"与"近代现代"的关联关系，同时进一步区分第一项中有关古代不可移动文物的界定。第四项将"革命文献资料"纳入"历史上各时代"范畴中，进行了统一表述。

进入21世纪，随着中国对外开放的不断深入，国际交流的日益频繁，国内文化遗产法律的发展，深受国际文化遗产保护事业中相关概念发展的影响。其中最为重要的要数"非物质文化遗产"概念的引进与接纳，以及"非物质

[①] 国家文物局：《中国文化遗产事业法规文件汇编》，文物出版社2009年，第30页。

文化遗产"与"物质文化遗产"的概念统合。在2005年国务院颁布的《关于加强文化遗产保护的通知》这一国家规范性文件中,首次出现了文化遗产的外延由物质文化遗产和非物质文化遗产两大类组成的表述:"物质文化遗产是具有历史、艺术和科学价值的文物,包括古遗址、古墓葬、古建筑、石窟寺、石刻、壁画、近代现代重要史迹及代表性建筑等不可移动文物,历史上各时代的重要实物、艺术品、文献、手稿、图书资料等可移动文物;以及在建筑式样、分布均匀或与环境景色结合方面具有突出普遍价值的历史文化名城(街区、村镇)。非物质文化遗产是指各种以非物质形态存在的与群众生活密切相关、世代相承的传统文化表现形式,包括口头传统、传统表演艺术、民俗活动和礼仪与节庆、有关自然界和宇宙的民间传统知识和实践、传统手工艺技能等以及与上述传统文化表现形式相关的文化空间。"[1]值得注意的是,该规范性文件是中国文化遗产法律保护文件中首次对整体性的"文化遗产"概念进行释义,将物质文化遗产和非物质文化遗产概念整合进"文化遗产"概念。而文件中的"文化遗产"概念的解释内容则极有可能来源于《文物保护法》和《保护非物质文化遗产公约》两个法律文件。

一是来源于《文物保护法》中对"文物"概念的界定。《关于加强文化遗产保护的通知》关于物质文化遗产概念的表述,与《文物保护法》中"文物(不可移动和可移动文物)"相关界定和规定内容基本一致。在《关于加强文化遗产保护的通知》中特别指出:"历史文化名城(街区、村镇)"也属于"物质文化遗产"。这是由于在2002年《文物保护法》第三次修订时,在第二章"不可移动文物"的第14条,专门对"历史文化名城(街区、村镇)"进行了界定和保护规范。这也从一个侧面显示出"文化遗产"概念的界定随着社会的进步和保护意识的加强逐步变化和丰富。同时,"工业遗产""文化景观""文化路线"等新的遗产概念,亦逐步进入人们的视线。由于这些概念本身还处于不断修正和完善的初期,成为法律意义上的概念之外延,还尚需时日。

二是来自《保护非物质文化遗产公约》中对"非物质文化遗产"的界定。

―――――――――――――――
[1]中华人民共和国国务院:《国务院关于加强文化遗产保护的通知》,中国政府网2006年1月1日,http://www.gov.cn/gongbao/content/2006/content_185117.htm.

在《保护非物质文化遗产公约》中第1条第1款就对"非物质文化遗产"的定义进行了界定。对于该款的解读可以从以下三个方面考虑。一是从行为实施主体来看，分为三个层次，即社区、群体和个人。社会群体或组织要被定义为"社区"，就必须满足生活上的相互关联这一前提条件。在现实生活，诸如居民小区和街道，正是由于生活上的紧密关联和交集，才被称为"社区"。所谓"物以类聚，人以群分"，"群体"概念的成立首先要满足对某一特征的趋于一致性。个人虽然千差万别，但当他们在某种程度或在某些方面上达成共识，趋于一致的时候，不约而同地走在一起，形成群体。"个人"也就是每一个独立的人，享有宪法和法律规定的权利，并承担宪法和法律规定的义务的个人。公约把"非物质文化遗产"产生的行为主体归于这三个层次上的分类。非物质文化遗产可以由社区、群体、个人产生出来。这一规定也是对非物质文化遗产现实境遇的回应。有些非物质文化遗产是由社区、群体产生的，而有些则由个人产生。二是从行为客体来看。该款又继续规定，行为客体也就是所产生的非物质文化遗产究竟会涉及哪些种类的事物。三是价值判定。很显然，上述规定的事物并非一切皆属于非物质文化遗产，而是需要满足三方面条件：条件一是要世代相传。从两方面理解，一方面要持续时间要长，另一方面要传承接续；条件二是在与自然和历史的互动中，不断在演进和接续；条件三是为社区和群体提供精神动力，达到对文化多样性和人类创造力的更多尊重的目的。有关非物质文化遗产概念的外延部分也基本沿用了《保护非物质文化遗产公约》第2条第2款有关非物质文化遗产类别的规定。

由此可见，"文化遗产"概念一直处于不断发展和延伸的状态，这一方面说明整个人类社会对自身文化传承的认识逐渐进入了良性状态；另一方面，也说明目前的外部环境对保护整个人类文化遗产的构成了严峻的挑战。过快的城市化进程，生活样式的同质化倾向，频繁而更具毁灭性的战争冲突，日益膨胀的物质财富需求等，都对文化遗产的生存状态及其保护工作产生不可逆的负面影响。人们不难观察到，文化遗产消失和毁灭的速度大大超过人们的想象和预期。因此，法律意义上的文化遗产的外延，在近几十年间不断扩充和延伸。

根据以上梳理和分析，以及学界专家的研究成果，笔者认为"文化遗产"概念的外延应包括物质文化遗产和非物质文化遗产两大类。其中，物质文化遗产由不可移动文物与可移动文物两部分组成，这在《文物保护法》第3条中进行了详细界定：不可移动文物包括古遗址、古墓葬、古建筑、石窟寺、石刻、壁画、近代现代重要史迹及代表性建筑等；可移动文物则包括历史上各个时代重要实物、艺术品、文献、手稿、图书资料、代表性实物等可移动文物。非物质文化遗产按《非物质文化遗产法》第2条之规定包括：传统口头文学以及作为其载体的语言；传统美术、书法、音乐、舞蹈、戏剧、曲艺和杂技；传统技艺、医药和历法；传统礼仪、节庆等民俗；传统体育和游艺；其他非物质文化遗产。

三、"文化遗产"相关概念辨析

"文化遗产"概念在法律语境中的运用，只不过数十年的时间。在这个概念的形成过程中，曾出现了多个类似的概念。对这些概念及其关系进行辨析，也是一项重要的基础性研究。本节着重对"古物""文物""文化财产""世界遗产"以及"非物质文化遗产"五个概念进行解析。

1. 古物

"古物"，顾名思义，古代之物。我国古代已有使用该词的记载。《南齐书·孔稚珪传》记载："君性好古物，故遗君古物。"又如《文中子·周公篇》中"邳公好古物，钟鼎什物，珪玺钱贝，必具"[①]。"古物"概念在中外法律中皆有。例如，北洋政府时期在1916年颁布了《保存古物暂行办法》。1928年，国民政府内政部颁布了《名胜古迹古物保存条例》，以及在1936年正式由国民政府行政院颁布实施了《古物保存法》。所有这些法律文件，都使用了"古物"这一表述。而"古物"的外延也时宽时窄，主要围绕名胜古迹等不可移动文物纳入，还是排除在"古物"范畴之内展开。20世纪30年中期以后，"古物"这一概念逐步从法律文件中淡出。"文物"逐步取代"古物"，成为主

[①]《中文大辞典》第六册，(台北)中国文化研究所1968年，第2281页。

题词。

英文中也有"古物"的表述，即"Antique"和"Antiquity"两种。"Antique"系形容词作名词使用。在16世纪20年代，其义为"古代遗物"（a Relic of Antiquity），从1771年后，其义为"旧的，适于收藏之物"（an Old and Collectable Thing）。"Antiquity"在14世纪晚期的含义为"古代"（Olden Times）。它源于拉丁语，即为"上古、古代、珍贵"（Ancient Times, Antiquity, Venerableness）。从15世纪中期开始，它特别指代古希腊和古罗马。同时也有"变得古老的特性"（Quality of being old）之义。16世纪初以后，其义为"古代的遗物"（Relics of ancient days）。国外有不少国家的法律使用"古物"概念。例如以色列的《古物法》、埃及的《古物保护法》、巴基斯坦的《古物法》、泰国的《古迹、古物、艺术品与国家博物馆法案》、肯尼亚的《古物古迹法案》、希腊的《古物法》和新西兰的《加强古物保护法案》等。[①]部分国家的法律文件将时间作为判断"古物"的核心标准。所以，在其条文中都明确出现了时间判断标准。例如，在以色列的《古物法》中，出现了1700年前和后、1300年前等时间判定标准。埃及的《古物保护法》也有"史前、历史上各时代直至一百年前"等具有明确时间段落的标定。新西兰的《加强古物保护法案》，则明确规定实物须"出现的时间超过60年以上"等硬性规定。

2.文物

首先是从语义方面，《辞海》中给出的"文物"定义是："遗存在社会上或埋藏在地下的历史文化遗物。"[②]而《中国大百科全书·文物博物馆卷》对"文物"下了一个定义："文物是人类在历史发展过程中遗留下来的遗物、遗迹。"[③]学术界也对"文物"概念进行过多次界定，普遍的看法是认为文物是历史上物质文化和精神文化的遗存。[④]

[①] 郑子良：《"古物"概念之辨析》，载《中国文物科学研究》2015年第2期，第35—36页。
[②] 夏征农：《辞海（缩印本）》，上海辞书出版社1980年，第1534页。
[③]《中国大百科全书·文物博物馆卷》，中国大百科全书出版社1993年，第1—2页。
[④] 李晓东：《文物保护理论与方法》，故宫出版社2012年，第25页。

在近代中国，国民政府就已经开始使用"文物"这一表述。例如，1935年，国民政府行政院在北平设旧都文物整理委员会，后由北平市政府秘书处编纂出版《旧都文物略》。该书中就提及"文物"一词，代指古代建筑。1945年，国民政府教育部成立的"清理战时文物损失委员会"，其名称中也有"文物"一词。[①]在该委员会发布的《战时文物损失报告表》中，可见"历史古迹类、书画类、古器物类、碑帖类、书籍类、杂件类"。由此可知，"文物"所指内容已经囊括主要的不可移动和可移动文物类别，这大致上与现行"文物"概念趋于一致。

新中国成立后，考虑到中华民族百年来（1840—1949年）斗争时期所产生的大量近代革命遗存（遗址、遗物）和纪念物等，民国时期大量使用的"古物"概念已经无法容纳和涵盖，因此逐渐使用"文物"概念，以包容原先的"古物"和近代革命遗存和纪念物等。"文物"概念一直使用至今，无论是文化界、文博界的业务层面还是学术理论层面，"文物"概念的界定都确立已久，其概念运用层面也经过几十年实践，深入人心。而在2005年《加强文化遗产保护的通知》中，首次将物质文化遗产概念等同于文物概念。可以说在我国，"文物"是和"文化遗产"最为接近的概念。

2015年以来，现行的《文物保护法》开始进入再次修订程序。针对"文化遗产"是否能替代"文物"概念作为该领域法律的主题词，存在不少争论。例如，国内学者认为，使用"遗产"一词，会"导致过于注重文物的资产价值，而忽视文物的历史、科学和艺术价值，并诱导具体保护和管理过程中过分追求文物经济效益，忽视文物的公益性，这不符合我国文物保护法律规范要求。"[②]笔者认为，该问题存在两个层次上的处理。就《文物保护法》本身来说，基于数十年来包括文博界的使用习惯，现阶段应保留"文物"作为《文物保护法》的主题词地位。由于本法的立法客体为物质文化遗产，尚未涵盖非物质文化遗产，因此只有统一立法后，主题词的变化才会有应有之义。

---

① 李晓东：《民国时期的"古迹"、"古物"与"文物"概念述评》，载《中国文物科学研究》2008年第1期，第55页。

② 励小捷：《文化保护法修订研究（一）》，文物出版社2016年，第29页。

而就更上一层次而言,即站在文化与法治体系的层面来讲,使用"文化遗产"概念,更为恰当与合适。"遗产"需要分为"遗"和"产"两个部分来理解。一是"遗"。这个字是解答为什么要保护"文物"或"文化遗产"这一问题的关键。"遗"有"留下"之意,"留得下""存得住"就有了联结古今的物质基础,就能帮助人类找到创造世界漫长过程中遗留下来的足迹,寻到人类发展过程中自身坐标的参照物。保护人类过往的"遗产",就是为了保护人类的未来。具有普遍价值和传承人类文化功能的人类遗存,被称之为世界的"文化遗产"。而站在某个国家、民族角度,则具有传承该国家和民族文化功能的人文遗存,也应称之为国家、民族的"文化遗产"。二是"产"。这个字,一方面代表价值衡量和判断。财产的形式,可能有价,也可能无法估量其准确经济价值。价值不单单只包含经济价值,还有许多其他方面的价值内涵。财产可以含有多种价值种类和价值判定标准。如今的"文物"事业不单单只是需要保护,而是一个集保护、管理、展示、利用等多个环节的综合性事业。同时,"产"字从一个侧面也显示出"文化遗产"的珍贵性,衬托出"文化遗产"需要保护的强烈诉求。另一方面"财产"代表权利的归属和形式。这正印证了文化遗产是具有公共属性的,以及保护文化遗产中国家所扮演的主导角色。文化遗产全民所有,全民共享,由国家代表民众保护、管理这类公有财产,而民众又有权利通过国家的公共文化服务共享文化遗产。

3. 文化财产(文化资产)

"文化财产"即"Cultural Property",在前文已经多次提及。这个词在19世纪末就已在西方国家出现,当时作为"市政财产"或"国家财产"理解。后来,经过一系列的概念演进,出现了三种指代。一是专门指代具有可移动性质的文化财产;二是专门指代有珍贵价值和具体实体形态的有形(物质)文化财产,包括可移动和不可移动,例如《1954年公约》中,就有相关的规定;三是扩展了外延范围,将无形文化财产即非物质文化遗产的概念一并吸收到了文化财产的概念中,从而将文化财产分为有形和无形两大类。一些国家的国内法,正是做了这样的处理,将有形和无形文化财产统归到一部法律中,进行整体立法保护。目前世界范围内,主要有美国、加拿大、德国、日本、韩国以及中国台湾地区使用文化财产（文化资产）概念。日语"文化财"翻译成汉语，即为"文化财产"（文化资产）。

总体来看，"文化财产"与"文化遗产"的内涵和外延趋同。甚至在一些国家的法律体系中，"文化财产"的概念内涵和外延都与"文化遗产"的一致。究其法律上使用"文化财产"概念的原因，一是由于历史形成与习惯问题；二是将"文化遗产"作为公共财富和资源，作为国家公产的一部分，强调"文化财产"的全民享有；三是通过对文化遗存赋予财产属性，以强调对这一特殊种类财产的所有权、使用权、处置权等权属的规定。

4.世界遗产

"世界遗产"（World Heritage）概念，首先出现于《保护世界文化和自然遗产公约》（1972年）。这一公约首次将保护某国文化和自然遗产推上了全球共治的高度。以全人类的视野，保护这一类具有普遍价值和重大传承意义的人类共同财富。其中界定的"世界遗产"，由世界"文化遗产"（Cultural Heritage）和"自然遗产"（Natural Heritage）两部分组成，后又发展出"文化和自然双重遗产"（Mixed Cultural and Natural Heritage）的概念，由联合国教科文组织世界遗产委员会（World Heritage Committee）确认并录入《世界遗产名录》（*World Heritage List*）。之后的数十年，随着遗产保护理念的不断发展，遗产保护实践的不断深入，"世界遗产"的外延不断扩充和丰富。1992年将"文化景观遗产"（Cultural Landscapes）纳入"世界遗产"范畴。1998年起将"线性文化遗产"（Transboundary Properties）收录进《世界遗产名录》，如奥地利塞默林铁路（Semmeringbahn）和印度大吉岭喜马拉雅铁路（Darjeeling Himalayan Railway），逐渐形成现今的"世界遗产"总体框架。

由于《保护世界文化和自然遗产公约》将文化遗产的保护提升到了全球层面，虽然主要涉及大型不可移动文化遗产，并非面向所有文化遗产类型，但对中国文化遗产保护事业建设的影响十分深远。中国对"文化遗产"概念的理解与目前"世界遗产"概念的发展趋势是基本一致的，不断纳入新的遗产类型和种类，逐步扩大整个"遗产"体系的外延范围，实现"文化遗产"的全面可持续保护。2005年国务院颁布的《关于加强文化遗产保护工作的通知》，是对整个中国文化遗产概念的整体性释义。这表明，国内"文化遗产"概念的使用和发展，与"世界遗产"概念在中国的传播和理解密不可分。但从具体概念界定范围来看，公约中的"文化遗产"与国内"文化遗产"需要从三个方面厘清辨别。一是保护范围和级别的差异。《保护世界文化和自然遗产公约》中的"文化遗产"是人类共同财富，保护范围覆盖全球，保护级别是全球共治，而国内的"文化遗产"是特指中国和中华民族传承的共同财富，保护职责主要由国家承担。二是《保护世界文化和自然遗产公约》中的"文化遗产"特指大型不可移动文物，不包括可移动文物，而国内的"文化遗产"包括了可移动文物。部分国内不可移动文物，特别是"国家重点文物保护单位"，由于其突出的普遍价值，同时也是《保护世界文化和自然遗产公约》的保护对象，被列入《世界遗产名录》，成为人类文化传承的共同财富。三是《保护世界文化和自然文化遗产公约》中的"文化遗产"没有包含"非物质文化遗产"，而国内的"文化遗产"是涵盖了"非物质文化遗产"。

5. 非物质文化遗产

在很长的一段时期，世界各国都聚焦物质文化遗产的保护。但是，随着国际文化遗产保护实践的不断发展，人类自身也在对"文化遗产"的内涵和外延进行不断丰富。"非物质文化遗产（Intangible Cultural Heritage）"概念的诞生，以及其在法律上的实质运用，就是其中最为宝贵的成果之一。2001年，随着联合国教科文组织《世界文化多样性宣言》（*Universal Declaration on Cultural Diversity*）的发布，以及次年通过《伊斯坦布尔宣言》（*Istanbul Declaration of 2002 adopted by the Third Round Table of Ministers of Culture*），保护非物质文化遗产重要性逐年凸显。

2003年，联合国教科文组织《保护非物质文化遗产公约》第1条第1款对"非物质文化遗产"进行了明确界定。从《保护非物质文化遗产公约》制定背景来看，它与《保护世界文化和自然遗产公约》有着密切的关系。[1] "尤其是

---

[1] 在孙克勤编著的《世界文化与自然遗产概论》中（中国地质大学出版社2006年版）提到"从公约本身来看，两者中的任何条款都未明确表示或暗示两者为一个整体，或者后者为前者得到组成部分或补充"。

1972年的《保护世界文化和自然遗产公约》方面所做的具有深远意义的工作",表明《保护非物质文化遗产公约》的制定是受到《保护世界文化和自然公约》的深远影响。甚至可以说,《保护非物质文化遗产公约》是《保护世界文化和自然遗产公约》的有效充实和补充。虽然从公约操作层面看,《世界遗产名录》与《人类非物质文化遗产代表作名录》确实分属各自公约系统,拥有各自的运作流程,但这并不影响物质文化遗产和非物质文化遗产共同构成了完整意义上的"文化遗产"这一实质。正是因为《保护世界文化和自然遗产公约》对"非物质文化遗产"保护的缺失,所以30年后制定了《保护非物质文化遗产公约》,对此进行补充。

值得注意的是,我国2011年颁布的《非物质文化遗产法》,在其名称中没有"保护"二字。虽然字面上少了"保护"这两个字,但法律内容和意义却得到了扩充,不仅限于非物质文化遗产的保护,而且对非物质文化遗产的相关事业发展作出了法律规定,包括疏解保护与利用的矛盾,探索合理利用模式,建立文化遗产保护和利用的良性循环等。

第二节
文化遗产权利

法律之所以能够维护社会公平和正义，其关键在于明晰了社会各主体之间的权利义务关系。而之所以要以法律保护文化遗产，不仅仅基于文化遗产是一种珍贵稀缺的文化资源的共识，更基于不同主体对这种珍贵资源享有不同的权利，同时也承担着相应的义务的权利关系架构。这种架构不仅决定着文化遗产相关行为中各方的权益是否平衡，决定着整个文化遗产法治保障体系的价值位阶和实践效果。[1]本节将深入探析文化遗产权利和义务概念的建构和组成要素，梳理文化权利与文化遗产权利之间的关系，从而掌握文化遗产法治保障体系的价值核心要件。

一、文化遗产权利的发生与演进

笔者认为关于文化遗产权利的讨论，需要从有关文化权利的讨论开始，明确文化权利与文化遗产权利的关系。从实证角度来看，文化遗产相关活动是文化活动的重要组成部分。例如参观博物馆和美术馆，参观文化遗产地和传统村落，以及考古发掘；研究、学习、传承传统口头文学和语言、美术、音乐、戏剧、技艺、礼仪、民俗等非物质文化遗产，梳理、分析、提炼文化遗产中的全部或部分组成元素，通过撰写、编著、创意、设计、创作、制作等进行的再创造活动，这些活动都属于文化遗产活动实践，同样也属于文化活动的一种。从法律角度来看，对于文化权利与文化遗产权利关系几何，目

---

[1] 王云霞：《论文化遗产权》，载《中国人民大学学报》2011年第2期，第20—21页。

前学界大致可以归为两种观点。一部分学者将与文化遗产相关的权利置于作为人权的文化权利之下，从文化权利的角度对文化遗产相关权利进行论证。[1]另一部学者认为文化遗产权利与文化权利都属于人权的子范畴，具有一致性，又同时也具有矛盾性。[2]也就是在文化权利范畴之外，出现一个同为人权组成要素的文化遗产权利，与文化权利并列。该观点虽然承认了文化遗产权利与文化权利关系密切，但并不认为文化遗产权利的从属地位，而是成为独立于文化权利之外的权利类型。这种观点忽视了文化权利与文化遗产权利的派生关系，也忽略了文化遗产保护理论演进与实践发展的过程。文化遗产权利概念的出现无法脱离整个文化权利框架的发展和丰富。因此笔者赞同第一个观点，认为文化遗产权利应置于文化权利之下。文化遗产权利的派生与文化权利的演进过程息息相关，正是在作为基本权利的文化权利发展到一定程度后，文化遗产权利这一概念才逐渐形成。因此要了解文化遗产权利的出现需从了解文化权利概念的形成演进开始。

文化权利这一法律概念首次见于1919年的德国《魏玛宪法》[Constitution of the German Reich（1919）]中。该宪法第118条规定，德国人民，在法律限制的范围内，有用语言、文字、印刷、图书或其他方法，自由发表其意见之权，并不得因劳动或雇佣关系，剥夺此种权利。[3]该条款明确了公民享有意见表达和信息传播之自由权利；相应的权利主体为德国人民，即全体德国公民；权利的法定边界为法律限制的范围内，即如超出法律规定的范围则不受此条款保护，有被剥夺的可能；同时规定公民处于劳动或雇佣关系中，仍然拥有该项权利，且不可被剥夺。笔者认为部分国内学者之所以将此作为文化权利法律概念的开端，基于以下三点分析：一是该条款将权利主体明确为"德国人民"，即所有德国公民，具有普遍性，具备基本人权的特质。二是意见表达和信息传播之自由权利的实现方式主要以语言、文字、印刷、图书等各种文

---

[1] 胡姗辰：《文化权利视野下的文化遗产权初探》，载《沈阳工业大学学报（社会科学版）》2014年第1期，第25页。
[2] 周军：《论文化遗产权》，载《武汉大学学报》2011年第3期，第64—65页。
[3] 莫纪宏：《论文化权利的宪法保护》，载《法学论坛》2012年第1期，第20页、第21页。

化形态予以实现,说明该权利具有文化形态特性;同时意见表达和信息传播作为人类思想活动和精神生活的具体呈现样式,本身就具有很强的文化属性。三是该项权利的不可剥夺性。就算公民处于被雇佣的不利位置,依然不会影响该项权利的享有。[①]该条款虽然设立于一战结束后,但具有自二次世界大战后才逐渐进入公共视野的文化权利特性,因此被认为是文化权利概念的发端。

自《魏玛宪法》以后,文化权利概念的发展陷入停滞,直至二次世界大战结束,文化权利概念的发展才得以大踏步前进。这里有两方面的原因:一方面是基于两次世界大战给人类的巨大创伤,以及战争中对人类基本人权的肆意践踏的现实所致。包括文化权利的基本人权超越了国家的边界,成为国际社会的共同关注。人权具备确立社会基本价值及社会未来走向,作为衡量公共权力合法、合理与否的最终尺度的功能得到逐步确立;另一方面则来源于法思想界对于基本权利的反思与实践,即讨论包括文化权利在内的经济、社会和文化权利作为新型权利,探索加入基本权利范畴内的理论可能性,并为之进行的相关立法实践。[②]随着二次世界大战硝烟的散去,从废墟中走出来的人类再次携手构筑世界新秩序之时,"人权"成为人类最为核心和普遍的价值诉求,而"人权"概念本身也随着人类社会的不断变革,衍生出了新的内涵。《世界人权宣言》(*Universal Declaration of Human Rights*)的第27条第1款规定每个人都拥有参加文化生活的自由权、享受艺术的享用权,以及分享科学进步及其成果的收益权。第2款规定每个人对其创作的科学、文学或艺术作品所产生的物质和精神收益都拥有保护权。《世界人权宣言》是国际人权领域最为重要和核心的法律文件,以上两个条款的出现标志着文化权利成为基本人权的组成要素并逐步得到世界范围内的承认。文化遗产相关活动作为人类文化活动的重要组成部分,实际上就规定了人人都有权参观文化遗产——

[①]需要注意的是,该条款从文本上看,并未对权利客体进行具体表述,完全可以从公民和政治权利角度加以解释。例如条款所指的言论和出版自由指公民对于国家政治相关问题拥有探究讨论、表达己见、著书立说、出版发表之自由权利,是为公民和政治权利。由于文本并未作出明确限制,只能推论可以将文化活动作为权利客体之一,即公民对于文化艺术领域,拥有自由表达、自由创作、自由公开之权利。只有在文化活动作为权利客体进行解释时,才能称其为首次出现文化权利之标志。

[②]齐延平:《人权与法治》,山东人民出版社2003年第13页、第24页、第25页。

在保证文化遗产安全完整的前提之下尽可能多地接触文化遗产；都有权走进博物馆、美术馆欣赏文化遗产（艺术品）——通过观赏文化遗产，获得精神上的富足，提高自身的文化和艺术修养，在社会活动中获得更多的优势；都有权研究文化遗产，有权通过研究获得物质上和精神上的收益，并受法律保护；都有权通过对文化遗产的梳理、分析、研究、提取出来的成果进行再创造，并获得物质上和精神上的收益，例如发表学术成果、出版文学作品、拍摄影视剧、创作歌舞、创意设计产品等。同时在法律限制内，以上这些活动和所产生的物质（经济）收益和精神（名誉）收益都将受到法律保护。

1948年的《世界人权宣言》以一个统一文本涵括了当今国际普遍公认的人权的基本内容，为了实施宣言中所载的权利，需要制定具体公约。这项工作本来应当由一个完整的公约来体现和实施。但由于东西方对人权性质的意识分歧，联合国大会最终决定把基本人权分为两类，一类是公民、政治权利，一类是经济、社会和文化权利，分别由不同的公约加以规定，即《公民权利和政治权利国际公约》（International Covenant on Civil and Political Rights），以及《经济、社会和文化权利国际公约》（International Covenant on Economic, Social and Cultural Rights）。[①]在《经济、社会和文化权利国际公约》第15条1至3款再次重申了《世界人权宣言》中有关文化权利的规定。遗憾的是，经社文权利与公民和政治权利在之后长达50余年的国际人权法律实践过程中，始终没有处于同一发展水平上。在实践中，经社文权利常常深陷困顿，与公民、政治权利相比较，在国际人权法律实践中仍然处于落后位置，长期不被看作一种"真正意义上的权利"。对于文化权利的司法保障和救济更是落后于针对经济和社会权利的司法保障和救济实践。虽然文化权利的实施道路并非坦途，但也要看到事物发展积极的一面。从回溯各国法律实践的发展历程来看，可以发现从二次世界大战结束以后，文化权利的要旨确实是被越来越多的国家所接受，逐步在各自国家宪法和国内法体系中对文化权利都作出了相应的规定。如今，文化权利已与公民政治、社会和经济权利一样，成为公民

[①] 何海岚：《〈经济、社会和文化权利国际条约〉实施问题研究》，载《政法论坛》2012年第1期，第68页。

必须享有的、国家政府予以保障的基本人权。① 例如《日本国宪法》（1946年）第25条第1项规定了"全体公民都享有健康且满足最低文化需求的生活的权利"。同时还在第19、20、21、23、29条规定了与文化活动相关的各项自由权。② 又如德国联邦州宪法《巴伐尼亚宪法》（1946年）第3条之规定："巴伐利亚是一个法治国、文化国和社会国，它致力于公共福祉。这个国家应当保护生活中自然基础和文化传统。"值得注意的是，该法首次提出了"文化国"概念，为探究国家与文化的关系提供了进一步的空间。③ 再如《大韩民国宪法》（1948年）"前文"中提到包括文化在内的各领域，人人机会均等之平等权。接着在第9条中规定，"国家要致力于传统文化的继承、发展和民族文化的兴隆"，同时还在第19、20、21、22、31条都是与文化活动相关的各项规定。④ 还如《意大利共和国宪法》（1947年）第9条规定：共和国促进文化、科学研究和技术的发展，同时保护国家的风景名胜、历史和艺术遗产。新中国成立后，我国也在宪法中对"文化权利"进行了相应的规定。本书将有专门章节对相关问题进行论述。

进入21世纪，随着文化遗产保护理念的不断演进，以及在世界范围内重视文化多样性和各种文化平等对话日益成为价值共识的情况下，以"文化人权"为理念基础的"文化遗产权"之概念破茧而出。⑤ 2001年联合国教科文组织大会通过《世界文化多样性宣言》(Universal Declarationon Cultural Diversity)。其中第7条专门明确了文化遗产与维护世界文化多样性，发展各种文化间对话之间的关系。强调了文化遗产是一切文化创作的源泉。各种形式的文化遗产都应视为人类活动的见证得到妥善的保护、利用和传承。2005年，欧洲理事会在《欧洲文化公约》(European Cultural Convention)缔结50周年之

---

① 莫纪宏：《论文化权利的宪法保护》，载《法学论坛》2012年第1期，第20页、第21页。
② 魏晓阳等：《日本文化法治》，社会科学文献出版社2016年，第24—25页。
③ 王锴：《论文化宪法》，载《首都师范大学学报（社会科学版）》2013年第2期，第44页。
④ 〔韩〕孙汉基：《论文化国原理——以韩国宪法中文化国原理对中国的借鉴为中心》，载《东疆学刊》2018年第1期，第108页。
⑤ 胡姗辰：《从财产权到人权——文化遗产权的理念变迁与范畴重构》，载《政法论坛》2015年第4期，第69页。

际通过了《关于文化遗产社会价值保护的欧洲理事会框架公约》(Council of Europe Framework Convention on the Value of Cultural Heritage for Society)，也称《法鲁公约》(Faro Convention)。该公约旨在要求欧洲各缔约国保障公民在文化遗产治理和管理中享有更重要的位置，承认公民享有的文化遗产权利。[1]它被认为是最早承认文化遗产权的区域性法律文件。[2]在序言中就明确提出了两类文化遗产权利。一是"作为《世界人权宣言》所载，以及《经济、社会及文化权利国际公约》所保障的文化生活参与权利的一个方面，在尊重他人权利和自由的同时，每个人都有权接触自己选择的文化遗产"，是为接触权；二是"深信有必要让社会中的每个人都参与到定义和管理文化遗产的持续进程中"，是为参与权。其第4条则进一步明确："人人，包括个体和群体意义上的人，都有从文化遗产中获益的权利和为丰富文化遗产作贡献的权利。"而在第4条"与文化遗产有关的权利和责任"中规定"每个人，无论是单独的还是集体的，都有权从文化遗产中受益并为其丰富做出贡献"，是为受益权和贡献权。[3]在此两年后的《关于文化权利的弗里堡宣言》(Cultural Rights, Fribourg Declaration)第3条指出"人人都有权以各自不同表达方式，选择和尊重自己的文化身份；人人都有权了解自己的文化以及组成人类共同遗产的多元文化；人人都有权通过教育和信息传播接触文化遗产，文化遗产构成了多元文化的不同表达，是当代和后世的文化资源宝库"[4]。从中可以得出，对于文化遗产，公民拥有自由权、知情权和接触权。

二、文化遗产权利的基本概念

基于文化遗产权利与文化权利的派生关系，有必要同步梳理国内学者对

---

[1] Prosper, W., *De l'exercice du droit au patrimoine culturel*, Cultural heritage: scenarios 2015-2017 (Sapere l'Europa, sapered'Europa 4), Venezia: Edizioni Ca' Foscari, 2017:53.

[2] 胡姗辰：《文化权利视野下的文化遗产权初探》，载《沈阳工业大学学报（社会科学版）》2014年第1期，第25页。

[3] Council of Europe. *Framework Convention on the Value of Cultural Heritage for Society*. 2019.08.21, https://www.parlament.gv.at/PAKT/VHG/XXV/I/I_00200/imfname_355315.pdf.

[4] Fribourg Group. *Cultural Rights, Fribourg Declaration*. 2019.08.21, https://www.docin.com/p—1434441684.html.

于"文化权利"与"文化遗产权利"这两项权利概念的相关研究情况。首先对于"文化权利"概念，多数学者认为文化权利并非为一种单一权利，而是一系列具体权利的集合，有多种具体权利组成的"权利束"。[1]国内学者主要从两个维度来对文化权利进行定义。一是从权利内容上来定义：沈寿文将文化权利定义为既有言论自由、学术自由、艺术自由、出版自由等"自由权"的具体"文化权利"，也有由政府提供人民文化设施等"社会权"（狭义"社会权"）的具体"文化权利"。[2]黄明涛认为文化权利应被定义为"公民进行文化活动、参与文化生活的自由"。[3]另一方面是从权利性质上进行的界定：张慰借助德国宪法学的相关理论框架，将文化权利分两大主要面向。第一个面向是人民对抗国家的防御权；另一个面向是人民要求保护的权利，即人民作为基本权利的主体要求国家提供保护措施以对抗来自第三者的侵害，以及人民参加与文化问题相关程序的权利，或是要求国家出面提供维持、改善文化措施的权利。[4]中国台湾地区的陈淑芳认为：文化权利是一种防御权，即公民拥有请求国家不要干预其文化活动、文化生活与接近文化媒体的权利。再者，文化权利是一种受益权，公民有请求国家提供其文化节目之权利。文化还作为国家之保护义务，国家有保护文化之义务。[5]沈寿文认为：文化权利既有（传统上）政府消极不作为、不非法干预即可实现的"消极权利"，也有政府通过积极措施增进人民文化福利的"积极权利"。[6]

国内学者对于"文化遗产权利"的研究公开发表始于2003年，首见于莫纪宏的论文中。他认为文化遗产权利包含两种形态的权利：物质形态的文化遗产权和精神形态的文化遗产权。前者是指权利主体对以实物形态存在的文化遗产拥有占有、使用、处分的权利，具体形式为占有权、使用权和经营权。

---

[1] 黄明涛：《文化宪法建构中的"国家与文化之关系"》，载《人大法律评论》2017年第1期，第278页。
[2] 沈寿文：《"文化宪法"的逻辑》，载《法学论坛》2016年第4期，第49页。
[3] 黄明涛：《文化宪法建构中的"国家与文化之关系"》载《人大法律评论》2017年第1期，第278页。
[4] 张慰：《"文化国"的秩序理念和体系——以国家目标条款带动的整合视角》，载《南京大学法律评论》2015年第1期，第34页。
[5] 沈寿文：《"文化宪法"的逻辑》，载《法学论坛》2016年第4期，第50页。
[6] 沈寿文：《认真对待文化权利中的政治权利内容和消极权利性质》，载《人大法律评论》2014年第2期，第270页。

后者是指权利主体对以精神形态存在的文化遗产所享有的权利。这类权利又可分为两类子权利。一类是思想和表达自由权;另一类是知识产权。[1]之后相关领域研究者邢鸿飞、杨婧在《文化遗产权利的公益透视》一文中也运用了以上定义。除此之外,他们还认为文化遗产权利还包括对文化遗产的保护权和发展权。[2]杨婧在其硕士论文中将文化遗产权明确定义为权利束,而非单一权利。认为文化遗产权有广义和狭义之分。这一区分主要依据权利主体的不同而定。广义上包括了国家、集体和公民三个权利主体层次,而狭义只针对公民这一权利主体而论。同时,杨婧还沿袭了之前对于文化遗产权利的定义,并对精神形态的文化权利中的知识产权进行了细化,包括表明文化遗产来源权、保护文化艺术传统完整权、公开和传播文化艺术传统权、许可商业利用权和文艺创作权等。[3]王云霞在2011年的《论文化遗产权》一文中指出以上学者对于文化遗产权利概念的观点未免过于简单和机械,将权利客体形态等同于权利的形态,存在偷换概念的嫌疑。对于物质文化遗产,权利主体拥有占有、使用、处分的权益,同样拥有针对物质文化遗产的思想和表达自由权利;而对于非物质文化遗产,权利主体不仅可以享有思想和表达自由权,同时也对其思想和精神产品享有占有、使用和处分的权益。总之,王云霞认为文化遗产权是特定主体对其文化遗产的享用、传承与发展的权利。享用权利包括权利主体对文化遗产的接触、欣赏、占有、使用以及有限的处分权利;传承权利包括权利主体对文化遗产的学习、研究、传播权利;发展权利则是权利主体对文化遗产的演绎、创新、改造等权利。[4]但同年,周军还是在其博士论文中沿用了莫纪宏等的观点,认为文化遗产权根据文化遗产属性的不同分为两种。一是物质形态的文化遗产权,其中包括文化遗产所有权、使用权、经营权、转让权、抵押权和收益权等。二是精神形态的文化遗产权,包括表明身份权、保护文化艺术传统完整权、传播权、确定并许可传承权、公布权、

---

[1] Mo Jihong. "Legal Protection for Rights to Cultural Heritage", *Social Sciences in China*, 2003(1): 138—139.
[2] 邢鸿飞、杨婧:《文化遗产权利的公益透视》,载《河北法学》2005年第4期,第71—72页。
[3] 杨婧:《文化遗产权刍论》,载《河海大学学报》2006年第3期,第20—22页。
[4] 王云霞:《论文化遗产权》,载《中国人民大学学报》2011年第2期,第20—21页。

文艺创作权和同意转让权等。除以上两种权利类型外，文化遗产权利主体还拥有文化遗产保护权和发展权。[①]2014年，胡姗辰撰文在王云霞提出的概念定义基础上进行了补充和限定。她首先将权利的行使进行了特定化场景设置——特定主体基于特定客体的某种利益或在某种关系中，在优先保护的前提下，按照自己的意愿依法对该文化遗产拥有享用、收益、处分以及传承和发展的权利，包含物质和精神形态两方面的多种复合性权利在内。[②]

综合前文各家之观点，笔者认为：一是认为文化遗产权利并非单一权利，而是有一系列权利组成的权利束，是一系列权利组成的集合。相关子权利覆盖了文化遗产活动的整个生命周期。二是认为文化遗产权利具有特殊性。基于文化遗产本身的特性，以保护保存为前提条件，属于不可再生、极其脆弱的公共文化资源。相关权利行使受客体属性限制，有较大的权利行使限制。因此在对文化遗产权利概念进行讨论前，需要将这个预设条件纳入考察范畴。三是认为文化遗产权利的组成要件有四个方面组成，即权利主体享有文化遗产的享有权、处置权、获益权、传承权。

文化遗产享有权是指权利主体享有接触、拥有、使用文化遗产的权利。接触权主要指任何公民自由进入博物馆、美术馆、符合开放条件的古遗址、古建筑进行参观，通过近距离观看文化遗产，了解增长文化知识。由于文化遗产的特殊性和保护前提，接触并非实体上的触碰，主要采用有预防措施的近距离观看，例如隔着玻璃展柜欣赏文物藏品，隔着栏杆观看遗址，隔着门窗观看古建筑室内等。拥有权主要指权利主体对文化遗产拥有所有权。目前世界主要国家文化遗产相关法律都承认公民、法人和其他组织对文化遗产享有所有权，主要分为非国有不可移动文化遗产（文物）和民间收藏文化遗产（文物）两类。使用权主要指对文化遗产进行利用的权利。主要分为利用文化遗产进行物质创造和精神创造两个方面。在建筑文化遗产中，特别是近代建筑文化遗产中，有许多遗产目前还处于使用中，例如作为办公区域、展览区

[①] 周军：《论文化遗产权》，载《武汉大学学报》2011年第3期，第52—57页。
[②] 胡姗辰：《文化权利视野下的文化遗产权初探》，载《沈阳工业大学学报(社会科学版)》2014年第1期，第27页。

域、餐饮区域等，仍然在为所有权主体创造物质财富。与此同时，文化遗产是众多精神创造活动的研究样本和素材源泉，有关文化遗产和使用文化遗产作为素材、背景的学术研究、文学艺术、绘画美术、电视电影、戏剧曲艺层出不穷，创造了大量精神财富。

文化遗产处置权是指权利主体享有转让、抵押、经营、拍卖文化遗产，以及改变其用途的权利。由于文化遗产的特殊属性，权利主体拥有所有权，并不意味着权利主体能够对文化遗产进行自由处置，权利主体并不能完全行使此类权利，相反会在行使过程中，受到众多严格限制，只能在法律规定的范围内有限行使。

文化遗产获益权是指权利主体因文化遗产获取物质上和精神上收益的权利。在物质上，权利主体在法律允许的范围内，通过出让、抵押、经营、拍卖等形式，将所有权转移给其他主体，从而获得经济收益。或是权利主体通过合法使用文化遗产创造了经济收益。在精神上，权利主体通过调查、研究文化遗产，依据文化遗产进行再创作，获得了学识上和文艺娱乐上的富足，促进了艺术审美、文化鉴赏、个人修养上的进步。

文化遗产传承权是指权利主体享有保护和传播文化遗产的权利，以期文化遗产得到可持续发展，能够永续传承。任何主体都享有保护文化遗产的权利。基于国家权力的不对称性，国家有权根据每个国家文化遗产事务具体情况，制定符合本国国情的文化遗产政策，根据国情选择中央政府主导，还是地方政府主导；国家主导，还是民众主导；行政主导，还是法治主导。任何公民、法人和其他组织都有权通过一定方式参与文化遗产保护事务中。权利主体除了享有保护文化遗产权利外，同时也享有传播文化遗产的权利。文化遗产传播权利可以分为公开权和表达自由权两种。权利主体享有文化遗产公开权。文化遗产在保障安全的前提下，权利主体通过公布、展示等方式让更多公众了解认识文化遗产，以此加深民众在文化身份上的认同感。同时，权利主体享有文化遗产相关的表达自由权，可以通过著书立说、出版发行表达自己对于文化遗产的认识和研究成果，推动文化遗产相关信息和知识的广泛传播。

三、文化遗产权利的主体

有关文化遗产权利主体的分析可以分为三个层次，即公民、法人和其他组织，以及国家三个层次。首先是文化遗产权利主体的公民层面。几乎所有的文化遗产及文化多样性领域的国际公约和法律文件，就个人享有的文化遗产权利达成共识，都承认了公民对其国家、民族、团体及其个人所有的文化遗产的权利。《世界人权宣言》27条、《经济、社会和文化权利国际公约》第15条、欧洲理事会《关于文化遗产社会价值保护的欧洲理事会框架公约》中都有相关表述。①从文化遗产国内法实践来，公民也是文化遗产权利行使的基本单位。人人都享有文化遗产权利，人人都有保护文化遗产的义务。在我国《文物保护法》和《非物质文化遗产法》中就有不少条款都是有关公民文化遗产权利的规定。本书另有其他章节予以详细论述。前文所述各种文化遗产权利也都主要以公民主体为基点进行延展阐述的。

第二个层面是法人和其他组织层面，使用法人和其他组织的概念是基于民法视野，在《民法总则》第57条规定法人是具有民事权利能力和民事行为能力，依法独立享有民事权利和承担民事义务的组织。博物馆、图书馆、美术馆、档案馆、群众艺术馆，以及独立的考古科学机构、文化研究机构都属于该组织类别。而其他组织可以理解为非法人组织②，《总则》第102条规定非法人组织是不具有法人资格，但可够依法以自己的名义从事民事活动的组织。许多与文化遗产保护有关的社会团体都属于该组织类型。在国际法视野中，主要使用"团体"和"群体"概念。在《保护非物质文化遗产国际公约》中就在"个人"之外，将"群体"和"团体"同样视为非物质文化遗产的权

---

① 王云霞：《论文化遗产权》，载《中国人民大学学报》2011年第2期，第20—21页。
② 根据谭启平的研究："非法人组织"与民事主体意义的"其他组织"内涵相同、外延重叠，在逻辑上属于同一关系。在民事领域，"非法人组织"系对各民事单行法中"其他组织"的默示修改，应基于后法优于前法的原理予以适用；但在经济法、行政法等其他领域，《民法总则》的修改不具有规范效力，在依法定权限和程序完成立法语言修改前，这些领域中的"其他组织"将长期存在。参见谭启平著《论民事主体意义上"非法人组织"与"其他组织"的同质关系》，《四川大学学报（哲学社会科学版）》2017年第4期，第75页。

利主体。无论是"法人""其他组织"还是"群体"或"团体",最为显著的特点就是由个体集合而成的人类群组,连接个体与个体之间的紧密关系可以是经济、社会、文化、精神信仰、血缘亲情、民族身份、行为方式、饮食习惯等因素的任意一种或多种。值得注意的是,文化遗产的所有权并不能等同于文化遗产权利。在漫漫历史长河中,许多文化遗产的创造者到底是谁已无从知晓,文化遗产本身从属于某人的财产逐渐被视为属于群体或团体的共同财富,逐渐演化成群体和团体精神的凝结,是群体和团体身份的象征。那么群体或团体到底是否能享有这项文化遗产的权利?答案是肯定的。

国家作为文化遗产权利主体的第三个层次主要有两方面的适用场景。在国内法中,法律规定十分重要或面积较大、体量较大的文化遗产由于公民、法人和其他组织无力管理,都是由国家所有并承担保护和管理责任。例如《文物保护法》第5条就对国家所有的文化遗产种类进行了明确规定。相应的,国家所有的文化遗产,其保护职责和义务由国家承担。在国际法场景中,国家通过签署加入履行文化遗产有关的国际公约,以获得国际社会承认的文化遗产权利。例如在《保护世界文化和自然遗产公约》第3条规定缔约国有权自行确定和划分本国文化和自然遗产。第6条第1款规定尊重缔约国主权以及缔约国对本国文化遗产的所有权前提下,将一国之文化遗产视为世界遗产的一部分。第7条规定了缔约国不得以任何直接或间接措施侵害其他缔约国的文化和自然遗产。也就是说缔约国享有保护本国文化和自然遗产的权利,同时也不能损害其他缔约国的文化遗产权利。

四、文化遗产权利的公权与私权属性

文化遗产权利是公权,是私权,还是混合权利,是否需要独立于公权和私权之外,进行特别的权利设置,学界目前还没有统一的认识。部分学者支持文化遗产权利是公权。王云霞认为:文化遗产权利总体上看是属于公权,但鉴于某些场景和条件,仍具有私法的某些属性。[1]同时也有部分学者支持文

---

[1] 王云霞:《论文化遗产权》,载《中国人民大学学报》2011年第2期,第20—21页。

化遗产权利是私权的观点。韩小兵是国内较早支持"非物质文化遗产权利"是一项含有公共属性的新型民事权利观点的学者。[①]后来在赖继、张舫的论文中再次支持了这一观点。[②]另外，部分学者赞同文化遗产权利属于混合权利的观点。例如邢鸿飞等认为文化遗产权利不仅具有人权及文化权利的根本属性，还兼有所有权和知识产权的性质；不仅具有私权的属性，还兼具公权的属性。[③]周军同样持该观点，他认为：文化遗产权的法律属性决定了其既要保护文化遗产权人的权益，又要维护社会公共利益。以期取得国家和社会公益利益与私人利益之间的平衡。[④]笔者认为鉴于权利客体——文化遗产的特殊属性，要讨论文化遗产权利的法律属性，需要设定一定的语境以及相应的权利主体对象。例如国家作为文化遗产权利主体时，文化遗产权利无疑是一种公权。站在这个国家和民族的立场上，保护、合理利用和传承文化遗产，通过公开展示和传播文化遗产，增强全体民众的文化身份认同，助力全体国民的文化素养和水平的提升，提高全民族的凝聚力。再如公民、法人或其他组织作为文化遗产权利主体时，文化遗产权利的法律属性就要视情况而定。在公民、法人和其他组织在不拥有文化遗产所有权的情况下，或拥有文化遗产所有权，但不行使相应处置权或权益权时，所享有的文化遗产权利属于混合权利，既有公权属性又同时含有私权属性。根据文化遗产的公益特性，人人都可以接触、使用文化遗产，以各种方式参与到文化遗产事务中，为文化遗产保护作出贡献，这是文化遗产权利的公权属性。在使用文化遗产和传承文化遗产过程中，即使不享有文化遗产所有权，也能获得文化遗产所承载的文化资源，通过对文化资源的挖掘、使用和再创造，权利主体完全有可能获取利益。在这种情况下，可以说文化遗产权利也有私权属性，由私法进行保护和调整。在当公民、法人和其他组织享有文化遗产所有权的情况下，同时处于

---

① 韩小兵：《非物质文化遗产权——一种超越知识产权的新型民事权利》，载《法学杂志》2011年第1期，第38页。

② 赖继、张舫：《传承人诉讼与权利入市：推动非物质文化遗产权利保护的私法基石》，载《社会科学研究》2016年第1期，第118页。

③ 邢鸿飞、杨婧：《文化遗产权利的公益透视》，载《河北法学》2005年第4期，第72页。

④ 周军：《论文化遗产权》，载《武汉大学学报》2011年第3期，第85页。

有关法律关系中，例如处置非国有不可移动文物或民间收藏文物所有权，通过使用和处置文化遗产获利时，所享有的文化遗产权利属于私权。可见文化遗产权利呈现出一个十分复杂的权利运行框架。这也要求在处理权利主体相关法律关系时，需要更为细致地照顾到各方诉求和利益关切，让公权和私权达到一个相对平衡的状态。

五、文化遗产权利的行使

文化权利之所以为"权利"，是因为有相应的义务与其对应，光谈权利是毫无意义的。何为义务？法学上的义务是一个与权利相对应的概念。说某人享有或拥有某项利益、主张、资格、权力或自由，是说别人对其享有或拥有之物负有不得侵夺、不得妨碍的义务。若无人承担和履行相应的义务，权利便没有意义。故一项权利的存在，同时也就意味着一种让别人承担和履行相应义务的观念和制度的存在。[1]对于具有宪法效力的基本权利而言，对应的是国家义务。部分学者认为根据国家义务的不同内容，需将权利分为消极权利和积极权利。如果国家承担消极不作为的义务，如不干涉自由等，相应的权利就是消极权利；如果国家承担的是积极作为的义务，如提供服务等，相应的权利就是积极权利。他们将公民、政治权利划为消极权利，而将经社文权利视为积极权利，所对应的国家义务即为积极义务。由于国家在履行积极义务时，需要动用大量社会资源作为保障，而履行的速度快慢和成效好坏都涉及和充斥大量的主观判断，是一种"手段与结果"的关系，而非法律上"事实与法律结果"的关系，法律很难对于这些履行义务行为进行清晰而客观的界定。因此，包括文化遗产权利在内，由积极义务承担的文化权利，在这些学者眼中还谈不上是一种真正意义上的权利，国家承担的相应义务也非真正的法律义务。这也是长期困扰文化权利行使效力，以及相应司法救济的核心问题。

对于该论断，笔者认为权利并非能简单地划分为"消极权利"和"积极

---

[1] 夏勇：《权利哲学的基本问题》，载《法学研究》2004年第3期，第5页。

权利",而是具有"消极性"和"积极性"。对于一项权利而言,两种性质并存其中。可以换个角度介入,不从横向对权利性质和相应的国家义务进行分割,而尝试从纵向,将权利的实现层次和对应义务的履行层次进行划分。每一个层次都会涉及"消极性"和"积极性",只是相应的权重会根据层次的不同,有所倾向。人权法学家阿斯比约恩·伊迪(Asbjorn Eide)等人为此提供了一个分析框架,那就是对于任何形式的权利而言,其相关义务都有以下三个层次:(1)尊重的义务(the Obligation to Respect):指的是国家勿以任何方式干涉人们享有权利。(2)保护的义务(the Obligation to Protect):"保护"作为国家义务的第二个层面,要求缔约国及其代理采取行动,一方面确保其本身不侵犯任何人的权利;另一方面防止第三方侵犯他人的权利,保护所有人免受任何形式的歧视、骚扰或取消服务,并保障任何侵权行为的受害者获得公正的法律补救。(3)实现的义务(the Obligation to Fulfill):"实现"国家义务的第三个层面,这一层面的国家义务涉及广泛,不仅包含了"尊重"和"保护"的意思,还要求缔约国,在涉及诸如公共支出、政府经济条例、提供基本公共服务和基础设施、税收和其他经济再分配措施等领域,以"履行(便利)"(Facilitation)和"提供"(Direct Provision)的方式来实现个人的经社文权利。[1]

科尔德罗的《文化遗产保护要案》中提到:众所周知,国家在认可文化权利的时候表现出来的缄默和迟疑态度很明显,因此颁布具有可执行性的保护文化权利的二级法律将会为国家的义务赋予更多实际的内容。通过立法,可以要求国家保护集体在行使文化权利时共同的目标;同时也要求国家承担尊重文化自由的权利,尊重集体的文化财产(文化遗产),尊重集体和个人与这些文化财产(文化遗产)的联系。这样的法律也是宪法和很多国际公约所要求的。[2]这也印证了部分国家的宪法并不涉及文化权利,更没有提及其中的

---

[1] 秦前红、涂云新:《经济、社会、文化权利的可司法性研究——从比较宪法的视角介入》,载《法学评论》2012年第4期,第9页。

[2] 〔墨〕豪尔赫·A.桑切斯·科尔德罗:《文化遗产保护要案》,常世儒等译,文物出版社2016年,第155页。

文化遗产权利，或者对相关规定进行较为笼统的表述，而将大量实际的规范表述下放至专门法律中，专门对国家对公民文化权利的保障义务，以及公民文化权利的具体行使进行规定。同时，他也谈到："在我们司法体系中认可这一种权利，其实就是要求国家履行三方面的义务：尊重，保护和通过司法体系保障所有文化权利的落实。"[1]也就是"尊重""保护"和"实现"三个关键词勾勒出国家对于文化权利的确认和义务履行的具体形式，印证了前文伊迪的观点。正如前文所述，这三个词汇的关系应该是递进，相互连接，相互影响的，"尊重"是前提，"保护"是基础，"实现"是重点。这里的"尊重"并非情感上的或是道德上的尊重，而是指法律上的"承认"和"确权"，以构建起国家与集体、公民之间有关文化遗产权利的平衡关系，这种关系是得到三方明确且承认的。而"保护"这一行为即是国家对于公民文化遗产权利尊重，同时也是国家为公民顺利行使文化遗产权利所提供各项保障的行为基础。如果国家不保护公民的文化权利行使，实际上就代表文化遗产权利被排除在国家义务清单之外，那么法律上对文化权利的"承认"和"实现"就无从谈起。公民如何实现文化遗产权利，有赖于国家为公民行使文化遗产权利提供什么样的保障，这也是公民能否顺利行使文化遗产权利的关键和核心问题。国家为公民顺利行使文化遗产权利的保障类型多种多样。例如设施保障：设立良好的公共文化基本设施，例如建设博物馆、美术馆、文化馆；供给保障：提供丰富的文化遗产资源等，例如举办公开展览和科研活动；政策保障：提供政策上的支持，例如制定实施税收优惠或减免政策、人员培养计划；财政保障：提供经济支持，例如发放政府补贴，给予经济补偿，创立国有信托机构等。而在各类保障中，法治保障是公民行使文化权利最为基础和重要的部分，视为基石。

---

[1]〔墨〕豪尔赫·A.桑切斯·科尔德罗：《文化遗产保护要案》，常世儒等译，文物出版社2016年，第155页。

第三节
文化遗产法治保障的范围与意义

一、文化遗产法治保障的范围

文化遗产法治保障的范围，可以从狭义和广义两个层面加以确认。从狭义层面来讲，文化遗产法治保障的范围，主要指哪些文化遗产需要受法治的保障。从这个层面来讲，可以引用前文关于文化遗产外延的定义加以说明。就普遍意义而言，所有具有文化遗产属性的客体、对象，都属于文化遗产法治保障的范围。从法律实务视角来看，一切出现在文化遗产保护法律文本中，受法律保护的文化遗产对象类别都属于文化遗产法治保障的范围。当然，由于各个国家和地区文化遗产法律在条文与规范上的差异性，自然存在法律保护范围大小、种类多寡的差异。例如埃及《文物保护法》规定："凡史前、历史上各时代直至100年前的……均属文物"。而在以色列的《古物法》中，则以1700年为界，1700年以前的物品都是为受法律保护对象，而1700年之后的物品，则需要在文化遗产主管部长的认定后，才能成为受法律保护的对象，纳入法律保护的范围。虽然两国同时将时间作为认定客体、对象受文化遗产法律保护的依据，但每个国家和地区依据自身的情况，所进行的界定依据和所圈定的法律保护范围是有较大差异的。

从广义层面来看，文化遗产法治保障的范围，并不限于界定哪些客体、对象受到国家文化遗产法律的保护，而更将法律保护的意义扩大，意在把整个文化遗产保护事业纳入法律保护范围中，在法治的框架下，有序而稳定地运行。从这个层面来看，可以分为以下六个方面的内容。

第一，保障文化遗产的保护传承和合理利用。文化遗产的传承和合理利用，乃是整个文化遗产事业的两大根基，也是文化遗产法治保障的核心领域。文化遗产的传承，关系到文化遗产的永续留存，为整个文化遗产事业提供发展基石。而文化遗产的合理利用，则关乎文化遗产与现代人的关系，以及文化遗产的可持续性发展。无论是传承还是合理利用，都离不开法律提供的秩序和规范作用。只有在法律的庇护下，文化遗产的传承和合理利用，才能具有可靠坚实的秩序环境和规范保障。

第二，为文化遗产法律运行和可持续发展提供制度保障和程序安排。任何法律运行都是一个动态发展的过程，这一定律在文化遗产法治保障上也不例外。人类对于文化遗产保护的理解，随着时间的推移得以不断进化和提升。尤其是进入21世纪，不仅在物质文化遗产保护领域之外增加了对非物质文化遗产的保护，而且在传统的物质文化遗产保护领域，也不断更新保护理念，诞生新的保护客体、对象。例如之前从单体建筑扩大至街区保护，再扩大至整个城镇的保护，进而出现了"文化景观"保护概念，而在此基础上，将多个"文化景观"串联起来，形成"遗产廊道"，最终成就了"文化线路"保护概念。如果要有效践行这些不断演进的文化遗产保护概念，就需要在法律层面予以动态配合。从这个意义上来说，文化遗产法律保护的重要内容也包括对于文化遗产保护自身演进在法律层面上的及时反馈、修正和完善。

第三，规定和维护国家与公民在文化遗产事务中的权利与义务。在法治社会，人们按照契约精神，在法律的规范指导下，享有权利和承担义务。例如我国1982年《宪法》第22条规定：国家保护名胜古迹、珍贵文物和其他重要历史文化遗产。这表明，国家对我国文化遗产负有保护义务，承担我国文化遗产保护工作的主体责任。而其第47条又规定，国家尊重公民进行科学研究、文学艺术创作和其他文化活动的自由；国家鼓励公民从事各项文化事业的创造性工作。这表明国家尊重和保护公民对于文化遗产的亲近、观赏、研究权利，保护公民为传承保护文化遗产进行的有益活动。而一切组织和个人在获得文化遗产权利的同时，也同样负有保护文化遗产的义务。

第四，为国家文化遗产相关职能部门及其公职人员履行职责提供法律上的依据，同时对他们滥用权力或不作为进行制度性预防和司法救济。宪法规定了国家在文化遗产事务中享有主导性的管理地位。这使得文化遗产行政管理机关以及公职人员成为文化遗产法律的重要执行力量和践行者。执法主体是否能够根据法律维护文化遗产的安全，有效打击文化遗产领域的各种违法犯罪行为，都是文化遗产法律保护需要解决的重大问题。与此同时，针对有关机关和公职人员开展法治监督，利用多层次、多维度的综合监督体系，防止有关机关和公职人员在文化遗产管理事务中的渎职、滥权、不作为，保障文化遗产保护法律实践的有序开展。

第五，调整社会成员有关文化遗产的民事法律关系。文化遗产法治保障，需要对相关的民事关系进行调整，例如，建立针对不可移动文物原所有人财产权的保障机制，以及让渡后的补偿制度；针对民间收藏文物的有序管理和合法流通，保障民间收藏可移动文物所有权的合法让渡和转移；保障非物质文化遗产传承人的合法权益合法诉求。

第六，预防和制裁文化遗产领域的各种违法犯罪行为。文化遗产的法治保障，不仅在于调整文化遗产领域及其相关的民事关系，而且也必须对危害文化遗产的各种违法和犯罪行为进行行政处罚与刑事制裁。在中国的《文物保护法》和《刑法》中，都有专门章节针对文化遗产的违法和犯罪行为进行界定，并规定相应的法律责任。法律作为保护文化遗产的最后防线，拥有震慑和预防文化遗产违法、犯罪行为的功能，同时依法打击文化遗产违法、犯罪行为，以保障文化遗产的安全。

二、文化遗产法治保障的意义

早在中国古代，运用法律保护文化遗产就已初现雏形。春秋时，在《孔子家语·刑政》中就有记载，孔子认为，法律应禁止珪璋璧琮等礼玉、宗庙使用的祭祀礼器、华丽的织锦珠宝等物品在市场上售卖。秦朝律法将祭祀神灵的庙宇、埋葬先人的陵墓，以及祭祀用的器具和祭品，都列为不得私占、流转之物。任何盗掘行为都会被论以重罪。[①]唐、宋时期，十恶之二，"曰谋

---
① 栗劲：《秦律通论》，山东人民出版社1985年，第476页。

大逆。谓谋毁山陵、宗庙及宫阙"。即毁坏先帝陵墓、皇室宗庙以及宫阙殿宇等罪行被视为动摇皇权根基，破坏政权合法性的犯罪行为，被视为"恶逆"之一，处以极刑。另外，"六曰大不恭。谓盗大祀神御之物、乘舆服御物"。即偷盗重要祭祀（昊天上帝、五方上帝、皇地祇、神州、宗庙等）使用的器具以及帝王专用之物会被处以重罪，直至死刑。①再如，如果发现人在他人所有的土地范围内获得埋藏物，发现人应与土地所有人均分，若未履行，将按坐赃罪减三等罪论处。而若埋藏物为"古器、钟鼎之类，形制异于常者"应按律上缴官府，官府"酬直"即偿还所缴物品的所值价钱。但如果不上缴官府，也将按坐赃罪减三等罪论处。明清时期基于沿袭唐宋法律体系，在具体法律设置上更为细致。例如在《大清律例》中对"发冢"即发掘坟墓有专门律文和条例规定。对"如有发掘历代帝王陵寝及会典内有从祀名位之先贤名臣，并前代分藩亲王，或递相承袭分藩亲王坟墓者""若发掘前代分封郡王，及追封藩王坟墓者""凡发掘贝勒、贝子、公夫人等坟冢，开棺椁见尸者""纠众发冢起棺索财、取赎，已经得财者""曩其盗取器物砖石者"等都有专门而细致的判决标准和量刑规定。②综上可知，上述律条制定的初衷，都是历朝历代的统治阶层为维护政权稳定、社会秩序和既得利益，并非出于保护现代意义上的"文化遗产"为目的。在古代，帝王拥有至高无上的权力，能够通过各种渠道获取自己想拥有的一切古代艺术品，因此历代皇帝在大内皇宫大都拥有丰富的艺术品以及各种珍稀古籍收藏。这些被后世作为"文化遗产"重要组成部分的珍贵物品被视为皇家的私人财产，受到最为严厉的法律保护。一切觊觎之人都会受到最为严苛的罪罚。不过也正因如此，让一系列古代建筑、古墓葬、古遗迹以及艺术品、工艺品、古籍得以存世留传至今，客观上起到了保护传承"文化遗产"的实际作用。

从现代法律意义上真正运用法律保护文化遗产的实践，始于近代欧洲。任何法律不会凭空出现，只有适合法律生长的土壤，法律才会孕育而生，破土而出，苗壮成长。因此，现代意义上的文化遗产法治保障，需要有供它滋

---

①薛梅卿：《宋刑统》，法律出版社1999年，第6页、第10页。
②上海大学学院、上海市政法管理干部学院：《大清律例》，天津古籍出版社1993年，第420—423页。

养的土壤。具体而言，主要涉及以下五方面的条件。

一是意识上的准备。自文艺复兴运动以来，一系列解放人性、认识世界的革新运动接连席卷欧洲。人们将关注视线从宗教神学重新转移到认识现实世界和自我价值体现上，掀起了将古希腊文化艺术以及相关物证（古籍、艺术品）作为膜拜对象的社会热潮。当时的学者、商人、包括各国君主在内的社会各阶层都抱以极大热情寻找古物、收藏古物和研究古物。[1]这极大地促进了整个欧洲社会对于古代文明的认识，从而萌发和增强了各阶层的收藏意识与保护意识。同时从运用法律（法令）保护古物的意识来看，早在15世纪，教皇庇护二世（Pope Pius II）就颁布教皇法令，保护教皇国域内的古物不受破坏。二百多年后，在1630年，瑞士国王古斯塔夫·阿道夫（Gustavus Adolphus）任命专门的国家古物管理员来保护境内的重要文化遗产。[2]

二是公共意识的萌发和公共空间的扩大。随着拜占庭帝国的消亡，大量流亡者带着各类古典（古希腊、古罗马）的文化财富（手稿、书籍）来到西欧。同时，随着大航海时代的来临，来自美洲、非洲以及亚洲的文化艺术品源源不断汇聚欧洲，极大丰富了欧洲文化艺术品的收藏数目和种类。社会精英阶层通过各种渠道积攒和收集了大量艺术品。从17世纪中叶开始，这些原本私人化的、贵族化的艺术品鉴赏或展览活动逐步向更广阔的社会阶层开放。在这一过程中，逐步形成了今天文化遗产事业最为核心的组成要素之一——"博物馆"概念。在这一段时期，英国皇家军械博物馆（Royal Armouries Museum）（1660年）、瑞士阿莫巴赫博物馆（Amerbach Cabinet）（1671年）、英国阿什莫林博物馆（Ashmolean Museum）（1683年）、大英博物馆（British Museum）（1759年）、意大利乌菲齐美术馆（Uffizi Gallery）（1765年）、法国卢浮宫博物馆（Louvre Museum）（1793年）等博物馆、美术馆相继对公众开放。[3]原先的文化遗产只被视为君主或贵族阶层的私人财产，相关法律也是根据保护这类财产的要求进行制定。而随着"博物馆"的诞生，公共要素的逐

---

[1] 陈文海：《世界文化遗产导论》，长春出版社2013年，第34—35页。
[2] Janet, B., International Cultural Heritage Law, Oxford: OUP Oxford, first edition, 2015：2.
[3] 陈文海：《世界文化遗产导论》，长春出版社2013年，第36页。

步参与，文化遗产的相关问题不再只面对君主或贵族阶层，而是与更大范围的公众产生关联，普通大众开始了解和关注文化遗产。随着资产阶级革命的发展进程，文化遗产逐步被看作成为一种普遍承认的公共财产存在，再也不被看作是特权阶级的专属财产。这样的属性变化，使得对于珍宝、艺术品、古建筑等样式的财产处置，变成了公共问题，需要由民选政府行使这些财产的安置权，而公民则享有亲近、观赏、研究这些财产的权利。

三是专业的进步。虽然随着博物馆的不断兴建和开放，大量文化遗产与公众的距离逐渐拉近，但公众对文化遗产的价值认知还极其有限，还有赖于大量专业人士的研究和解读。大量的古代遗迹和残损艺术品也需要专业人士进行发现挖掘和整理修复。文化遗产相关专业的发展极大促进了文化遗产保护意识的加强。例如在18世纪的威尼斯，政府设有专司公共画作保护和修复的官职，由著名古画修复师任职。例如皮埃尔·爱德华兹（Pietro Edwards），为当时威尼斯域内公共画作的保护和修复提供专业技术支持和工作规范指导。还有，法国七月王朝时期（1830—1848年）的头两位历史古迹总督察官（Inspecteur Général des Monuments Historiques）先后由卢多维·维特（Ludovic Vitet）和普罗斯佩·梅里美（Prosper Mérimée）两位艺术家担任。[①]再如英国著名学者约翰·拉斯金（John Ruskin）1848年所著《建筑的七盏明灯》（*The Seven Lamps of the Architecture*）被当时视为建筑遗产保护的指导性读物。而后一系列专业保护组织也陆续出现，例如英国"古建筑保护协会"（The Society of the Protection of Ancient Buildings）于1877年成立。相关专家正是基于对文化遗产不断深入的了解和研究，才激起对文化遗产保护的奔走相告。19世纪中期开始，运用法律保护文化遗产的呼声就已不绝于耳。历史证明，多次文化遗产法律保护上的进步，都有赖于倾听了文化遗产专业领域的强烈呼声。进入20世纪，一系列国际行业组织制定的"宣言"和"宪章"，例如1904年的"第六届国际建筑师大会"（6th International Congress of Architects）上通过的《马德里会议建议》（*Recommendations of the Madrid Conference*）、1931年

---

①江嘉玮：《夏约院史——法国遗产保护的过去与当下》，载《时代建筑》2016年第5期，第156页。

"第一届历史古迹建筑师及技师国际大会"（1st International Congress of Architects and Technicians of Historic Monuments）通过的《关于历史古迹修复的雅典宪章》（The Athens Charter for the Restoration of Historic Monuments）等，不断为文化遗产法律保护提供前瞻性和专业性的参考性建议。

四是现实条件的逼迫。虽然欧洲各社会阶层对文化遗产的认识在不断深化，但欧洲乃至世界范围内的文化遗产的境遇并非顺遂，主要有来自三个方面的压力。首先是随着工业革命所引发的传统与现代之间冲突的加剧。法国大文豪维克多·雨果（Victoir Hugo）先后于1825年和1832年两次檄文声讨城市建设中对历史建筑的肆意破坏行为。① 其次是连续不断的大规模暴力冲突的危害。法国大革命期间，大量历史古迹（教堂、修道院等）遭到大规模破坏。同时还有欧洲国家间的相互征伐战争：法国路易十四时期的遗产战争（War of Devolution）、法荷战争（Franco-Dutch War）和奥格斯堡同盟战争（War of the League of Augsburg），拿破仑战争，以及普法战争等。这些旷日持久，影响巨大的战争都对交战国的文化遗产造成了不同程度的破坏和损失。

五是一系列的制度与实践准备。法国在文化遗产保护理念和实践都走在欧洲国家的前列。早在法国大革命时期，制宪会议（Assemblée Constituante）就颁布了一系列有关保护文化遗产的政令或法令（Décret）、命令或训令（Instruction），例如1789年11月2日颁布的法令就将教会所属财产全部划归国有。紧接着颁布意在保护作为"国家财产"（Biens Nationaux）② 组成部分的，来自教会的手稿、古迹、雕塑、绘画作品以及其他可移动物品的命令。1794年8月，国民公会（Convention Nationale）通过严惩针对破坏文化遗产的法令。除颁布专门法令外，法国政府还组建了专门管理文化遗产的政府机构。例如1789年

---

① 两篇文章分别是1825年发表的《关于法国古迹的毁坏问题》（Noté sur la déstruction les momuments en France）和1832年发表的《向拆毁者宣战》（Guerre des désmolisseurs）。参见陈文海主编：《世界文化遗产导论》，长春出版社2013年，第39页。

② 国家财产，是指那些在法国大革命时期，根据1789年11月2日法令被充公没收的教会财产，主要包括建筑物、器物、农业用地、林地等。同时包括在革命时期为度过财务危机变卖的财产，以及被充公没收的皇室和贵族财产。国家财产的范围后来扩展至1792年3月30日以后被充公没收的流亡贵族和罪犯财产，以及7月27日法令之后出卖的财产。

10月制宪委员会成立了古迹委员会，专司研究艺术和科学古迹。再如1791年设立的公共教育委员会（Comité de l'instruction publique），随后的一系列保护文化遗产的工作都以这个机构之名进行，调查文化遗产现状，颁布相关命令。

经过漫长等待，运用法律武器保护文化遗产的条件逐渐成熟，西欧主要国家文化遗产法律保护意识和实质程序逐渐开始。1882年英国议会通过由约翰·卢伯克爵士（Sir John Lubbock）倡议的《古迹保护法（1882年）》（*The Ancient Monuments Protection Act 1882*）。这也是英国首部具有实质法律意义的现代文化遗产保护法律。该法律包括对古迹的定义，古迹登记制度，挖掘、拆除、改建和修复的政府授权制度，处罚制度，豁免条款等方面都有相应规定，可以说确立了现代文化遗产保护法律样式的基本框架。

从理论上追问文化遗产法治保障的意义，根本上就是要回答为什么需要运用法治来保护文化遗产的问题。用法律保护文化遗产的原因，不外乎在于文化遗产的外部环境，以及文化遗产事业发展的内部要求。外部环境主要分为国际环境和国内环境。在国际环境下，文化遗产所处的境遇，主要有战争破坏、非法交易、所有权申索（非法所得的文化遗产追讨和水下文化遗产权益维护），从而需要使用法律的强制力进行事前预防和事后救济，在国际法的框架下进行利益分配以及既有权利和应当义务的规定。在国际上，文化遗产的法律保护形式主要有公约、国际法律文件等形式。国内环境包括自然侵害、人为破坏两大类。自然侵害主要分为两个方面，（1）自然直接损害；（2）由于人类活动，改变自然环境，从而引发的自然灾害而造成文化遗产的损害。人为破坏主要有两个方面；分为非主观损害和主观损害。非主观损害，即由于社会生活方式改变，导致习俗上和使用上的减少，客观造成文化遗产的消解。另一种则是人为主观损害。由于文化遗产蕴含大量的经济价值，盗掘、出售获取非法利益。同时，文化遗产的保护在现实场景中，常常被视为经济社会发展的阻碍，特别出现在现代化城市建设过程中。为追求短期利益，忽略文化遗产所带来的长期价值和意义，肆意破坏甚至毁失殆尽，造成不可逆转的文化损失。除此之外，部分文化遗产保护政策的片面和生硬，忽略当代人的生存发展需求，只重隔离保护，限制有序利用，将文化遗产保护与当代人的经济发展和生活质量改善诉求一味割裂，无法就保护文化遗产的认知达成共识，活生生地将众多急需改善生活质量的当代人挤向了文化遗产保护的对立面，成为文化遗产传承保护的阻力和障碍，随之带来了对文化遗产保护的漠不关心、抵触、反对，甚至破坏。

从文化遗产事业发展的内部要求来看，文化遗产保护的根本任务，就是延续和传承人类文化的载体和表现形式。归根结底，一个是如何保持文化遗产"原真性"的问题，另一个则是解决文化遗产"可持续性"的问题。应该说，文化遗产保护问题是全球可持续性发展问题的重要组成部分。自18世纪60年代第一次工业革命以来，短短两百余年间，得力于科学技术的迅猛发展，人类社会的社会生产力获得极大释放，人类社会得到惊人的发展。人类在前所未有地获得能量和聚集财富的同时，大量的消耗和破坏也同期伴随而来。这其中就包括人类自身文化印记的消解和损耗。人类的飞速发展只能限于极其有限的适宜空间之中，"新"与"旧"之间的矛盾注定愈来愈大。例如1954年埃及政府基于本国经济发展的需要，决定在古埃及文化遗产众多的努比亚地区修建阿斯旺水坝。人们需要在满足灌溉、发电、航运、防洪等多种迫切需求与保护珍贵的古代文明遗迹之间进行抉择。虽然最终在联合国教科文组织的倡导和主持下对库区文化遗产进行了抢救性考古发掘和整体迁移，但从保持文化遗产的"原真性"方面也作出了较大牺牲和妥协，留下了遗憾。这一事件也成为1972年通过《保护世界文化和自然遗产公约》的主要诱因之一。

当然，除了法律之外，习俗、惯例、道德、宗教等也能在文化遗产保护中起到约束和规范作用。习俗、惯例是人们漫长繁衍过程中逐渐形成的思维模式和行为定式，但习俗和惯例本身所蕴含的理性并不稳定可靠。再说道德与宗教，法律规定的是公民社会行为的底线，而道德与宗教则是追求个人社会行为的上限。就宗教而言大多数具有排他性，这对于具有普世价值的文化遗产保护来说是一致命缺陷。以上途径并不具备只有法律才拥有的普遍强制力、规范性的制裁力。只有法律才能够从根本上以稳定的形态和程序化的模式约束和规范人们对待文化遗产的行为。

第四节
文化遗产法治保障的概念与框架

一、文化遗产法治保障的概念

所谓"法治"概念，亦可称为一种理想，诞生于数千年前。在亚里士多德的学说中就已经为我们勾勒出了"法治"的些许显著特征。例如法律的统治能有效摒除人类情欲的缺陷，使统治具备确定性和非任意性。再有"法治"是指人们普遍遵守法律的社会状态，人们所遵守的法律应该是经过良好设计和制定的法律。近代以来，"法治"概念又深刻融入资产阶级革命和建立民主国家进程中。这个时代的哲学家、政治学家、法学家，如霍布斯、洛克、孟德斯鸠、黑格尔、戴雪等都为之献上了自己的智慧果实。[1]进入20世纪，有关"法治"概念的梳理和明晰也未停止。在夏勇的《法治是什么——渊源、规诫与价值》一文中，根据富勒、莱兹和菲尼等当代法学家的研究成果，归纳出了有关法治概念的十个规诫，及其十个普遍要素：有普遍的法律、法律为公众知晓、法律可预期、法律明确、法律无内在矛盾、法律可循、法律稳定、法律高于政府、司法威权、司法公正。[2]可以看出，法治不仅仅限于法律的制定环节，还在于法律的实施环节，是一种体系化的，运用法律进行国家治理的实践方式。法治已成为现代国家治理的基本方式。正如张文显所言，"法治"的核心要义在于"良

---

[1] 夏勇：《法治是什么——渊源、规诫与价值》，载《中国社会科学》1994年第4期，第118—122页。
[2] 夏勇：《法治是什么——渊源、规诫与价值》，载《中国社会科学》1994年第4期，第127—133页。

法善治",将"法律之治"上升为"良法善治"。[①]不仅要求有普遍的法律,还要有明确和稳定的法律,并予以妥善实施,在依法执法和司法环节,践行良好法律的制度设计,实现国家和社会的在法律实施系统过程中的稳定和健康运行。

所谓法治保障,在概念上有狭义与广义之分。狭义的法治保障,又可称之为法律保护或法律保障,它侧重于法律规范与法律制度的设计和安排,也就是人们通常所说的"立法"。而广义的法治保障,则是一个体系性或系统性概念,也就是将法治看作为一个从法律制度到法律实施的构造缜密的有机整体。它包含了狭义的法治保障,但其内涵又更为广泛和具有系统性。为了彰显其系统性,我们也可以称其为"法治保障体系"。在法治实践中,要使这个机体稳健运行,不单有赖于某个要素或单方面的贡献,更要注重各组成要素和各环节的通力配合和相互支持。在党的十八届四中全会上通过的《中共中央关于全面推进依法治国若干重大问题的决定》中提出了实现建设中国特色社会主义法治体系、建设社会主义法治国家的总目标。如何实现这一目标?主要就是要将实现国家治理法治化,将建设社会主义法治国家作为系统工程来对待,也就是使立法、执法、司法、守法、法治监督和法治文化建设六个环节统筹兼顾、协同实施,形成结构严谨、功能健全、运行稳定的法治体系。这一新的法治建设的战略构想,也为完善和发展文化遗产法律保护事业提供了一条新思路,即建立文化遗产法治保障,必须具有系统性和实践性的思想观念与操作工具,而不仅仅限于其法律规范与制度的安排。

本书虽然在考察和评析外国、联合国以及中国历史上的文化遗产法治保障时,偏重于狭义的法治保障概念,但在本书其后的主体部分,则主要采用广义的法治保障概念。这一处理有助于凸显当代中国文化遗产保护的法治体系问题。它可以为文化遗产法律保护实际工作提供顶层设计和统筹布局。文化遗产保护事业本身就是一项极为复杂的系统工程,而义文化遗产法治保障同

[①] 张文显:《法治与国家治理现代化》,载《中国法学》2014年第4期,第6页。

样是一种体系性的建构，需要所有参与各方的通力配合，从而最终达到永续传承与有效利用文化遗产的目标。从体系设计来看，文化遗产的法治保护，并非能单纯依靠立法、执法、司法等某一方面或环节单独发挥作用，就能够为文化遗产保护提供有效保障。只有法治的各个环节各司其职、各尽其责、通力合作，才能共同推进文化遗产保护事业在法律的护航下不断前行。再者，在治理现代化的过程中，运用广义的法治保障概念，也有助于推动文化遗产的法治保障，实现其从"法律"到"治理"的转变，或者更好地实现"法律"与"治理"之间的衔接和打通。其关键是严格实践法律与制度，从而让法律与制度富有实效。

二、文化遗产法治保障的基本框架

根据《关于依法治国的决定》，以及法学界关于"法治中国"的理论研究，中国特色社会主义法治体系，包括立法、执法、司法、守法、法治监督和法治文化六个方面或环节：（1）立法是法治的首要环节。在法治国家，法律乃是治国最重要的基石。故而，建设依法治国家或者法治体系，第一步是制定完备的法律，即立法先行。不仅如此，法治还要求实行良法之治，而不是恶法之治。因而，科学立法、提高立法质量就成为一大关键。（2）法律的生命力和权威性，都在于法律得到切实的实施。而实施法律的一个核心环节就是执法，即行政机关严格执行法律。在当下中国，主要是要完善与创造执法的体制和程序，真正建立依法行政体制，从而建成公开公正、廉洁高效、守法诚信的法治政府。（3）司法也是法律实施的一大关键环节，是保障法律生命力和权威性的最后一道防线。这是因为，司法既要保护所有法律主体的权利与合法利益，又要惩处各种违法犯罪行为，从而捍卫法律的公正性与权威性。为此，必须改革与完善司法体制和诉讼制度，并加强对司法的监督，以确保司法的公正。（4）守法同样是法律实施的一个关键环节。在过去几十年的法制建设与法治发展过程中，人们一直强调守法的重要性。在党的十八大报告中，又首次明确提出了"全民守法"的概念。[1]只有全体公民自觉遵守各种法律，法治才能落到实处。（5）法治监督，就是对法律实施的全过程进行的监督。其中，最重要的是对执法和司法活动进行监督。法治监督对于建设中国特色社会主义法治体系与法治国家来说，是一个重要组成部分。（6）法治文化，顾名思义，也就是对使用法律治理国家的一种群体认同和共识，是人们对法治在文化上的承认，是民众对法治在文化上形成的共识。民众共同认为法律的实践能够带来公平与正义，维护社会良好秩序，保障公民基本权利，维护公共利益。[2]显而易见，法治国家必须以厚实的法治文化作为其支持力量。

对于国家的法治以及任何一个领域或专项的法治来说，都要求上述六个环节相互连贯、有机统一。我们可以将立法比作支撑人体四肢的骨骼，将执法、司法、守法和法治监督比作人体的四肢，而法治文化则是滋养骨骼与四肢的血脉。四肢对于人而言自然是缺一不可的，缺少一肢，一个人很难保持身体平衡；没有骨骼支撑的四肢，也无法各行其效与灵活配合；而没有了血脉的滋养，一个人则只能成为"行尸走肉"。

而本书下文进一步将上述六个方面归纳、提炼成为两个方面与三个层面，以明确文化遗产法治保障的基本框架。两个方面，即文化遗产的立法保障与法律实施保障。三个层面，首先是保障文化遗产的立法层面，即"立法保障"；其次是保障文化遗产之法律实施的主体性力量层面，包含其法律的执行（执法）、适用（司法）和遵守（守法），以下称之为"主体性实施保障"；最后，是保障文化遗产之法律实施的支持性力量层面，包含法治监督和法治文化，以下称之为"支持性实施保障"。之所以将法治监督和法治文化称为法律的"支持性实施保障"，是因为法治监督主要针对行政执法和司法机关适用法律的活动，监督也是对法律实施的主体性力量实施法律的一种强有力支持；

---

[1] 莫纪宏：《"全面推进依法治国"笔谈之一—全民守法与法治社会建设》，载《改革》2014年第9期，第6页。

[2] 龚延泰：《法治文化的认同、概念、意义、机理和路径》，载《法制与社会发展》2014年第4期，第42页。

而法治文化虽然亦关切到立法,但更与法律的"主体性实施保障"密切相关,即执法、司法与守法必须以其主体的法治文化为前提条件。这意味着,在中国文化遗产法治保障问题上,笔者提出了一个由"立法保障"、法律的"主体性实施保障"与法律的"支持性实施保障"构成的分析框架。这一分析框架,将着重在本书第四、五章中得到运用。

第二章

国外及国际的文化遗产法治保障

第一节
世界各国宪法对文化遗产保护的规定

宪法作为一国之根本大法，主要是对国家结构、国家权力以及公民基本权利与义务等最为根本和最为重要的价值、制度进行规定和安排。这一最高法律应具有相当的稳定性，但其内容也会伴随社会历史与思想观念的变化而不断予以增删。在文化遗产的宪法保护上，恰好反映了宪法的这一辩证品质。在宪法较早确立的英、美、法等国，并未在宪法条文中对文化遗产进行相应的规定和表述。[1]但随着人类社会的不断发展和进步，文化遗产保护条款入宪，逐渐成为一种潮流。也就是说，文化遗产在民族自决、维护和延续国家民族文化血脉方面所起到的重要作用受到越来越多国家的认同，将保护文化遗产条款加入本国宪法的趋势逐渐明显，文化遗产的法律保障上升到了国家根本大法或最高法律的层面。显然，这一趋势必定伴随着相应的历史变迁和法治进程。对这一趋势，国内研究文化遗产法律保护的学者们还未引起足够的重视。所以，本书首先要对这一动向与潮流进行分析。本节将以全球193个国家的现行宪法文本作为研究样本，[2]分别从宪法颁行的时间轴向和"文化遗产保护"的表述在宪法中的位置这两个切入点入手，比较分析全球范围内

---

[1] 由于诸多方面的原因，英、美、法等较早建立宪政的发达国家并未在宪法中体现"保护文化遗产"的相关内容，这一事实并不能作为否定宪法在为文化遗产提供法治保障所发挥的基础性作用的依据。因为这些国家在本国文化遗产法治体系建设以及实际保护和传承实践方面一直走在世界前列。这些国家为什么没有在宪法中对保护文化遗产有所规定，这需要从其宪法渊源、制宪传统和意图等方面另行展开讨论。此处不做赘述。

[2] 世界各国现行宪法的文本，见孙谦、韩大元主编，《世界各国宪法》编辑委员会编译：《世界各国宪法》（四卷），中国检察出版社2012年。本书所引各国宪法条文均出自该书，不再另注。

文化遗产的宪法保护进程及其相关特征。

一、各国现行宪法表达"文化遗产保护"的历史变迁

在193个国家的现行宪法中，有134个即69.4%的国家宪法文本中有文化遗产保护内容表达的条文。[①]这无不显示出"文化遗产保护"内容逐渐成为各国宪法中需要保障的重要内容。而这一发展趋势的演进，可以通过对各国宪法确立（修订）的时间上进行分期讨论。从"保护文化遗产"的角度出发，将文化遗产保护条款在世界各国宪法中的出现分为三个时间阶段。

第一阶段：第二次世界大战之前。在这一阶段，很难在各国宪法文本中发现"保护文化遗产"的直接（近似）或间接表述。可以说在20世纪前半叶以及之前，宪法对于不少国家而言还是一个"奢侈品"，宪法主要集中在欧美等发达国家，以及拉美地区。而早期的宪法对于文化遗产的保护并没有涉及，一是因为多数国家都没有将保护文化遗产相关问题列入国家生活的重点关注领域；二是大量文化遗产还集中掌握在少数上层阶层中，属于私人财产或者有限公共财产，文化遗产的公共财产的属性尚未形成；三是文化遗产的境遇没有引起足够的重视，以及其专业领域的研究和发展并没有能够支持和说服在宪法高度上予以观照。

第二阶段：二战结束至20世纪80年代。二次世界大战之后，世界格局发生重大变化。随着意识形态的巨大冲突，美苏两个超级大国的冷战对峙成为这四十多年的世界主旋律。原有的欧洲殖民帝国体系随着逐步瓦解，民族自决和民主化成为这个历史分期的关键词。由于民族自决和独立的需要，文化遗产作为国家和民族重要历史文化物证的作用逐渐彰显，国家需要将其妥善保护，以留存物质证明和记忆，以证明国家政权的正当性和合法性。同时通过文化遗产的保护，强化民族自决意识，凸显文化遗产在国民教育中的作用。从保障公民权利演进过程来看，公民的文化权利，包括文化遗产权利在这个历史分期逐渐被固化下来，图书馆、博物馆、纪念馆、档案馆、考古遗址都

[①] 详见本书附录。

成为公共设施,为国民提供公共文化服务。公民有行使和享有这些公共文化服务的权利和自由,国家要予以保障。在这个大背景下,从20世纪40年代末开始,在亚非拉三大地区数量众多的新兴国家中,有些国家,特别是历史文化传统深厚,文化遗产丰富的国家意识到文化遗产对于本民族、本国家的重要性,在宪法中专门就文化遗产保护进行了规定。例如《印度共和国宪法》(1949年)中国家政策指导原则中规定了国家有义务保护重要遗址、场所,以及物品,同时在基本义务中规定了公民要尊重和保护多元文化的宝贵遗产。还在宪法联邦清单、邦清单和共享清单中列出了众多文化遗产和博物馆等公共文化服务机构项目。又如1957年独立的马来西亚在其同年颁布的宪法中规定了联邦管理事务的范围,其中就包括图书馆、博物馆、历史纪念馆、档案馆、考古地点和遗址等。还诸如科威特(1962年)、乌拉圭(1967年)阿拉伯联合酋长国(1971年)、孟加拉国(1972年)、朝鲜(1972年)、巴拿马(1972年)、巴基斯坦(1973年)、巴布亚新几内亚(1975年)、古巴(1976年)等国都在各自国家宪法中明确了文化遗产保护的责任和义务。而在亚非拉新兴国家纷纷将文化遗产保护写入宪法条款的同时,欧洲的一系列国家也走向了独立和民主化,制定了各自的新宪法。在他们的宪法中也对文化遗产的保护进行了相应的规定,形成了对本国文化遗产的宪法保障,例如意大利(1947年)、德国(1949年)、马耳他(1964年)、葡萄牙(1976年)、西班牙(1978年)等国宪法。

第三阶段:20世纪90年代至今。在134个含有"文化遗产保护"内容表达的宪法文本中,有92个国家是20世纪90年代之后制定并颁布的宪法。这说明,大多数1990年以后制定新宪法的国家,都注重将文化遗产保护列为基本国策,并作为公民的基本权利或义务予以法定,其重视程度大大超过以前任何一个时期。究其原因,主要在于两个方面:一是世界政治格局的重构,20世纪90年代初,苏联解体,冷战结束,世界政治格局从两极格局向多极化转变,使得许多新兴国家开始重视本国的文化遗产保护。二是联合国相关宣言和公约逐渐受到世界范围内的认可,特别是1966年通过的《经济、社会和文化权利国际公约》,截至2006年底已有155个国家批准或加入该公约,而保护文化遗产是保障公民文化权利的重要内容。例如，波兰、匈牙利、捷克、斯洛伐克、保加利亚、罗马尼亚的新宪法都对文化遗产保护进行了专门规定。例如《罗马尼亚共和国宪法》（1991年）第33条第3款、《斯洛伐克共和国宪法》（1992年）第44条第3款、《匈牙利共和国宪法》（2011年）中的"国家宣言"部分。特别是《波兰共和国宪法》（1997年），其中第5条规定了"国家传统"的核心地位，与领土独立和完整，以及公民自由、权利和安全等宪法核心要件并列。第6条1、2款又规定了国家在保护传续文化遗产所起到的积极义务，一是国家为公民提供机会和条件，平等共享文化遗产，保障公民文化遗产权利；二是帮助侨民与本国文化遗产保持联系，扩大本国文化影响力。而原苏联加盟共和国乌克兰、立陶宛、亚美尼亚、格鲁吉亚等独立后，都在本国的宪法中规定有关文化遗产保护的条款。例如《立陶宛共和国宪法》（1992年）第42条、《亚美尼亚共和国宪法》（1995年）第11条、《格鲁吉亚共和国宪法》（1995年）第34条第2款，以及《乌克兰宪法》（1996年）第54条，都对本国文化遗产的保护进行了规定，确定了国家负有保护文化遗产的职责，部分国家还对公民的文化遗产保护义务进行了规定。同时，斯洛文尼亚、克罗地亚、黑山共和国、塞尔维亚、波斯尼亚和黑塞哥维那、马其顿的宪法也是如此。其中《克罗地亚共和国宪法》（1990年）第52条和第69条，以及《斯洛文尼亚共和国宪法》（1991年）第73条，均规定了国家对文化遗产（文化不动产和物品）的保护义务；《塞尔维亚共和国宪法》（2006年）第89条和《黑山共和国宪法》（2007年）第23条都从国家和公民两个维度规定了对文化遗产的保护义务。中亚五国土库曼斯坦、哈萨克斯坦、吉尔吉斯斯坦、塔吉克斯坦、乌兹别克斯坦在20世纪90年代相继独立成立共和国，也都不约而同地在各自宪法中对本国文化遗产保护进行了规定。例如《土库曼斯坦宪法》（2008年）第11条的规定，以及《吉尔吉斯斯坦共和国宪法》（2010年）第49条第2款，都规定国家负有保护文化遗产的职责。《乌兹别克斯坦共和国宪法》（1992年）第49条、《塔吉克斯坦共和国宪法》（1994年）第44条，以及《哈萨克斯坦共和国宪法》（1995年）第37条都将保护文化遗产作为公民的义务予以规定。此外，在西欧地区，《安道尔大公国宪法》（1993年）

第34条规定了对于文化遗产保护、发展和推动的国家义务。《瑞士联邦宪法》（1999年）中对联邦和州两级政府的文化遗产保护工作进行了分工，并明确了联邦政府的文化遗产保护工作的方向和宗旨。在东南亚地区，越南在其宪法（1992年）第34条中详尽规定了国家在保护和传承文化遗产事业中的核心职能，并明文禁止一切破坏文化遗产的行为。

二、各国文化遗产保护相关条款入宪的成因分析

纵观各国文化遗产保护条款入宪主要有三个方面的原因。

一是维护和增强国家和民族凝聚力的需要。20世纪中叶以来，特别是广大亚非拉殖民地相继取得民族独立，建立新兴国家，急需维护和增强国家和民族凝聚力，本国文化遗产自然成为增强国家和民族凝聚力的天然资源，因此文化遗产在国家事务中自然而然获得了更高的重视程度，成为需要宪法予以保障的内容。例如马来西亚（1957年）、乌拉圭（1967年）、巴基斯坦（1973年）、古巴（1976年）等国宪法。冷战结束后，一大批新独立的国家为维护和凝聚社会团结意识，[①]在这些国家的新宪法中普遍都含有国家提供文化遗产保护义务的条款，构建起保护各自国家文化遗产的宪法保障，例如波罗的海六国、原苏联加盟共和国等。

二是文化遗产危机的宪法回应。这类国家主要是本身历史较为悠久，文化遗产存量较大的国家，它们也确实面临现实的文化遗产保护严峻局面，需要从宪法高度，对这一重要社会事务的权利和义务予以规制，并以此为基础建立面向本国文化遗产的法治保障体系。例如意大利（1947年）、德国（1949年）、印度（1949年）、葡萄牙（1976年）、西班牙（1978年）等国宪法。

三是接受国际先进理念，践行有关国际公约。1966年联合国通过的《经济、社会和文化权利国际公约》可以作为影响文化遗产保护条款入宪趋势的重要事件。随着该公约被越来越多国家签署、批准和加入，作为文化权利重要组成部分的文化遗产权利逐渐走入人们的视线，保护文化遗产的认识和理

[①] 吴卫星：《环境权入宪之实证研究》，载《法学评论》2008年第1期，第81页。

念逐渐被越来越多的国家所接受和重视。部分国家的宪法中直接设置有"经济、社会和文化权利"的章节或条款。例如克罗地亚（1990年）、佛得角（1992年）、阿尔巴尼亚（1998年）、波兰（1997年）、刚果金（2005年）等国宪法。而这些国家也都在其宪法中对文化遗产保护进行了规定。

三、文化遗产保护条文在各国宪法中的表达

所谓"表达"（Representation），是指宪法文本对"保护文化遗产"的有关宣告和规定。文化遗产保护条款在各国宪法中的表达可以从两个维度上进行观察。

一是可以直接从条文表达视角出发进行划分，将134个含有"文化遗产保护"有关表达的宪法文本分为两大类，一类是宪法文本中含有"保护文化遗产"的直接（近似）表达，这类国家有104个：亚洲国家32个、非洲国家28个、欧洲国家25个、美洲和大洋洲国家19个。例如《土耳其共和国宪法》（1982年）第63条："国家保护历史、文物、自然资源和珍品，并为此采取各种支持和鼓励措施。"《巴西联邦共和国宪法》（1988年）第23条第3款："保护具有历史、艺术和文化价值的文献、著作和其他资产，保护历史遗迹、著名自然景观和考古遗址。"《埃塞俄比亚联邦民族共和国宪法》（1994年）第41条经济、社会和文化权利第9款："国家有责任保护并保留历史和文化遗产。有责任发展艺术和体育事业。"《阿尔巴尼亚共和国宪法》（1998年）第59条第10款规定："保护民族文化遗产并特别保护阿尔巴尼亚语。"另一类是宪法文本中含有"保护文化遗产"的间接表达，这类国家宪法有30个，可以再细分为两类。一类是部分国家在宪法文本中使用了"传统文化""民族文化""文化传统"等与"文化遗产"有强关联的词语来表达，间接表达了"保护文化遗产"之意。宪法条文中使用这样表达的国家有16个，如《大韩民国宪法》（1988年）第9条："国家要致力于传统文化的继承、发展和民族文化的繁荣。"《伊拉克共和国宪法》（2005年）第35条："国家应重视与伊拉克文明和文化历史相适应的文化机构和活动，且珍视伊拉克的本源文化。"《缅甸联邦共和国宪法》（2011年）第27条："国家应帮助、加强和保护民族文化。"

另一类则是部分国家在宪法文本中使用了"文化发展""文化繁荣",以及公民"文化权利""文化自由"等与"文化遗产"相关领域的表达。无论是文化上的发展与繁荣,还是公民文化权利的保护和享有,无疑都有利于"文化遗产"的保护,可以视为国家对"保护文化遗产"在宪法上的间接承诺。使用这样表达的国家宪法有14个,如《荷兰王国宪法》(1815年)第22条第3款:"政府应促进社会、文化的发展以及娱乐活动。"《日本国宪法》(1947年)第25条第1款:"全体国民都有享有健康和文化的最低限度的生活的权利。"《约旦哈希姆王国宪法》(1952年)第15条第2款:"国家保证学术研究、文学创新、艺术、文化和体育的自由,但不得违反法律的规定、公共秩序或道德。"《马尔代夫共和国宪法》(2008年)第39条第1款:"人人享有参与国家的文化生活,并从文学和艺术活动中收益的权利。"等等。

二是可以通过对文化遗产保护在宪法结构中得以表达的位置和区域分布进行区分,观察文化遗产保障条款在各国宪法文本和内容结构的哪些部分中予以表达。从宪法文本结构看,虽然各国现行宪法存在差异,但大致可以可分为三个部分:前言(序言)或总纲、正文(分则)和附录(附则或修正案)[①]。笔者经过梳理,发现在前言部分出现文化遗产保护条款(含间接表达和相关内容)的国家有38个;在正文部分出现文化遗产保护条款(含间接表达和相关内容)的国家有124个;在附录部分出现文化遗产保护条款(含间接表达和相关内容)的国家有10个。在宪法文本中文化遗产保护相关条款出现的位置不同,其意义也是不同的,主要有以下四种情况。

当出现在前言部分时,文化遗产的保护会作为一种原则性条款,决定了文化遗产保护事业在国家运行中的重要地位,对于国家发展具有举足轻重的作用,赋予了文化遗产保护事业崇高的法律地位。例如意大利(1948年)、马耳他(1964年)、韩国(1987年)、保加利亚(1991年)、克罗地亚(1990年)、哥伦比亚(1991年)、白俄罗斯(1994年)、阿塞拜疆(1995年)、波兰(1997年)、委内瑞拉(1999年)、巴林(2002年)、匈牙利(2011年)等国,

---

[①] 张斌:《略论宪法之结构及其比较》,载《法学评论》1998年第1期,第76页。

都在宪法前言部分表明了国家对于文化遗产保护的积极态度和担当原则。

当出现在正文部分时，可能会出现两种情况。一种是在国家权限范畴中。在该部分出现的文化遗产保护条款则表明国家将保护使命作为国家职责和义务予以明确，明确国家在文化遗产保护事业中的核心作用和领导位置。例如德国（1949年）、科威特（1963年）、孟加拉国（1972年）、古巴（1976年）、危地马拉（1986年）、菲律宾（1987年）、老挝（1991年）、柬埔寨（1993年）、埃塞俄比亚（1994年）、瑞士（2000年）、卡塔尔（2005年）等国宪法。另一种是在公民基本权利和义务范围中。在该部分出现的文化遗产保护条款则明确公民对于文化遗产保护的义务，同时将文化遗产作为公共财产，全民皆有共享的权利。例如土耳其（1982年）、乌兹别克斯坦（1992年）、阿塞拜疆（1995年）、格鲁吉亚（1995年）、哈萨克斯坦（1995年）、东帝汶（2002年）、泰国（2007年）、吉尔吉斯斯坦（2010年）等国宪法。这两种情况许多时候都会同时出现，相互映照。例如印度（1949年）、阿拉伯联合酋长国（1971年）、巴拿马（1972年）、葡萄牙（1976年）、巴西（1988年）、俄罗斯（1993年）、土库曼斯坦（2008年）、厄瓜多尔（2008年）、安哥拉（2010年）、几内亚（2010年）等国宪法。

当出现在附录部分时，主要作为清单名录形式出现，以确定中央政府、地方各级政府相应的权责分界，以及对适用对象确认。例如印度（1949年）、马来西亚（1957年）、巴基斯坦（1973年）、圭亚那（1980年）、乌干达（1995年）、南非（1997年）、南苏丹（2011年）等国宪法。

四、文化遗产宪法保障的实践及效果

在法律实践中，我们往往能看到一个国家文化遗产事业的有序健康发展与本国文化遗产宪法保障是一种互相促进的关系。

一方面，一个国家文化遗产事业中所取得的成就，有赖于本国宪法的根本保障。得益于宪法对于文化遗产的法治保障，为一系列下位法律和法规的制定和执行提供坚实的法治根基，才使得文化遗产拥有了最为坚实的也是最后一道"防线"。

例如在韩国宪法第一章"总纲"第9条"传统文化和民族文化"中规定"国家努力继承、发展传统文化、畅达民族文化"。本条虽然并没有直接出现"文化遗产"词语，但由于文化遗产是传统文化和民族文化的具体形态，事实上对文化遗产事业在宪法层面上进行了国家保障承诺，规定了国家对本国文化遗产负有保护和传续责任。同时在第四章"政府"第69条"总统就职演说"中规定总统在就职时须宣誓。誓词其中就有将"畅达民族文化"作为总统职责的内容。该条款规定了韩国国家元首对民族文化负有传续顺畅的责任，同时也显示以国家元首为代表的政府对本国民族文化负有的保护和传续责任。正是有赖于宪法保障，在宪法中民族文化所彰显的重要地位充分映射到了日常、具体的文化遗产相关制度安排和法治实践之中，例如韩国文化遗产法定的审议机构享有很高的权威性。建立覆盖全国行政区域的专职委员会，使文化遗产审议机构覆盖全国各个行政区域级别，切实履行审议咨询职能。在文化遗产专门法的设置和具体司法实践中，十分重视奖惩制度的合理运用。除一次性物质奖励外，还建立了物质奖励的长效机制。在名誉激励方面，为保护传承人士提供崇高的声望和荣誉，提高其社会地位和认同。同时建立具有足够震慑力和威慑力的违法犯罪惩戒制度，[1]强调文化遗产保护法律的可操作性，最大限度避免法条的模棱两可和不确切，减少在法律实践过程中因法条的空洞和模糊给文化遗产保护带来负面影响。

再如意大利，在其宪法第一章"基本原则"第9条规定"共和国保护国家的自然风光和历史艺术遗产"，明确将文化遗产保护的责任归于国家（中央政府），以此为建立国家为主导的文化遗产保护体系提供宪法保障。在第五章"区、省、市"第117条中承认立法权的中央和大区二元性后，将文化财产（遗产）事务作为特殊领域，中央政府拥有相应的专属立法权。但这一专属立法权并非一概论之，而在其后的补充说明中规定了涉及文化财产（遗产）开发利用的情形采取中央政府（国家）负责原则性的法律规定，而地方政府（大区）在不抵触中央原则性规定的前提下，拥有灵活的立法权。在第118条

---

[1] 苑利：《韩国文化遗产保护运动的历史与基本特征》，载《民间文化论坛》2004年第6期，第68—69页。

中，也将这一规范模式授予市级行政单位，专门强调了在文化财产（遗产）事务中的中央和地方政府的协调与合作关系。在意大利文化遗产法律保护体系中最重要的一部专门法律，2004年通过的《文化与景观遗产法典》[①]，在其立法令中明确了与以上宪法条款的紧密联系，即"考虑到宪法（1947年）第76条、87条、117条和118条之规定制定本法"。同时在该法"第1条原则"第1款明确指出"在执行宪法第9条时，意大利共和国应按照宪法第117条所确定的权限和本法各项规定保护和强化文化遗产"。这一制度安排既保证中央政府在处理文化遗产事务上的权威和执行力，同时也保障了地方在处理当地文化遗产事务的灵活性，保护了地方政府（大区、省、市）在文化遗产事务中的积极性和能动性，对意大利文化遗产保护实践产生了深远的影响。得益于宪法对于中央政府在文化遗产保护事业中的充分授权，意大利政府组建了目前全世界唯一的专门维护本国文化遗产的国家强制力机关——文化遗产宪兵部队（Carabinieri Tutela Patrimonio Culturale），充分发挥宪法所赋予的无横向依托的纵向体制，接受中央政府的垂直领导，专门打击与文化遗产相关的违法犯罪活动。[②]而文化遗产监督人制度（Le Soprintendenze）也是宪法赋予中央政府的文化遗产保护权力，通过这一制度的施行，有效避免了地方政府在文化遗产事务中的懈怠和不作为，实现了对地方文化遗产保护行政行为的有效监督。[③]意大利的文化遗产正是得益于这样的宪法安排，在具体文化遗产立法、执法和司法领域都取得了令人瞩目的成绩，为意大利文化遗产保护事业提供了坚实的法治保障。

另一方面，文化遗产保护实践的不断发展，促使国家内部对保护文化遗产的意义和作用逐渐形成高度共识，上升为国家意志，将保护文化遗产纳入宪法条文中，从而形成文化遗产保护实践与文化遗产宪法保障的闭环。

以波兰为例，波兰宪法中有两项条款涉及文化遗产保护的内容，分别位

[①] 该法典中所引法律条款皆出自国家文物局编：《意大利文化与景观遗产法典》，文物出版社2009年，不再另注。

[②] 勒平川：《对意大利文物警察体制之扬弃》，载《中国文物科学研究》2011年第3期，第92页。

[③] 朱晓明：《意大利中央政府层面文化遗产保护的体制分析》，载《世界建筑》2009年第6期，第117页。

列宪法的第5条和第6条。而该宪法将保护文化遗产与保护领土完整、保护公民人身自由和人身安全两项最为重要和基本的国家义务并列,在世界范围的现行宪法中不可多见,能够充分感受到波兰举国上下重视文化遗产保护的强烈意愿。[①]二战中,波兰首都华沙遭受严重破坏,全城85%以上建筑被毁,到处残垣断壁、废墟成片。战后经过五年的精心重建,旧城得以本来面目展示在世人面前。[②]华沙的重生得到了世界范围内的广泛认可,在1980年华沙被联合国教科文组织列入《世界遗产名录》。华沙的重生被看作是波兰国家、民族复兴的象征,成为波兰民族文化延续的物质象征,在重建以及后来维护华沙旧城的实践中,波兰人民逐步认识到文化遗产对于国家和民族的重要意义,并形成社会共识,逐步将保护本国文化遗产上升为国家意志,成为运用宪法保障的核心要件。

作为一种比较性的观察,这里也需要论及我国宪法对"文化遗产"保护的相关规定。在我国宪法中,直接表达保护文化遗产的有第22条与第119条。第22条规定了国家负有保护文化遗产的义务和责任,并以服务人民、服务社会主义建设为宗旨发展博物馆、图书馆等公共文化设施和机构;第119条规定了对国家有保护和整理各民族文化遗产的义务和责任。除此之外,还有许多条款与文化遗产保护相关联,主要涉及对文化事业的相关规定,分布在宪法的第一章"总纲"、第二章"公民的基本权利和义务"、第三章"国家机构"中。例如,第二章第47条规定了公民拥有从事文化活动的权利,国家对有利于人民,从事的创造性文化事业的公民给予鼓励和支持。这一规定,间接确认了公民拥有文化遗产权利,对公民从事与文化遗产相关、有利于人民的创造性事业给予鼓励和支持。再如,第三章第70条和第99条分别规定全国人大和各级地方人大对于文化事业行使监督职权,以确认各级人大对各级政府的文化遗产行政保护管理实施监督。此外,第三章第89条第3款规定,领导和管理文化工作属于国务院行使的职权范围,从而确认了国务院领导机构对全

[①] 陈伟:《国外不可移动文物保护立法与实践的可借鉴性分析》,载《中国文化遗产》2016年第6期,第74页。

[②] 蔡忠原、李晶:《来自华沙的历史文化遗产保护经验》,载《建筑与文化》2015年第11期,第24页。

国文化遗产行政管理的领导权限。第三章第107条规定了地方政府管理本地区文化事务的职责,这也是赋予了地方政府需要对本辖区文化遗产的保护管理负责。正是依据宪法相关条文,也就有了在我国的《文物保护法》中的第一条中明确"根据宪法,制定本法"。由此可见,宪法是一切法律规范的总依据。一切与文化遗产有关的专门法律、行政法规、地方性法规,以及部门规章和规范性文件都不能与宪法中有关保护文化遗产的规定相抵触。同时,这项条文的作用也厘清了宪法与文化遗产保护专门法律之间的关系,为与文化遗产保护相关的一般性法律规范提供了坚实的合法性根据和正当性依据。我国宪法高度重视文化遗产在国家生活中的重要作用和地位,为文化遗产的保护搭建了一套具有本国特色的文化遗产宪法保障框架。作为一个文化遗产大国,我国在文化遗产保护领域取得的巨大成绩,也无疑得益于建立了以宪法保障为基石的文化遗产法治保障体系。

综上所述,文化遗产保护的条款大量出现在各国现行宪法中,说明文化遗产保护成为一大趋势,被越来越多的国家认可,并成为其国家法治的组成要素。作为根本大法的宪法,宣布保护文化遗产,不仅极大地提升了文化遗产在国家、社会生活中的地位,而且极大地提升了文化遗产的法治保障在国家的整个法治体系中的地位。

第二节
法国和意大利的文化遗产法治保障

一、法国文化遗产法治保障的发展与特点

根据法国法律和行政信息司（la Direction de l'Information Légale et Administrative）公开资料[①]显示，法国文化遗产法治进程可分为以下五个阶段。

第一个阶段，1789年至1830年遗产概念的诞生。在大革命之前，"patrimoine"（遗产）概念限于个人层面，代表来自于父母传承的财产。大革命爆发后，"遗产"概念得到扩展，"共同遗产"概念逐步进入人们视线。由国王的物品和财产组成的国家遗产被国有化，被视为公共物品，其所有权是公共的。国有化的过程也是世俗化的过程，打破了致力于对旧制度的保留和回忆的秩序象征。[②]1789年11月2日，攻占巴士底狱后的近四个月后，制宪会议发布法令，教会艺术品收归国有。1790年10月，政治家、外交家查尔斯·德·塔列朗（Charles de Talleyrand）在制宪会议上呼吁保护艺术杰作，随即制宪会议成立古迹委员会（la Commission des Monuments），专司全国"科学和艺术古迹"调查之事。当年11月颁布法令明确手稿、古迹、雕塑、油画、素描，以及教会所有的其他物品都视为"国家财产"的一部分。在1792年，制宪会议先是颁布法令，未经授权不得毁坏旧政权象征，而后又通过决议，保护受到

[①] la Direction de l'information légale et administrative, *1789–1830: Invention de la notion de patrimoine*, www.vie-publique.fr: 2014-03-10. http://www.vie-publique.fr/politiques-publiques/politique-patrimoine/chronologie/.

[②] Vecco, M., *A definition of cultural heritage: From the tangible to the intangible*, Journal of Cultural Heritage, 2010, 11: 321.

革命活动威胁的艺术杰作。1793年6月,公众教育委员会向制宪会议提交了一份关于保护艺术古迹的报告,约瑟夫·拉卡纳尔(Joseph Lakanal)要求对破坏公共古迹的行为予以惩治,查尔斯·吉尔伯特·罗姆(Charles Gilbert Romme)以教育委员会的名义在国民议会上将其发表了。同一天,国民议会发布法令,限制肆意毁坏花园、公园、围场和建筑物内的皇室和封建标志物。1794年3月,公众教育委员会通过由临时艺术委员会提出的动议,明确了对可用于艺术、科学和教学的所有物品进行盘点和保存的方法。同年6月,通过《穑月七日档案法令》(*Loi sur les archives de 7 messidor*),强制集中所有大革命前的私人和公共档案,开创国家对档案的集中管理模式,反对旧政权的国家机密形式,实行开放原则,建立国家档案网络。1801年,由内政部长让-安托万·查普塔尔(Jean-Antoine Chaptal)向执政府提议建立省级博物馆,并于9月颁布执政府法令。1816年,法国的第一本古迹调查报告出版。

  第二个阶段:1830年至1930年遗产政策的诞生。1830年内政部长佛朗索瓦·基佐(François Guizot)向国王介绍了他对法国历史古迹进行全面检查的报告,任命卢多维·维特(LudovicVitet)为第一任历史古迹总督察官。1834年,普罗斯佩·梅里美(Prosper Mérimée)成为第二任历史古迹总督察官。1837年9月,法国成立历史古迹高级委员会(la Commission Supérieure des Monuments Historiques)。此举直接影响到1840年第一份历史古迹保护名录的发布。1887年3月,《历史古迹及艺术品保护法》(*Loi du 30 mars 1887 sur la conservation des momuments historiques et des objets d'art*)规范了文物保护的规则,并确定了国家对历史古迹保护的干预条件。保护对象限定为公众所拥有的古迹。该法律还设立了历史古迹首席建筑师协会。1905年12月9日颁布的《教会与国家分离法》(*Loi de separation des Eglises et de l'Etat*)终止了国家对教会的补贴。由于后者没有资源用于建筑保护,教堂和城堡被收藏家和爱好者广泛占有,从而显示出1887年《历史古迹及艺术品保护法》的不足,这也为1913年颁布《历史古迹法》(*Loi sur les Monuments Historiques*)提供了现实诉求。1906年4月,在法国阿尔卑斯山俱乐部(le Club AlpinFrançais)和法国景观与美学保护协会(la Société pour la Protection des Paysages et de l'Esthétique de France）共同倡导下，法国又通过了保护具有艺术特征自然景观的《自然古迹保护法案》（*Loi sur la Protection des Sites et des Monuments Naturels de Caractère Artistique*），这是法国第一个保护自然景观的保护法案。1913年12月，法国颁布《历史古迹法》，成为法国文化遗产保护的基本法律。这一法律的颁布标志着国家正式成为文化遗产保护的守护者。历史建筑成为国家和政府管理的公共财产，私人所有的必须经过国家同意。正如法国玛丽·科努（Marie Cornu）等人所说，尽管该法多次修订，它仍然是法国历史建筑（不可移动文物）和文化财产（可移动文物）法律保护的重要基石。1913年的法律不仅仅是一部法律，它还是一个矩阵，一个创始文本，它构建了法国保护和保存文化遗产的立法框架。随后与博物馆和考古学有关的法律都包含了与《历史古迹法》所确立的概念相似的概念。[①]该法除完善并改进了1887年《历史古迹及艺术品保护法》的条款外，它还规定了一项新的保护措施，即纳入补充清单，用公共利益取代国家利益，并首次将分类扩大到私人财产领域。1927年7月23日对1913年《历史古迹法》进行了补充。在补充清单中，引入了"拥有足够历史或艺术价值，值得保存的"评价标准，并提供两种新的保护策略，一种是分级制度，对拥有公共利益价值的古迹进行分级保护；另一种是登记保护制度，对拥有足够多价值的古迹进行登记注册。

第三个阶段：1930年至1960年遗产保护范围的扩大。1930年5月为《自然古迹保护法案》扩大了受保护的区域，包括拥有艺术、历史、科学价值、家喻户晓和风景宜人的地方，并像历史古迹一样受到分级和登记的双重保护。1941年9月颁布了《卡尔科皮诺法》（*Loi "Carcopino"*），管理规范陆地考古发掘，规范了考古发掘活动以及可能被发现的器物和古迹的保护。1943年2月再次对1913年法案进行了补充。规定在受保护古迹周边建立500米周边区域。在此区域内进行的工程必须经过法国国家建筑师（Architecte des bâtiments de France）的审查。

第四个阶段：1960年至2003年遗产概念的新延展。1962年8月通过第

[①] Mathilde, R., *Centenary of the French Law on historic monuments*, Art Antiquity & L., 2014, 19: 327.

62-903号法［被称为《马尔罗法》(Loi Malraux)］，将遗产的概念延伸至历史悠久的城市地区，并通过"保护和加强计划"进行管理。1963年9月通过第63-973号法，创建法国博物馆养护机构。1964年1月开设发掘和古物办公室，负责处理有关考古发掘和发现立法和条例应用的所有行政、财务和技术事务。1968年12月，通过第68-1251号法，促进对国家艺术遗产的保护，对相关税种进行相应减免，以达到丰富国家遗产的目的。1980年7月颁布的《保护公共收藏品免受恶意行为法》(Loi relative à la Protection des Collections Publiquescontre les Actes de Malveillance)规定，对任何袭击古迹或公共收藏品的人，包括考古遗留地，均可追究刑事责任。1985年4月第85-410号法令设立了法国古迹和艺术财富普查全国委员会(la Commission Nationale de l'Inventaire Général des Monuments et des Richesses Artistiques de la France)。1986年2月，自然或城市景观保护区和纪念性景观通过法令把保护区扩大至遗迹或考古遗址。《城市规划法》(Code du l'urbanisme)规定相关工程授权和许可须由共和国专员在征求当地文物主管部门负责人意见后予以颁发。1993年1月，第93-24号法［被称为《景观法》(Loi Paysages)］将保护区范围延伸扩大到"景观"(Paysages)，建立建筑、城市和景观保护区(Zone de Protection du Patrimoine Architectural, Urbain et Paysager)（以下简称"ZPPAUP"区）。法律确定了适合当地遗产特点的周边环境保护模式。

第五个阶段：2003年以后，权力下放时代和全球化背景下的文化遗产行政调整。在这个阶段，法国政府主导了三方面的工作。一是2004年2月，颁布实施了《遗产法典》(Code du Patrimoine)。这是目前法国文化遗产保护的核心法典，它将包括图书馆、档案馆、博物馆、历史遗迹等与文化遗产相关的机构全部纳入系统体系，进行统一管理。[①]二是基于权力下放的时代背景，尝试向地方政府移交原属中央的文化遗产管理权。2004年8月，通过2004-809号法律。该法律提供将国家建筑的所有权转移给地方政府的可能性，并计划拨款资助不属于国家管理的古迹维修和恢复。在向地方政府转移的各种权

---

① 王玉珏、黄晓蕙、陈洁：《法国国家档案馆的公共文化服务体系建设》，载《山西档案》2017年第4期，第27页。

力中，有文化遗产的管理权，特别是法国的古迹和艺术财富普查工作的运作。在历史古迹方面，该法律第97条规定可以使国家与地方之间管理的古迹分布合理化，以及国家向地方政府免费转交在法令名单上列出的建筑文物和可移动文物。三是为了适应新的全球化背景，法国政府调整了文化遗产行政管理体系。2010年1月由法国博物馆管理局（DMF），法国档案馆（DAF）和建筑与遗产局（DAPA）共同组建文化遗产司（La Direction Générale des Patrimoines），成为法国文化和交流部的四个主要实体之一。它的创立是法国文化和交流部中央行政重组的重要组成部分，是2007年"公共政策审查"制度（La Révision Générale des Politiques Publiques）启动的现代化政策的一部分。其改革目标为简化机构层级，优化运作机制，统合机构职能，增强权限设置，以加强建筑、档案、博物馆、古迹和考古遗产等各文化遗产领域的公共政策能力。文化遗产司的主要任务包括：保护并向后代传递过去和现在的文化遗产；促进建筑创作，保障自然和居住地的建筑和景观质量提升；旨在确保最佳条件下保护、研究、利用受文化遗产和城市规划法规保护的古迹、花园、考古和非物质遗产、博物馆藏品、公共档案等文化财产。其职责主要涉及为丰富法国文化遗产，提供现代化的保护机制和政策支持；加强保护规章条例制定和技术支持；执行面向所有艺术财富和所有公众的文化遗产开发政策；促进建筑创作和提高建筑和建筑空间开发质量；监管地区性文化遗产保护政策的执行。

　　进入新千年的第一个十年以来，法国在文化遗产保护方面颁布了项新法律，即2016年的《创作、建筑和遗产自由法》（*Loi n°2016-925 du 7 juillet 2016 relative à la liberté de la création，à l'architecture et au patrimoine*）（以下简称"LCAP法"）。该法有相当一部分的内容是针对《遗产法典》的增删与修订。主要涉及以下五个方面的内容：一是该法首次将联合国教科文组织世界遗产的遗产管理方法纳入到国内法中。法律颁布后在编制城市规划文件时必须考虑到分类规定的保护和发展规则。二是该法创建了"卓越遗产地"（Sites Patrimoniaux Remarquables）标签，即从历史、建筑、考古、艺术或景观的角度来看，其保护、修复、修复或改善需要呈现出具有公共利益的城镇、村庄或社区。"卓越遗产地"取代了旧的遗产保护区域标签："ZPPAUP"区以及建筑和遗产加强区（Aire de mise en Valeur de l'Architecture et du Paysage）（AVAP）。在目前《遗产法典》中历史古迹周围保护区域500米的规定基础上，并征得法国建筑师的同意后，可以上下浮动。新系统结束了分散在法国不同法律文件中的城市规划规则的重叠，将可以在单一和独特的"综合"城市规划文件中清楚地识别遗产。使这些区域相关的规则和程序得到简化、加速和现代化。三是该法为具有近现代建筑价值的遗产（不到百年历史的建筑遗产不能被视为"历史古迹"）创建了一个标签，以确保在未事先咨询遗产保护服务机构的情况下不会对其进行修改或破坏。四是成立国家遗产和建筑委员会（La Commission Nationale du Patrimoine et de l'Architecture），以取代之前的国家历史古迹委员会（La Commission Nationale des Monuments Historiques）。五是改革考古发掘出土文物和考古科学政策工具制度。对《遗产法典》中"预防性考古"一章进行了多项增删，明确了考古行为者作用，强化了国家在预防性考古事务中的专属权利。为考古发掘出土文物建立起面向未来的公有制度，为更好保护国家共同遗产提供可能性。同时还增加了考古发掘出土文物群体（Ensemble Archéologique Mobilier）概念，以强化对考古发掘文物保护的整体性和正当性。[1]

"LCAP法"是法国立足国内文化遗产保护的新情况和新需求，在立法保障上作出的回应。但至少在城市不可移动文化遗产（建筑遗产）保护方面，有学者并不认为该法能够取得较好的法律实践效果，主要原因在于该法与2018年的《住房开发、城市规划和数字技术法》（*Loi n°2018-1021 du 23 novembre 2018 portantévolution du logement, de l'aménagement et du numérique*）（以下简称"ELAN法"）没有能够处理好衔接关系，导致在"ELAN法"中由于为城市规划机构提供了更大的灵活性，忽视了应将保护放在首要的要求，失去了应有的行政和司法控制形式保障，导致"LCAP法"遗产保护机制受到

---

[1] Pellerin, F., *Conseil des ministres du 8 juillet 2015. Liberté de la création, architecture et patrimoine.*, www.vie-publique.fr: 2015-07-08 .https://www.vie-publique.fr/discours/195389-conseil-des-ministres-du-8-juillet-2015-liberte-de-la-creation-archite.

削弱，破坏了不可移动文化遗产保护和加强机制的合理化和与城市规划法之间的协调性。①

经过上述历史发展，法国形成了自己的文化遗产法治保障体系。主要是：

第一，建立了完善的文化遗产分类和登记保护制度。法国是最早运用法律手段保护文化财产（遗产）的国家之一。国民议会于1791年5月26日就通过了有关文化财产的法令。该法令将当时作为国王宫殿的卢浮宫改为"故宫"，同时国民议会获得将卢浮宫改作他用的权利，并将其归为具有价值的历史纪念建筑。1887年，法国颁布法律将历史建筑分属于国家、省和市镇，实施登录制度，这一公共文化财产的分类和清单制度被民法典所确认。②分类和等级保护制度是法国文化遗产法律体系中最为核心的制度安排。③第二，文化遗产保护范围不断扩大。这与其文化遗产概念的不断扩展与深化有关。纵观两百余年法国文化遗产法治的演变历程，相关法律的设立都与文化遗产自身概念的不断扩大和创新关系紧密。④如从单体保护到整体保护、从局部保护到全面保护。在此过程中，法国文化遗产法律保护的理念也随着法国文化遗产概念的不断延展而不断创新。第三，专业性在文化遗产法律保护中得到很好的体现。法国文化遗产法治体系的一大优点就是文化遗产保护专业性在其文化遗产法律保护中的一以贯之。无论是19世纪末的《历史古迹法》、20世纪中后期的《马尔罗法》和《景观法》，还是21世纪初颁布的《遗产法典》，都能充分地说明这一优点。归纳起来主要从以下三个方面体现：一是对各专业机构的分项授权；二是设立专门的文化遗产咨询审议机构；三是持续培养文化遗产法律和保护专业人才。⑤

---

① Pierre-Alain, C. et al, *The enhancement of immovable cultural heritage by urban planning law: The French experience*, Santander Art and Culture Law Review, 2020, 6.2: 355-357.

② Halina, N., *Legislative Models of Protection of Cultural Property*, Hastings LJ, 1975, 27: 1093.

③ 对这一制度的详尽分析，参见叶秋华、孔德超著《论法国文化遗产的法律保护及其对中国的借鉴意义》，中国人民大学学报2011年第2期，第11页。

④ 叶秋华、孔德超：《论法国文化遗产的法律保护及其对中国的借鉴意义》，载《中国人民大学学报》2011年第2期，第14页。

⑤ 叶秋华、孔德超：《论法国文化遗产的法律保护及其对中国的借鉴意义》，载《中国人民大学学报》2011年第2期，第13页。

二、意大利文化遗产法治保障的演进及特点

从历史分期上看，意大利文化遗产的法治保障，大致可以分为两个阶段：

第一个阶段是二战前，即1871—1945年。1871年，意大利王国统一亚平宁半岛。在其完成统一的次年，当局就开始尝试为意大利的古建筑和艺术品建立专属的法律保障。[1]20世纪初，意大利出台了几部保护文化遗产的法律，如1902年颁布实施了《具有艺术或古代价值的古迹及物品保护法》(*legge n. 185/1902，Legge Nasi*)；1909年颁布实施了《古物及美术品保护法》(*legge n. 364/1909，Legge Rosadi-Rava*)。1939年颁布了《艺术及历史文化遗产保护法》(*legge n. 1089/1939，Legge Bottai*)和《保护自然古迹法》(*legge n. 1497/1939，Protezione delle bellezze naturali*)。该两法被视为意大利文化遗产保护中最为重要的两部法律，同时它们也是1999年《文化和环境资产联合法（综合文本）》(*legge n. 490/1999，Testo unico delle disposizioni legislative in materia di beni culturali e ambientali*)的基础。其中，《保护自然古迹法》将保护范围就从古迹扩大到了自然环境，也就是涵盖了园林与公园的保护。[2]

第二个阶段是二战后至今。战后意大利文化遗产法治化进程离不开弗朗切斯基尼委员会（Franceschini Committee，即保护和加强具有历史、考古、艺术和景观价值的事物的调查委员会）的推动。该委员会成立于1964年成立，解散于1967年，虽然它未能直接实现制定一项保护和加强历史、考古和艺术遗产的新法律的首要目标，但委员会为"文化财产"(beni culturali)、"景观遗产"(beni paesaggistici)等文化遗产概念的法律化奠定了基础，相关成果在2004年颁布的《文化与景观遗产法典》中得到了直接体现。委员会认为：所有涉及文明史的物品都属于国家的文化遗产。考古、历史、艺术、环境和景观的资产，档案和图书，以及构成具有文明价值的物质见证的任何其他资产

---

[1] 何洁玉、常春颜、唐小涛：《意大利文化遗产保护概述》，载《中南林业科技大学学报（社会科学版）》2011年第5期，第150页。

[2] 朱晓明：《意大利中央政府层面文化遗产保护的体制分析》，载《世界建筑》2009年第6期，第115页。

均受法律约束。这一点基本构成了《文化与景观遗产法典》中的第2条第2款的核心内容,即文化财产包括具有艺术、历史、考古、人种—人类学、档案学、档案和目录学价值的可移动和不可移动物品,以及其他由法律确定为或根据法律证明具有历史文化价值的物品。[①]此外比较重要的立法有1967年颁布实施的《城市规划法》(legge n. 765/1967,Legge Urbanistica)。该法规定对古城保护的规定。而且,文物保护概念的内涵和外延也发生了很大的变化。从对象上看,文物保护从博物馆文物、纪念碑扩大到历史性建筑物和历史地段;从范围上看,文物保护也从建筑本身扩展到周围的历史文化环境,这就从一个单体到一组群体,从只限于材料的保护扩大到"文化资源"的概念。[②]1982年接着颁布实施保护文化遗产的512号法律。1998年,意大利议会颁布112号法令(Decree 112/1998)以进行公共行政改革,达到行政简化的目标,在行政领域将之前授予国家中央机构的权力和职能转移给较低级别的地方政府,这极大地改变了意大利文化遗产公共管理框架。在这种权力下放的形式下,博物馆的运营将移交给地方当局(地区、省、市)。政府特设委员会确定哪些博物馆和文化财产由国家管理,或是移交给大区、省和市管理。对于根据职能再分配的总体方案,各地区应规划、协调、指导、确定员工的服务标准和专业档案,并促进博物馆的发展;各省和直辖市应直接管理其所有的博物馆以及将移交给它们的博物馆。[③]1999年,意大利议会通过专项法案,将《艺术及历史文化遗产保护法》和《保护自然古迹法》合并为《联合法》。此外,2004年颁布实施了取代《联合法》的《文化与景观遗产法典》(以下简称《法典》),成为目前意大利文化遗产保护的核心法律。[④]

意大利无疑是世界上为数不多的将保护文化遗产作为国家义务列入其宪

[①] Barbara, C., *Patrimonio culturale, diritto e storia*, Patrimonio culturale: profili giuridici e tecniche di tutela, Roma: Roma Tre-press, 2017: 11

[②] 张广汉:《欧洲历史文化古城保护》,载《国外城市规划》2002年第4期,第36页。

[③] Luca, Z., Sara, B., B., Christopher, G., *Cultural heritage between centralisation and decentralisation: Insights from the Italian context*, International journal of cultural policy, 2007, 13.1: 57.

[④] 朱晓明:《意大利中央政府层面文化遗产保护的体制分析》,载《世界建筑》2009年第6期,第115页。

法基本原则的国家之一。意大利从国家层面高度重视文化遗产保护，将文化遗产视为公共利益，即每个公民的财产。[①]意大利文化遗产的法治保障也具有自身的特点。

其一，制定了健全有效的法典规制。《法典》作为意大利文化遗产法律保护中最为重要的一部法律，主要有以下五个方面的特征，一是与宪法的规定紧密衔接；二是明确了中央政府与地方政府在文化遗产保护事务中的权责关系；三是确立了意大利"文化遗产"的法律地位、文化遗产概念的内涵和外延；四是用法律形式强化了文化遗产的有益利用；五是细化文化遗产违法行为的处罚规定。

《法典》开宗明义，直接明确了该法与意大利宪法之间的关系，即考虑到宪法（1947年）第76条、87条、117条和118条之规定制定本法。宪法第76条中规定，立法机关独立行使立法权。第87条规定了共和国总统的一系列权力，包括授权政府向国会提交立法议案和颁布国家法律的权力。第117条规定了立法权的行使边界，必须置于宪法、欧盟条例，以及国际义务范围之内。同时还规定了国家和大区行使立法权的事务领域，其中就包括文化财产保护事务。第118条规定了行政管理职能的差异化行使规则。原则上行政管理职能由自治市行使，但同时国家、大区、省、都市区等上级行政单位在某些情况之下，保留应用的行政行使权限。该条款还特别明确指出在文化遗产保护事务中，国家和省级行政单位之间的协调方式由国家层面的法律规定。《法典》前言中除了明确与宪法之间的关联外，还将诸如之前制定的相关法律、内阁会议决议、联席会议意见、参众两院主管委员会意见、部长建议等与该法制定相关联的要素进行了统一汇总，建立了一条明晰的立法路径，彰显了本法制定过程中的程序正当性。

在该法第一部分"总则"中第4条、5条、7条明确规定了在文化遗产保护事务中，中央政府与地方政府（大区、自治市、大都市及省），关于文化遗产保护事务的权责划分。在本法中，意大利文化遗产立法者们十分重视中央

[①] Annalisa, C., Settis S., *Italia Spa. L'assalto al patrimonio culturale*, Economia della Cultura, 2003, 13.1: 146.

政府（职能部门）在文化遗产保护事务中的权限比重。在第4条第1款明确中央政府可以通过协议和协调将保护职能移交给地方政府的同时，在同条第2款中又规定对属于国家的文化财产，无论是否处于地方政府管辖之下，中央政府的职能部门都对于此拥有保护职能。第5条第7款更是明确规定，对于地方政府的保护职能运行情况，中央职能部门有权进行指导和监督，如长期履职不力，中央职能部门有权代替其行使相关职责。这种法律设计即保障了和明确了地方政府在保护属地文化遗产上的主要保护职责，同时提升了中央职能部门在文化遗产保护事务中的指导和监督强度，明确了对于地方政府保护不力之后的法律补救措施。

《法典》针对文化遗产保护事务，采取的是综合立法方式。法律规定"文化遗产"法律概念由文化财产和景观资产共同组成。"文化财产"包括可移动和不可移动文物，"景观资产"主要指能够反映自然和人文历史以及两者间相互关系为特色的国家领土一部分，主要由自然和人工不可移动建筑和区域组成。同时该法，将文化和环境遗产扩大至非城市建筑物，这些建筑物因为其文明价值成为一种特殊的财产，必须加以保护以供公众享用。实际上，该法吸纳了弗朗切斯基尼委员会的决定，将具有明确边界的整个定居点纳入古迹保护范畴内，这与保护单个建筑对象是一致的。这一理念也明确反映在该法第2条第3款、第4款及第134条之规定中。[①]因此本法实际上是针对意大利的物质文化遗产而制定颁布的保护法律。该法除了对"文化遗产"概念进行定义外，对于其组成部分的"文化财产"和"景观资产"都有立体而详尽的解释。例如从物理属性角度，该法中所规定的"文化财产"由可移动和不可移动物品组成。从所有权角度，该法将"文化财产"分为三个组成部分：一是公有文化财产。这里包括各级政府、公共团体和机构、民间非营利组织所有，具有特定价值的物品。二是特别针对政府和机构所拥有的公共展览场所的收藏品，以及政府机构所拥有的档案和图书。三是私人或非公共机构、组织拥有的，具有特定价值的物品。从时间维度上，该法划定了古代物品和近代、

[①] Roberta, L., *Historical centres: changing definitions*, Italian Journal of Planning Practice, 2014, 1.1: 78.

当代物品，规定了近代和当代产生的具备特定价值的物品也属于"文化遗产"范畴，需要进行特别保护。在对于"文化财产"内涵的同时，对于其外延，该法也进行了详尽的表述。总体上，该法的相关法律定义和表述使得整个"文化遗产"概念的内涵更为合理，外延更为全面。

在《法典》中，还十分重视文化遗产的有益利用，将文化遗产在当代的功用作为一项重要的使命载入法典之中。在该法中专门有相当篇幅（共1编2章27条）规定文化遗产对于当代社会的功用，即文化遗产的享用和强化。在《法典》第1条第2款、3款、4款分别明确规定了保护和强化文化遗产的目的，即保持全体国民对历史文化遗产及其国土的记忆，致力于推动文化的发展。同时规定各级政府和部门应在保护文化遗产的前提下，促进文化遗产的公众享用和强化。《法典》强调文化遗产的公有和公用属性，保障公民应享有的文化遗产权利。努力从根本上解决文化遗产保护与当代人类生活所产生的矛盾，鼓励和促进文化遗产和当代人的和谐共存和协同发展。

处罚规定是《法典》重要组成部分。《法典》明确规定了对于文化遗产违法行为的司法救济措施，所涉篇幅共计2编4章22条。处罚规定分为行政处罚和刑事处罚两部分。行政处罚主要以罚款和赔付为主要形式。该法在行政处罚方面最大的特点就是许多违法行为的司法救济都是由赔偿形式确立的。例如第160条第4款，当事人无法恢复文化财产原有的状态时，必须支付与损失等值的赔偿。第163条第1款，对于导致文化财产失踪或遗失海外的，需要照价向国家进行赔偿。而在赔付过程中，如赔付方不接受文化遗产部所核定的赔付金额，法律规定会由文化遗产部、赔付方，以及法院院长组成三维委员会就赔付进行协调。无论最终协调结果如何，赔付方需要预先支付相应赔付费用。这种设计最大限度保障了赔付金额的合理性，同时也大大增加了违法成本，有效震慑了违法行为的潜在发生。在刑罚部分，《法典》对于相关文化遗产刑事处罚规定有明确和针对性的细致规定，并没有将相应的具体处罚条款全部放在刑法中。这种设计使得《法典》更显权威性和威慑力，使得《法典》更具操作性，也更好地与刑法典进行有效的衔接。而对于向非法工程、非法使用、非法放置和移动、不执行间接保护决定等行为都处以刑事处罚，显示出《法典》在处罚程度上的严厉。

其二，建立了强有力的文化遗产执法机制。1969年5月，意大利设立了世界上第一支专门为保护文化遗产服务、打击文化遗产犯罪活动的执法机构和队伍，称为"文化遗产宪兵"，共300余人。[1]意大利文化遗产宪兵主要具备以下三方面的特点：一是具备文化遗产保护专业素养，要求文化遗产宪兵需要有较高的人员素质和文化遗产保护专业知识，要求遴选对象既要有警务执法经验，又要有文物保护经验。意大利遗产部还定期对文化遗产宪兵进行业务培训，巩固更新文化遗产保护专业知识。二是拥有协调诸警种联合执法的权限。在侦办文物案件时，文化遗产宪兵拥有协调指挥诸警种的权限，突出各警种的优势，必要时可调用空中、海上执法力量，形成对文化遗产违法犯罪活动有效的联合打击力。三是拥有完备高效的信息化支撑。为配合文化遗产宪兵执法，意大利于1972年成立收集全国文化遗产资料的文物信息中心，规定所有文物经营者、使用者和流通文物必须在文物信息中心登记备案。[2]该中心信息化程度高，能够短时间内完成文化遗产各种数据的搜索查询比对工作。为文化遗产宪兵执法提供了强有力的信息化支撑。由于意大利文化遗产采用的登录备案制度，如在执法过程中发现文物未在信息中心登记备案，文化遗产宪兵可将其查封没收，并以伪造、走私、非法销售等罪名提起指控。[3]正因如此，意大利文化遗产宪兵制度在保护本国文化遗产，打击文化遗产犯罪领域取得巨大成就。1995年，意大利文化遗产宪兵在美国发现本国走私文物，经过周密调查和详细取证，通过法律手段外交谈判，最终成功追回40件意大利文物。2006年也是在美国，意大利文化遗产宪兵成功追回走私珍贵文物。2008年，意大利文化遗产宪兵怀疑英国拍卖公司即将拍卖10件意大利被盗文物和赝品，在其强烈要求下，拍卖公司最终撤销了上述文物的拍

---

[1] 靳平川：《对意大利文物警察体制之扬弃》，载《中国文物科学研究》2011年第3期，第93页。
[2] 李静雨、张国超：《意大利义物行政执法的经验与启示》，载《中国文物科学研究》2017年第1期，第94页。
[3] 朱兵：《意大利文化遗产的管理模式、执法机构及几点思考》，载《中国文物报》2008年3月28日，第3版。

卖。①据统计，至2007年间，意大利文化遗产宪兵共查获追回文物艺术品74万余件，查处赝品25万余件，在意大利境内查获国外被盗文物1270件，对近19000人提起诉讼，最终4996人入狱服刑。②

---

①李静雨、张国超:《意大利文物行政执法的经验与启示》,载《中国文物科学研究》2017年第1期,第93页。
②靳平川:《对意大利文物警察体制之扬弃》,载《中国文物科学研究》2011年第3期,第94页。

第三节
美国文化遗产的法治保障

美国建国时间较短，至今也只有240余年的历史，还不如中国古代一个稍长的王朝。尽管美国自身并不拥有傲人的历史文化资本，美国的文化遗产法律保护的起始时间也稍晚于欧洲诸国，但这并不影响美国为保护本国文化遗产制定一系列的法律以及投入必要的法治力量。同时，美国是判例法系最重要的实践地区之一，考察美国的文化遗产法治保障进程及其特点，有利于全面掌握全球文化遗产法治保障的发展脉络和多样化形态。

一、美国文化遗产法治保障的历史变迁

美国的文化遗产法治保障的历史发展可分为两个阶段：

一是二战前的阶段。1906年美国国会颁布了《古物法》（*American Antiquities Act of 1906*）。它的制定和颁布正是19世纪后期以来，随着考古学的发展和兴盛，公众与日俱增的文化遗产保护呼声和关注度在法律规制上的回馈和关切。《古物法》既是第一部为文化或自然资源提供一般保护的美国法律，同时也是第一部有关国家历史保护的法律。该法确立了对美国领土上考古材料的法律保护；规定对位于联邦土地上的史前和历史遗址、古迹进行未经授权的收集或发掘均属违法行为，将追究相关主体的法律责任；同时授权总统保护联邦政府控制的国家古迹；要求职责相关的联邦机构必须调用适当的行政资源对国家古迹进行有效管理。这包括对那些从古迹中搜集而来并进入博物馆收藏的物品进行管理和监督，以便公众更能够观赏到它们。该法律还规范并建立了合法研究考古资源的许可证制度。"合法研究"是指由内政部颁发许可证，只有符合内政部长指导原则的人员和项目才能进行考古调查。被允许的调查活动目的须通过学术审查，遵循公共利益价值。同时要求调查活动须保护考古资源避免被抢劫和毁坏。

为管理和保护国家公园（National Park），国会于1916年通过《国家公园管理局组织法》(*National Park Service Organic Act of 1916*)，授权政府成立国家公园管理局（National Park Service），隶属内政部，开创了一种全新的自然和文化遗产行政管理模式。该局旨在保护美国种类众多的文化和自然资源。虽然该法将公园管理纳入统一的联邦体系，但国家公园仍保留独立的立法权和管理制度制定权。每个公园都是由国会的单独立法行为创建的。通过这种方式，国会可以针对特定公园需求，制定具体目标和满足特殊需求，从而造就了在统一的管理系统之下，公园管理者必须根据国家管理总体架构以及公园自身的立法和政策来管理每个公园。除此之外，国家公园管理体系还与其他国会法案建立紧密的横向联系，例如《荒野法》(*Wilderness Act of 1964*)、《国家历史保护法》(*National Historic Preservation Act of 1966*)、《野生和风景河流法》(*Wild and Scenic River Act of 1968*)、《国家环境政策法》(*National Environmental Policy Act of 1969*)等，这些法案都会对国家公园管理局作出的行政和执法决策施加重大影响。[①]

1935年，美国国会颁布了《历史遗址法》(*Historic Sites Act of 1935*)。该法宣布将历史遗址、建筑物和古物的保存看作是一项国家政策。它授权内政部长获取信息，调查、研究、维护和保护具有考古意义的遗址。该法案还创立了国家公园服务咨询委员会，并在第三章详细规定了委员会的构成机制：委员会成员数量不多于12人，规定不少于6名成员在历史、考古学、人类学、历史或景观建筑、生物学、生态学、地质学、海洋科学或社会科学等学科，拥有至少一个学科的杰出专业背景；不少于4名成员在国家或州立公园、保护区、国家自然和文化资源的管理方面拥有出色的专业知识和过往经验；余下成员须在财务管理、游憩利用、土地利用规划，以及企业管理领域拥有至

---

① 奚雪松、俞孔坚、李海龙：《美国国家遗产区域管理规划评述》，载《国际城市规划》2009年第4期，第96页。

少一个领域的杰出专业知识；至少1名成员须是由毗邻公园地区选举产生的官员。这种构成机制最大限度保证了制度运行的科学性和专业性，有效避免了行政管理给专业性事业管理带来的盲目性。《历史遗址法案》的颁布昭示着完整的国家公园制度就此建立起来。

二是二战后至今的阶段。二战之后，随着对文化遗产保护理解的深入和保护范围的日益扩大，美国陆续颁布了多个涉及文化遗产保护的法律。

比较重要的是，1966年颁布了《国家历史保护法》(*National Historic Preservation Act of 1966*)。该法建立了国家史迹名录（National Register of Historic Places）登记制度，为有重要历史、文化、考古价值的建筑和遗迹提供联邦保护，限制相关工程和开发建造活动对其产生的不利影响。其中第106节（Section 106）要求所有联邦机构的建设方案都须通过历史保护咨询委员会（Advisory Council on Historic Preservation）的审议，避免文化遗产受到联邦建设行为的危害。[1]

1974年颁布了《考古和历史保护法》(*Archaeological and Historic Preservation Act of 1974*)。该法案扩大了1960年《水库救助法》(*Reservoir Salvage Act of 1960*)的适用范围，以恢复和保存因为任何联邦建筑项目或联邦许可活动或计划而可能丢失或毁坏的"历史和考古数据（包括遗物和标本）"，降低和恢复联邦建筑项目对重要考古遗址造成的损害。该法也被称为"考古恢复法"和"莫斯·本尼特法"（"Moss-Bennet Act"），因为该法建立在1935年的《历史遗址法》之上。它通过关注重要考古资源来扩大政策实施范围，但并不强制要求它们具有国家意义。该法是自《古物法》以来第一个提到考古收藏品长期护理的法案。

随着对考古资源、出土文物价值认识的不断深入，作为美国文化遗产中不可替代的一部分，考古资源的经济价值不断攀升，因而越来越受到各种非法活动的威胁。1979年《考古资源保护法》(*Archaeological Resources Protection Act of 1979*)因此应运而生。该法保护公共（联邦）土地和印第安

---

[1] 王红军:《美国建筑遗产保护历程研究——对四个主题事件及其相关性的剖析》,同济大学2016年博士论文,第116页。

纳土地上的考古资源和遗址，要求发掘考古遗址和获取文物必须经过许可。该法为获得许可的正确程序制定了指导方针，允许合格人员在公共土地上发掘考古遗址。就该法而言，考古资源包括至少100年的人类生命遗存和考古遗址。该法还规定了违法处罚和罚款。对于第一次犯罪，可以处以最高2万美元的罚款和最多两年的监禁；对于后来的违法行为，处罚可能涉及高达10万美元的罚款和最多5年的监禁。同时根据受损场地的价值和修理费用评估对违法者施加额外处罚。

1987年颁布的《遗弃沉船法》（Abandoned Shipwreck Act of 1987）同样涉及文化遗产保护。该法规定，在距离海岸3英里的海洋中的大部分河流、湖泊和海上近海的大多数废弃沉船中建立政府所有权。该法案认为，法规中所涵盖的大多数沉船都是重要的历史资源，是有效掌握有关美国地区、国家，以及国际航海历史的第一手资料。与此同时，沉船的船体和超结构的物理遗骸是海洋生物的重要生物栖息地，为国家遗产旅游提供可观的游憩和教育机会。因此，法律将这些资源置于政府管理之下，并表示救助法和发现法都不适用于该类资源。这意味着沉船可以免受商业打捞人员的侵害，并使沉船可供公众共享。被遗弃的沉船是指那些被遗弃，被所有者放弃了所有权的船只。针对沉没的战舰，虽然看似被遗弃，但仍然属于联邦政府财产，除非采取正式行动放弃或转让所有权。根据法律，虽然沉没的舰船散落在各州，但联邦政府仍保留对联邦土地上沉船的所有权，而印第安部落则对印第安土地上的沉船拥有管辖权。一些州建立了水下步道和公园，供运动潜水员享受，许多州和联邦机构与职业考古和运动潜水员团队合作，绘制、研究和监测沉船场地的状况。

1990年，美国国会颁布了《美洲土著墓葬保护和遣返法》（Native American Graves Protection and Repatriation Act of 1990）。该法规定在联邦或部落土地上挖掘或发现的美国原住民遗体、丧葬物品、圣物和文化遗产物品首先属于其直系后裔、美国原住民部落和个人或夏威夷原住民组织。该法要求在预期进行考古调查时，或在意外发现文化物品时，需要咨询印第安部落和夏威夷原住民组织。非法贩运人类遗骸和/或文化物品都可能会导致刑事处罚。

内政部可以对违反法律非法贩运的人类遗骸和/或文化物品进行保管,并且在检察官发布任何刑事处罚并批准转让之后,可以对这些物品承担保管责任,直到与部落进行适当协商为止。该法制定和颁布主要基于两个目的：一是为向原住民归还法案颁布后在联邦或部落土地上发掘和移出的原住民遗体、丧葬物品、圣物和文化遗产物品提供法律依据,给予美洲原住民墓地更全面的保护。二是要求接受联邦资助的联邦机构和博物馆,对其收集的所有受本法约束的相关物品进行清查,与部落协商,确定文化背景,由联邦机构和原住民组织共同识别并协商归还原住民遗骸和丧葬物品处置和照料办法。[1]

二、美国文化遗产法治保障的特点

美国的文化遗产法治保障,最具特色的是以下两点。

第一,建立了国家公园制度。20世纪初期,美国诞生的国家公园制度,创新性地将文化遗产与自然遗产统一纳入联邦政府行政管理体系下,形成十分独特的国家遗产资源管理模式。在美国国家公园体系中,不仅包含诸如国家湖滨、国家河流、国家海滨、国家荒野与风景河流、国家景观大道、国家休闲地等自然遗产,同时也包含相当数量和种类的文化遗产,例如国家历史公园、国家战场公园、国家军事公园、国家纪念地、国家历史街区等,数量已达近400处,约占美国国土面积的4%。[2] 1916年颁布实施的《国家公园管理局组织法》成为支撑该制度最为重要的法律文件。同时与各公园授权法案、其他联邦法案、部门规章共同为整个国家公园制度运行构建起稳定的法律支撑框架。国家公园制度虽历经百年发展,不断扩充不断完善,但此宗旨自始至终从未发生过变化。从该法律的宗旨中可以看出,美国国家公园制度的建立,是为了保护美国公民的自然和文化遗产共享权。这种共享权包括当下和未来两个层面的保护：对于当下,强调全民共享,在国家公园管理体系下,利用各种保护技术和手段,尽可能为公民创造良好的自然和文化遗产分享机会和条件；对于未来,强调原真性,

---

[1] Committee on Interior and Insular Affairs, *US House Report 101-877*, 1990: 8.
[2] 王星光：《美国如何保护历史文化遗产》,载《学习时报》2016年2月25日,第2版。

利用各种保护技术和手段保持自然和文化遗产的完好无损和原本形态，使将来公民能够享有与当世公民一致的自然和文化遗产共享机会和条件，保障文化遗产权利行使的一致性。

法律一以贯之的宗旨要最终落实，需要扎实和可具操作性的立法技术、执法实施、司法保障三个要素的共同作用才能最终实现。国家公园制度经过百年的不断演进，其保护对象、保护范围、保护策略随着保护理念的渐进而不断扩充和完善。国家公园的立法体系也随着保护实践的变化，及时作出应有的调整。例如1969年《国家环境政策法》中明确规定，公共土地管理规划须包括"环境影响评估"（Environment Impact Statement），同时规定建立以总体管理规划（General Management Plan）结合环境影响评估为主导的国家公园规划决策体系。而国家公园体系也对该法案进行了响应，随后根据《国家环境政策法》的规定，逐步建立起兼具系统性、多样性、公共性、科学性、专业性的国家公园规划体系。在执法环节，国家公园体系拥有独立的执法部门和专业力量。美国公园警察（The United States Park Police）是联邦政府一支历史悠久的专业执法力量，由乔治·华盛顿总统于1791年创建。1933年由法兰克林·罗斯福总统将其划归国家公园管理局领导，成为国家公园管理局下属执法单位，在所有联邦公园行使管辖权。美国公园警察作为国家公园管理局的执法主体，负责根据要求向国家公园管理局内的指定区域和其他区域提供执法服务。公园警察机构负责预防和侦查辖区内犯罪活动，并对涉嫌违反联邦、州和地方法律的人进行调查和逮捕。目前，美国公园警察由服务司、国土安全司和外勤业务司构成。在司法保障领域，任何个人、组织针对国家公园体系的不当行政行为、不当行政程序或行政不作为，都可以向法院提起公益诉讼，对国家公园管理局形成强大的监督影响力，切实保障国家公园管理机构在法律规定的范围内，以法律规定的内容作为自身行政行为的准则，行使法律授权范围和程度内的管理权和执法权。

第二，法治下的民间文化遗产行为。与其他国家不同的是，美国的文化遗产保护，在很大程度有赖于私人积极而持续的参与。美国许多著名的文化遗产保护、收藏机构都是私人创建，属于私人机构。例如世界建筑文物保护基金会、纽约大都会艺术博物馆、波士顿美术馆、哈佛大学博物馆等。大量珍贵的文化遗产都收藏于私人机构,所以,民间力量是美国文化遗产保护的重要参与力量。这就决定了美国的文化遗产法治保障,重视对民间的文化遗产行为进行规范。在美国,法治下的公民文化遗产行为,可以基于两个方面来描述,一方面是规范文化财产(文物)的合法流通,另一方面是个人收藏文化财产(文物)行为的法律保障和救济。

一直以来,美国是世界文物民间流通的最大市场和最大进口国。由于美国在20世纪初取得世界头号经济大国的地位,国内资本积累达到相当程度,特别是社会精英阶层,基于对艺术和古代文明的热衷,动用相当的资本投入到艺术品、古董的购买和搜集中。特别是针对那些来自欧洲、亚洲、美洲等地区的珍贵艺术品和古代物品,有许多是原所有国十分珍贵的可移动文物或不可移动文物的一部分。而这些珍宝绝大多数都没有取得原所有国的正式许可,而是通过非法贩卖等途径流入美国。例如,美国的大学、美术馆和博物馆,就通过收购、捐赠的方式,收集了数量庞大的中国珍贵文物。纽约大都会博物馆的收藏品中,就有秦朝的青铜钟、西汉的彩绘陶杯和陶盒、西晋的青釉魂罐、北魏的"皇帝礼佛图"石雕、北齐的佛教石雕、唐代韩干所作的《照夜白图》等。波士顿美术馆收藏了众多唐宋以降名家的绘画作品。例如北宋徽宗赵佶的《五色鹦鹉图卷》、南宋周季常和林庭圭所作《五百罗汉图》、元朝吴镇的《草亭诗意图卷》、元朝王振鹏的《姨母育佛图卷》等。

在很长的历史时间段中,美国国会和政府都未对民间文物流通和私人文物所有权加以法律约束与限制,这使得在20世纪六七十年代,文物流通买卖已发展成为价值数十亿美元的庞大产业。由于其中夹杂着大量的非法进口文物的交易,这让美国政府不断承受着来自文物原属国的外交压力。[①]尽管许多国家,特别是考古和文物资源丰富的国家设置法律限制文物出口和发布文物国家所有权声明来保护自己的文化遗产包括埋藏在地下未被发掘的文物免遭掠夺,防止文物非法流失,但这未阻挡文物黑市的兴旺及文物的非法外流。

---

① Morrow, J. E. *The National stolen Property Act and the Return of Stolen Cultural Property to its Rightful Foreign Owners*, Boston College International and Comparative Law Review, 2007, 30: 249.

美国法院和法学界都需要对这一旷日持久的文物非法贸易给予法律上的回应。

面对这样的情况，美国政府在《国家被盗财产法》（National Stolen Property Act of 1961）中规定对非法运输、收受、隐匿、买卖文物行为实施刑事处罚；放宽了对犯罪意图（Mens Rea）的要求，以便更加有效打击非法进口文物交易。《国家被盗财产法》起初旨在防止罪犯州际或对外贸易中运输、传输或转让被盗财产，企图逃避州和地方执法官的管辖，并非适用于外国文物非法贸易。这是由于《国家被盗财产法》并没有定义"被盗"一词的含义，无法鉴定非法贸易中外国文物是否属于该法所规定的适用对象。但在1970年代，情况逐渐发生了变化。[1]

"麦克莱恩案"（McClain Case）正是在此背景下进行的司法实践。该案中若干名美国被告在墨西哥挖掘前哥伦布时期的文物，并在未经许可的情况下将其出口至美国。墨西哥政府根据本国文物保护法律申索这些文物的所有权。根据《国家被盗财产法》，被告被指控贩运被盗财产，陪审团判定被告贩运及接受被盗财物罪成立。之后被告提出上诉，理由有二，其一是对《国家被盗财产法》中"被盗"一词的理解仅意味着错误剥夺了实际占有。墨西哥从未声称这种剥夺，被告坚称他们只从事了未经授权的出口（根据美国法律不受惩罚的行为）。其二是被告对下级法院的裁决提出异议，即在相关文物从墨西哥运出后，墨西哥法律才确定了对所有前哥伦布时期文物的国家所有权。上诉法院认为《国家被盗财产法》中的"被盗"应遵循本法保护被盗财产所有者的宗旨，赋予广义的含义。法院承认国家所有权声明是主权的一种象征，认为外国法律中主张的财产与传统意义上的财产之间没有法律上的区别。但这一国家所有权需要来源国明确地主张，如无足够清楚，则不能被视为被盗。《国家被盗财产法》可以适用于禁止文物非法贸易，认为未经许可的出口与非法剥夺真正所有者财产所有权并没有区别。但适用是需要有前提，即案中所涉争议文物必须被证明来自声称拥有的国家领土，任何被指控的盗窃行为都必须发生在来源国文物保护法生效日期之后。基于以上有关正当程序的判断，

---

[1] Adam, G., *Reaffirming McClain: The National Stolen Property Act and the Abiding Trade in Looted Cultural Objects*, UCLA L. Rev., 2005, 53: 1037–1039.

上诉法院推翻了对被告违反《国家被盗财物法》这一实质性罪名的裁决。[1]

不可否认的是，该案例的审理为推动《国家被盗财物法》在外国文物非法贸易违法活动的适用上具有里程碑的意义，并建立了"麦克莱恩原则（McClain Doctrine）"，即如对已有明确国家所有权的文物进行非法贸易，并触犯来源国已有文物保护法的行为，可以根据《国家被盗财产法》被追究法律责任。[2]之后，在"麦克莱恩原则"指导下，《国家被盗财物法》均有在美国非法文物交易民事和刑事案件中适用。例如纽约大都会博物馆非法收购土耳其吕底亚宝库（Lydian Hoarad）文物案、舒尔茨（Frederick Schultz）走私埃及文物案。该原则还被美国海关第5230-15号海关指令引用，为来自已有文物所有权法律国家及没有获得文物来源国出口许可证情况下进入美国的文物提供扣留依据。[3]

20世纪70年代末，随着《考古资源保护法》《遗弃沉船法》《美洲土著墓葬保护和遣返法》的陆续颁布，美国对本国境内的出土文物也开始实施严格的出口管控措施，并对相关非法贩运行为进行刑事惩处。与此同时，在与国际法衔接方面，1983年颁布国内衔接法案《文化财产公约执行法》（The Convention on Cultural Property Implementation Act of 1983），对《1970年公约》缔约国的非法进口文物实施进口限制。[4]

美国文化遗产法律除了规范民间文物的流通行为外，对于民间保护文化遗产也同样给予充足的保障和补偿。特别是20世纪70年代，在美国广泛推广的地役权制度结合税费激励的制度，既达到私人积极投入文化遗产保护的目的，同时也对私人因公益行为而让渡的部分权利予以补偿，从而保证了私人

---

[1] United States v. McClain, 551 F.2d 52, (5th Cir. 1977), 545 F.2d 988 (5th Cir. 1977), 593 F.2d 658 (5th Cir. 1979), cert. denied, 44 U.S. 918 (1979).

[2] Adam, G., *Reaffirming McClain: The National Stolen Property Act and the Abiding Trade in Looted Cultural Objects*, UCLA L. Rev., 2005, 53: 1042.

[3] Patty, G., *Schultz and Barakat: universal recognition of national ownership of antiquities*, Art Antiquity & L., 2009, 14: 26—27.

[4] 张函:《美国文化财产保护法律制度研究——兼论1970年UNESCO公约中"保有方案"之弊》，载《武大国际法评论》2010年第12期，第53页。

资源投入美国文化遗产保护实践的稳定性和长期性。[1]通过沈海虹对美国文化遗产地役权制度的分析[2]可知,满足地役权(Easement)供受双方的核心诉求是达成地役权让渡的关键所在。作为供役方,也就是土地或历史建筑的产权拥有者,之所以愿意出让不动产的部分权益(包括通行权、观望权、外立面变化权、内部装修权、种植权等)是因为可以从政府获得相应的所得税、赠与税、遗产税等税减优惠,用于补偿自己对于部分权益的让渡。而作为受益方,主要是官方或民间的文化遗产保护机构,以及政府机构。这一方的诉求从横向来看,是让更多的公众能够观看、近距离接触到历史建筑遗产,而从纵向来看,要求这些被列为文化遗产的建筑尽可能保持原真性,让未来的公众能够有机会看到文化遗产的原本形态。因此,作为地役权的供受双方要达成契约,就一定要满足双方的核心诉求。文化遗产产权所有方通过让渡部分权益,让更多的公众接触到文化遗产,而保护组织和政府机构利用税惠的倾斜与文化遗产产权所有方进行了权益置换和补偿,实现了诸如不能改变建筑外观、不能任意改变室内装修、不能任意改变种植植被等约束,从而保障了原真性这一文化遗产保护的核心诉求。美国的地役权制度,以及与之配套的税惠制度,使地役权供受双方达成一致,维护好了文化遗产保护与公民财产权益保障之间的平衡。

---

[1] 沈海虹:《美国文化遗产保护领域中的税费激励政策》,载《建筑学报》2006年第6期,第17页。
[2] 沈海虹:《美国文化遗产保护领域中的地役权制度》,载《中外建筑》2006年第2期,第52—53页。

第四节
日本和韩国的文化遗产法治保障

日本和韩国是东亚两个主要的单一民族国家,文化遗产在其国家生活中都具有很高的社会地位和影响力。由于这两个国家深受中国传统文化的影响,遗存的文化遗产种类和样式,都有许多地方与中国有相似之处。同时,这两个国家在20世纪五六十年代就开始完善各自国家的民族文化保护,因此,其法治保障取得了举世公认的成就,为存续本国文化遗产提供了强大的法治保障能力。这也表明,考察这两个国家的文化遗产法治保障,就显得尤为重要。本小节将分别梳理日本和韩国两个国家文化遗产法律体系发展的历史脉络,提炼总结其文化遗产法治保障的优点和特点,以期对中国文化遗产的法治建设有所启发。

一、日本文化遗产法治保障的沿革与特点

追溯日本文化遗产的法治保障,可以将其历史进程划分为三个阶段。

第一个阶段是从1868年至1937年。自1868年明治维新以来,日本快速步入现代国家行列。在这个过程中,自然也逃不过本国传统文化与西方先进文化的冲突,有思潮间的激烈碰撞,更有现实中的创造和毁灭,同时基于凸显天皇统治的需要,"神佛分离""废佛弃释"之风盛行,大量过激行动致使大量寺院被毁。1871年,太政宫颁布了保护工艺美术品的《古器旧物保存法》,旨在抑制这种过激的毁坏行为。这也是日本政府第一次以政府法令形式颁布的文化遗产保护案。随着"日清战争(中日甲午战争)"的胜利,日本民族主义意识空前高涨,传统文化精神得到全民推崇,一系列保护本国文化遗产的法律开始进入立法程序。1897年日本政府颁布实施的《古社寺保存法》是日本历史上首部文化遗产保护法律，也是近代日本文化遗产法律保护的发端。在二战爆发前，日本政府还陆续公布实施了《古迹名胜天然纪念物保护法》（1919年）、《国宝保存法》（1929年）、《重要美术品保存法》（1933年）。其中，《古迹名胜天然纪念物保护法》与《国宝保存法》较为重要。《古迹名胜天然纪念物保护法》的出台主要由于日本基础及现代城市建设的迅速扩张，给文化遗产保护带来巨大挑战。该法以内务大臣指定制度的形式对国家重要的古迹、名胜、天然纪念物进行保护，地方政府对涉及文化遗产相关工程进行管理，引入地方团队对文化遗产加以协力保护。[1]《国宝保存法》主要内容是扩大"国宝"概念的法定范围，不仅仅局限于寺庙建筑及所藏宝物，把国家、组织、公民所藏的宝物都纳入"国宝"范畴；文部大臣对文化遗产的修缮和更改负责；要求在保证文物保存的同时，要注重文物的"活用"，强调文物对当代社会的价值体现。[2]

  第二阶段，即1945年至1967年。第二次世界大战日本战败后，仅仅过了五年，日本文化遗产法律保护不仅回归正轨，更是进入了新的阶段。由于战后百业凋零、经济拮据，日本的文化遗产保护处于无序的状态，日本政府于1948年启动了为期五年的文物修复计划。随后参议院也着手开始制定新的文化遗产保护法律。而1949年发生在奈良法隆寺金堂的一场大火，深深刺激了日本民众，重新唤醒了所有人对于本国文化遗产的重视。仅仅一年之后，日本政府就公布实施了《文化财保护法》（1950年）。这是日本战后文化遗产法律保护最为重要的一项法律。《文化财保护法》共分7章，130条，共约3万余字，第一章"总则"、第二章"文化财保护委员会"、第三章"有形文化财"、第四章"无形文化财"、第五章"史迹名胜天然纪念物"、第六章"补则"、第七章"罚则"，另有"附则"。[3]该法主要具有以下三个特点：一是创

---

[1] 苑利：《日本文化遗产保护运动的历史和今天》，载《西北民族研究》2004年第2期，第133页。
[2] 苑利：《日本文化遗产保护运动的历史和今天》，载《西北民族研究》2004年第2期，第132—133页。
[3] 康保成：《日本的文化遗产保护体制、保护意识及文化遗产学学科化问题》，载《文化遗产》2011年第2期，第6页。

新性地将文化遗产分为"有形"和"无形"两大类，每大类的文化遗产都以国家指定的方式加以确认，在"有形文化财"中设置"国宝""重要文化财"两个保护层级；在"无形文化财"中设置"重要无形文化财"。二是设置"文化财保护委员会"这一重要的文化遗产审议咨询机构。三是将遗迹、名胜地、天然纪念物纳入文化遗产保护序列进行统一保护管理。可见日本在20世纪50年代就建立起了统一的文化遗产法制体系，特别是对非物质文化遗产（无形文化财）概念的认识和界定，这为后来国际非物质文化遗产法律保护提供了极具参考性的实例样本。

第三阶段是1968年至今。1968年，日本政府成立文化厅，接受文部大臣领导，统一负责日本文化行政管理事务。文化厅整合了文化遗产保护和管理的职能，成立了"文化财部"，具体负责日本全国文化遗产保护事务，接受文化厅次长领导。同时在"文化审议会"下组建"文化财分科会"，行使专业审议职能，接受文化厅长官领导。这种行政架构一直延续至今。

二战结束后，作为战败国的日本，在1946年制定了新的宪法。在新宪法中第19条、20条、21条、23条、23条、29条均规定了有关公民参与和从事文化相关活动的自由权，不受他人和公权的侵害，体现了新宪法对公民在文化权利行使方面的实际关切。[①]1950年日本政府废除了《国宝保存法》《重要美术品保存法》《史迹名胜天然纪念物保存法》，重新制定了按照"有形文化财""无形文化财""民俗文化财""史迹""纪念物""埋藏文化财"分类的《文化财保护法》[②]，从而形成了一直沿袭至今的文化遗产法律保护核心要件。其中，在《文化财保护法》中将原《国宝保存法》中所有的"国宝"建筑物的称谓改为"重要文化财"，将其中20%到30%的"重要文化财"指定为新"国宝"。新的"国宝"被定义为具备世界文化价值的物品，是需要国家特别保护的物品。在《文化财保护法》颁布后的短短四年内，"国宝"建筑物共指定了178件、182座建筑物，截至2011年11月，在被指定为"国宝"的216件、264座建筑中，超过80%都是这个时期被指定的。"重要文化财"与"国

[①]魏晓阳等：《日本文化法治》，社会科学文献出版社2016年，第24页。
[②]卓民：《他山之石——日本的文化财保护制度》，载《美术观察》2018年第10期，第23页。

宝"建筑物就要具备以下五个方面的指定标准：一是稀缺价值，建筑的年代久远，建筑的独特性。二是建筑样式和类型的典型性，能够反映各时代建筑典型特征。三是审美价值，在艺术和技艺方面表现优秀。四是文化价值，有突出的历史文化领域的价值。五是地方特色显著，能够代表独特的地方特色。[①]1950年的这次整合，最为关键的变化是对日本文化遗产概念在法律上的外延进行了延展，将无形文化财（非物质文化遗产）纳入一个统一的法律保护的框架中。可以说这是整个文化遗产法律保护发展史上的一个重要里程碑，这也促使日本成为全球保护非物质文化遗产的典范国家。结合王晔和龚滢的分期，日本颁布《文化财保护》以来，共经历了五次比较重要的修订。[②]

第一次是在1954年。本次修订一是针对文化遗产管理机制进行了重新规定。在1950年的法律规定中，文化遗产的所有者同时负有管理职责，但由于保护实践中有许多所有者没有能力担负保护管理职责的情况发生，因此本次修订规定了除古迹名胜及天然纪念物外的其他类文化遗产在所有者履行保护管理职责不力的条件下的救济措施，即可以委托地方公共团体或其他法人接替行使保护职责，并履行维修和展示职责。二是将无形文化财保持者（类似我国的非物质文化遗产传承人）划归文化财范畴予以保护。在1950年的法律中明确了"无形文化财"概念，但并未将非物质文化遗产与具体持有人关联起来。在法律实践中发现，非物质文化遗产的保护十分有赖于非物质文化遗产的保持者。无论是传统音乐、舞蹈、戏剧，还是传统技术和工艺，都需要"人"来再现，需要"人"来传承，因此保持者势必成为整个非物质文化遗产保护的关键节点，日本的立法者很快意识到持有人的重要性，因此本次修法将非物质文化遗产保持人列入非物质文化遗产的保护范畴，开创了非物质文化遗产具象化保护的先河。三是民俗材料分类的出现。民俗材料分类是之后民俗文化财分类的原型，民俗材料亦分有形民俗材料和无形民俗材料。有形

[①] 青柳憲昌，岩月典之，藤岡洋保，文化財保護法制定後の国宝建造物指定方針と戦後の「国宝」概念の形成，日本建築学会計画系論文集，2012，77.678: 1997-2002.

[②] 王晔、龚滢：《日本建筑遗产保护法令制度的设立与更新》，载《人民论坛》2014年第12期，第245页。

民俗材料参照有形文化财进行保护和管理,而无形民俗材料则以"记录"形式予以保护。四是允许地方公共团队参与地方文化财的保护,明确了其职责和义务,有效增加了社会力量在文化遗产保护和管理领域的施展空间。五是对文物违法行为的惩处措施进行了强化。规定了任意破坏文化遗产需要承担法律责任,同时加重了蓄意破坏文化遗产的刑罚。[1]总之《文化财保护法》实施近四年,日本的立法者一直关注法律实施的效果,对文化遗产保护实践中出现的各种问题进行立法上的及时回应,避免因立法缺陷和不适影响到文化遗产保护实践,造成不可挽回的损失。

第二次是在1975年。本次修订主要涉及三个方面,一是增加对"传统建造物群保护区",一种类似我国历史文化街区的不可移动文物保护区概念的"选定制度",以及属于非物质文化遗产类别的文化财保护技术的"选定制度"。"传统建造物群保护区"其实就是从单一建筑保护到建筑群保护的过渡,扩大了保护范围。这一做法在诸如法国20世纪60年代颁布的《马尔罗法》中已有先例。二是将文化财保护技术纳入法律保护范畴,则是日本文化遗产法律保护的创举。使用现代技术保护和维修文化遗产,显然并不能从根本上保持文化遗产的原真性,而使用传统技术和工艺保护和维修文化遗产,可以最大限度保留文化遗产的原真性。与此同时,相关的传统修缮技术和工艺也在不断地保护和维修活动中得以传承。掌握传统修缮技术和工艺的工匠也因为有源源不断的修缮工程和工作不会失业转行,可以一直从事文化遗产的修缮工作。传统修缮技术和工艺也就可以作为一种非物质文化遗产得以传承发扬。这一立法设计有效解决了文化遗产的永续传承过程中的关键技术性问题。三是将民俗材料改成民俗文化财,正式对日本民俗和民间文化遗产进行制度保护,由于民俗材料包含有形和无形两种形态,因此民俗文化财也对应的拥有这两种形态。对于无形民俗文化财的保护上升至"无形文化财"指定的保护模式。值得注意的是,对于无形民俗文化财并没有采用指定保持者或保持团体的认定制度。这主要是因为民俗文化不同于一般意义上的无形文化财,它

---

[1] 苑利:《日本文化遗产保护运动的历史和今天》,载《西北民族研究》2004年第2期,第133—134页。

的传承者一般涉及一个地域，或是一个族群、整个村落，法律很难对于民俗遗产的贡献进行个人或团体上的界定。①因此在对该类文化财进行指定和认定时，法律并没有采用认定保持者和保持团体制度，对无形民俗文化财的指定保护制度进行了区别对待。

第三次是在1996年。进入20世纪90年代，日本公众对保护文物建筑的兴趣急增，文化财保护的范围逐步扩大，包括较新的，与日常生活密切相关的近现代建筑也逐步纳入文化财保护范畴，这些建筑的种类、多样性及数量较过去大幅增加。其中有许多建筑的文化财产属性还没有被确认或评估。另一方面，由于社会发展和技术进步，以及生活方式的改变等因素的影响，许多建筑都面临消失的风险，这些建筑还往往正在被所有者实际使用。因此，迫切需要通过建立一个新的系统来补充现有的文化财指定系统，使保护文化财的方法多样化。在此背景下，1996年《文化财保护法》修订后，要求建筑所有人自愿提出登录保护申请，而非采取政府的主动保护，并采取通知制度，建立以指导、咨询和建议为主的渐进式保护措施，以适应新的文化财保护形势。②

本次修订时首先将建筑物纳入登录制度范畴中，后来分别在2004年和2007年扩大了登录范围，将更多的文化遗产类别纳入登录制度中。登录制度实际上是一种申报备案制度。由文化遗产所有人向政府提出登录保护申请，地方自治体也可以推荐申请，完成法定申请程序后，将在政府的指导下进行宽泛和缓和的保护。正如周超认为的那样，该项制度是一种制度创新。制度本身极具弹性，能够根据具体情况进行变通，操作性很强。将文化遗产作为"文化资源"继续被现代人使用，在实现实用功能的同时，也进行了保护和传承。同时该项制度能够充分调动国民参与文化遗产保护的积极性和能动性。正是由于该项制度的实施，那些普通民众身边的寻常，但又难以再建的建筑

---

① 周超：《日本对非物质文化遗产的法律保护》，载《广西民族大学学报（哲学社会科学版）》2008年第4期，第48页。

② 村上忍一，新しい文化財登録制度による文化財保護,農業土木学会誌,1997,65.11: 1063.

物、景观和文化遗产才得以最大限度和最大范围地保护起来，传承给后世。[1]

第四次修订是在2004年。本次修订增加了针对"文化景观"的规定。"文化景观"是文化遗产法定概念中的新生物。1984年世界遗产委员会开始关注"文化和自然双遗产"，并于1991年开始将"文化景观"作为世界文化遗产的新形态加入遴选标准中。日本作为《保护世界文化和自然遗产公约》的缔约国，将本次国内法修订作为对公约新增内容的回应。虽然作为新晋加入《文化财保护法》的"文化景观"，但其法渊源可以追溯至日本江户时期。可以说在国内法层面上，"文化景观"入法具有较好的理论和现实基础。[2]在进行国内法衔接时，日本并没有照搬公约中对于"文化景观"的定义，而是进行了相应的本地化处理，扩大了其外延，让更多的潜在对象可以纳入"文化景观"的保护范畴中。在《文化财保护法》中规定了七个景观种类：涉及农田、森林、养殖业、水资源、矿业、公共空间、居住区，可以是单项也可以是复合项。目前在日本境内成为"文化景观"主要通过三个途径：一是通过"文化景观"指定制度，由中央政府指定为"重要文化景观"；二是通过"文化景观"登录制度，列入"文化景观"名单，使日本境内的"文化景观"求得最大范围的保护；三是通过"文化景观"选定制度，有地方自治体向中央政府推荐，由国家审议选定成为"重要文化景观"，是一种"自下而上"的遴选模式。

2018年，日本对《文化财保护法》进行了最新一次修订，于2019年上半年公布实施。本次修订主要在各类文化遗产保护条款中增加有关保护和利用计划的相关规定。强化了保护和利用活动的计划性和程序性，从流程上加强了对文化遗产保护和利用活动的管理。本次修订是在日本社会老龄化和出生率下降等社会环境变化的背景下进行，以期防止各地珍贵文化遗产流失或消散的紧迫问题，涉及迄今尚未明确其价值的未指定物品的问题，在城镇发展中如何利用非物质文化遗产问题，如何确保文化遗产传承的领导力，为社区

---

[1] 周超：《日本的文化遗产指定、认定、选定与登录制度》，载《学海》2008年第6期，第174页。
[2] 周超：《日本"文化景观"法律保护制度研究》，载《广西民族大学学报（哲学社会科学版）》2016年第1期，第180—181页。

制定文化遗产整体解决方案，以及如何强化地域文化遗产保护的行政推进力。

从日本文化遗产法律修订的发展过程来看，相关修订基本将围绕文化遗产概念外延的进一步扩展作为修订重点，有意扩大保护范围，尽可能为日本国家和民族保留历史物证和活动印迹，极其重视文化遗产对于当代日本社会的影响力和推动力，强调文化遗产概念是一个动态发展的过程。

国家法律和政策的制定者需要把握时代发展的方向，不断对文化遗产保护提供切实有效的法律保障，这种保障来源于对文化遗产概念的不断更新和文化遗产保护实践的不断积累。同时，日本政府特别重视广大普通民众和一般社团法人（法人）在文化遗产保护和传承中的作用，将这种良性的文化遗产与公众的关系用法律关系形式予以确认并固定下来，并通过与时俱进，不断修正。这也是我国文化遗产法治体系值得学习借鉴的地方。

此外，日本的立法者很早就注意到文化遗产在教育领域的功用，重视文化遗产的活化利用，特别是对广大国民进行的文化艺术教育，了解本国特色传统和文化，提高国民综合素养，以期提高国民的文化认同感，获得相互认可的文化身份，从而提高国家在现代竞争中的凝聚力。因此日本早在20世纪40年代末就开始建构文化遗产教育方面的立法体系框架。将图书馆、美术馆和博物馆等文化遗产相关设施纳入国民教育设施体系，为国民提供社会教育服务。在1947年的《教育基本法》中日本政府将教育的概念扩大到学校以外的场所，其中在第7条中规定：国家和地方自治体两级行政区域应设立图书馆、博物馆和公民馆（类似国内的群众文化馆）等设施，其中图书馆和博物馆是促进社会教育的机关。这条规定明确了除了认定学校为教育机构外，图书馆、博物馆和公民馆也都被纳入教育机构范畴，行使教育国民的职责。1949年颁布实施的《社会教育法》根据《教育基本法》的要旨，分别在第9、20条中分别规定地方负责设立教育、学术及文化等项活动的图书馆和博物馆，以及公民馆。并在该法第五章规定了公民馆运行的相关事宜进行了进一步的明确和规定。而后在1950年和1951年，日本政府相继颁布实施了《图书馆法》和《博物馆法》。这两部法主要规范地方自治体和一般社团法人设立的图书馆和博物馆。而诸如东京国立博物馆、国立西洋博物馆、国立科学博物馆等公立博物馆则主要由《独立行政法人博物馆法》加以规定。①在规范博物馆运行方面，目前我国对应的相关法律法规只有2015年颁布实施的《博物馆条例》，没有对应的法律，而在规范图书馆运营方面目前还未出台全国性的行政法规，部分省、市级行政区域制定了本辖区的图书馆条例。2017年，我国开始实施《公共文化服务保障法》，其中第10条明确了在学校教育之外，图书馆和博物馆等公共文化服务机构的社会教育功能。

2018年《文化财保护法》与《地方教育行政组织运营法》（以下简称《地方教育法》）关联修订，旨在加强和应对地方政府在文化财丧失或消散的风险，建立由文化财所有者、非盈利组织、旅游行业组织、私营业者、历史文化专家学者共同组成的审议会，共同制定区域文化财保护和利用规划。同时在《地方教育法》中，将文化财视为促进旅游的重要资源，积极活用文化财，促进文化发展。可以说上述两项法律的修订，把对于文化财的视角重心从"保护"转移到了"利用"上，修改后的法律将文化财转化成重要的旅游资源，进一步推动文化财的公开与利用，达到接续传承的目的。②

为配合《文化财保护法》的修订，除《地方教育法》进行修订外，与《文化财保护法》紧密相关的《博物馆法》的修订也被提上日程。主要集中以下三个方面的修订完善，一是博物馆注册制改为博物馆认证制，进一步提升日本博物馆的整体功能。此外，也为支持改善小型博物馆的运营，提高学艺员素养，参照国外成熟经验，建立熟悉博物馆系统和运营的第三方认证机构，负责博物馆体系的认证标准的制定、验证和评估，将认证的博物馆分为一级和二级。二是修订学艺员从业资格认定制度：新增学艺员资格，将学艺员分为一级和二级，完成本科相应课程授予"二级学艺员"，完成研究生相应课程授予"一级学艺员"。考虑学艺员职责之外进行自由研究活动的重要性，建立支持学艺员原创性研究制度，为学艺员原创性研究搭建研究环境，提高学艺员作为研究者的社会认可度。三是完善博物馆管理体系，强化博物馆作为

---

① 魏晓阳等：《日本文化法治》，社会科学文献出版社2016年，第30—33页。
② 上林陽治,文化財保護法及び地方教育行政の組織及び運営に関する法律の一部を改正する法律(平成30年6月8日法律第42号),研究所資料,2019,128.1: 275, 296, 297.

"文化枢纽"的功能，建立博物馆与当地政府和社区的合作机制。[1]

日本文化遗产法治保障的特点在于以下三点。

第一，形成统一的文化遗产法律建构。日本在文化遗产立法保障实践中采用的是统一立法模式。《文化财保护法》开创了一个新的综合性文化财产（文化遗产）概念，使人们摆脱了之前古董价值判断的束缚，使许多未曾纳入保护范围的对象得到文化遗产法律的保护。例如近代建筑、村镇景观等遗产种类都被纳入到了保护范畴中。[2]《文化财保护法》共规定了七种文化遗产类别，分别是：有形文化财、无形文化财、民俗文化财、纪念物、文化景观、传统建筑群、文化财的保存技能、埋葬文化财。其中有形文化财主要包括建筑物和美术工艺品；无形文化财涵盖戏剧、音乐、工艺技术等；民俗文化财下分有形民俗文化财（用于无形文化财的衣服、器具、家具等）和无形民俗文化财（有关衣食住行、手艺、信仰、每年例行庆典的风俗、民俗艺能、民俗技术等）；纪念物包括遗迹（贝冢、古坟、都城迹、旧宅等）、名胜地（庭院、桥梁、峡谷、海滨、山岳等），以及动物、植物、地质矿物；保存文化财的技术主要指保存文化财所需的材料、制作和修复技术等。除有形文化财的最高等级采用"国宝"指定保护外，其他种类的文化遗产均使用"重要"或"特别"等级加以分级指定保护。除了在国家层面使用分级保护的形式外，都、道、府、县、市、町各级地方行政区域都可以指定保护相应级别的文化遗产。日本《文化财保护法》的分类架构涵盖面广，逻辑关系清楚，全部分类文化遗产都基于统一保护框架之下，形成了全面涵盖、统一管理、科学设置的文化遗产保护法律架构。

第二，先进的非物质文化遗产法律保护。日本文化遗产法律保护不仅拥有统一的文化遗产法制体系，还拥有世界领先的非物质文化遗产法律保护体系。在1950年的《文化财保护法》中，就设置了有关"无形文化财"，即非

---

[1] 史学委員会博物館・美術館等の組織運営に関する分科会,博物館法改正へ向けての更なる提言,学術の動向,2020,25.10:116,117.

[2] 金井健,近現代建造物の文化財保存理念の展開に関する基礎的研究(その1):文化財保護法下における「文化財」概念の創出と変容,日本建築学会計画系論文集,2021,86.784:1804,1807.

物质文化遗产保护的相关法条。在之后的修订中,又加入了关于"民俗文化财"的规定。在其下分列"有形民俗文化财"和"无形民俗文化财",其中"无形民俗文化财"专门对民俗文化领域的非物质文化遗产进行界定和保护,共同构成了日本非物质文化遗产法律保护的完整体系。其中,最为重要的是保护、扶持无形文化财保持人和保持团体的制度设计。非物质文化遗产的传承保护,关键在于"传承者",日本的非物质文化遗产法律保护,恰恰就看中了"传承者"在非物质文化遗产传承中的核心作用,故而加以保护、扶持。在《文化财保护法》中,非物质文化遗产的"传承者"可以是保持人,也可是保持团体。在日本,国家重要非物质文化遗产的传承人,被公众称为"人间国宝",是日本重要无形文化财的保持人,被赋予崇高的社会地位。"人间国宝"必须既有无双技艺,又具高尚品德,得到举国公认,是日本传统戏剧、音乐、工艺技术、风俗、民俗艺能、民俗技术当之无愧的杰出代表。除了对保持人进行认定外,《文化财保护法》还涉及对"保持团体"的认定。个别认定方式针对"人间国宝",进行非物质文化遗产的个人保持进行认定。综合认定方式针对两人或两人以上的保持形式进行认定,主要针对日本传统戏剧、音乐表演的认定。保持团体认定方式主要针对需要团队合作,不突出个人色彩和风格的保持形式进行认定,主要针对一些工艺技术或团体表演的认定等。而对于重要非物质文化遗产,以及保持人和保持团体的认定,《文化财保护法》都有严格的法定程序,全流程公开,可操作性很强。[①]

第三,文化遗产"活化"制度的设计与实践。这一制度强调文化遗产的"活化",以及对文化遗产的合理利用。从理论探索到法律实践,经过很多次尝试,最终形成了完善的文化遗产"活化"法律保障体系。在国家层面,2001年日本政府公布实施《文化艺术振兴基本法》,将"文化艺术立国"作为行动方针,该法不仅将文化遗产视为全体国民的公共财富,更是将文化遗产视为提高日本"文化力"的核心要件之一。[②]文化遗产被视为现代日本的根

[①] 周超:《日本对非物质文化遗产的法律保护》,载《广西民族大学学报(哲学社会科学版)》2008年第4期,第46—47页。

[②] 周星、周超:《日本文化遗产保护的举国体制》,载《文化遗产》2008年第1期,第135页。

基，因此文化遗产在当代的"活用"就显得尤为重要。在《文化财保护法》中规定博物馆、美术馆、剧场等公共文化服务机构有法定义务，向公众公开展示文化遗产。日本政府为应对农村"过疏化"带来的严重后果，分别于公布实施了《离岛振兴法》（1953年）、《山村振兴法》（1965年）、《半岛振兴法》（1985年）、《关于促进特定山村地区农林业等活性化的基础设施建设之法律》（1993年）、《促进过疏地区自立特别措施法》（2000年），可谓之"过疏五法"。此五法不约而同地强调文化遗产的"活化"，特别是当地民俗文化对提振当地经济和社会，具有促进作用。[①]日本国会于1992年颁布实施《关于利用地域传统艺能等文化资源，实施各种活动以振兴观光产业及特定地域工商业之法律》同样涉及文化遗产的"活用"，以盘活当地传统艺术和文化资源、促进观光旅游多样化、提振当地经济、建设个性化社会，丰富国民文化生活为立法宗旨。[②]不仅是中央政府，日本各地的地方公共团体（地方政府）都十分重视本地区内文化遗产的保存与活用。在日本，无论是中央还是地方，举国上下都在为公众提供尽可能多亲近文化遗产的机会，让文化遗产深入每个公民的日常生活中，与他们的生活产生紧密关联，充分发挥文化遗产在现代日本文化建设中的功用与价值。

二、韩国文化遗产法治保障的发展及特点

韩国的文化遗产法治保障，也经历了自身的发展过程，并形成了自己的特点。

从历史过程来看，韩国的文化遗产法治保障，经历了两个时期。

第一个时期为日据时期（1910—1945年）。1910年，大韩帝国政府制定颁布了《乡校财产管理章程》，其中含有关于文化遗产保护的规定，有许多韩国学者将该法令视为韩国文化遗产法律保护的起点。[③]同年，韩日双方签署《韩日并合条约》，规定大韩帝国将朝鲜半岛主权永久让与日本。该条约的签

[①] 周超：《日本的"庙会法"及其相关问题》，载《民俗研究》2012年第4期，第15页。
[②] 周超：《日本的"庙会法"及其相关问题》，载《民俗研究》2012年第4期，第17页。
[③] 苑利：《韩国文化遗产保护运动的历史与基本特征》，载《民间文化论坛》2004年第6期，第64页。

署标志着朝鲜半岛彻底沦为日本殖民地。在这段历史时期里，日本殖民政府成为了朝鲜半岛文化遗产政策的主导者，所制定的一系列文化遗产法律都带有明显的殖民色彩。1916年，日本总督颁布实施《古迹及遗物保存规则》。该规则是朝鲜半岛现代历史上保护文化遗产的第一部专门法令。其立法目的主要在于保障陵墓、遗址及古建筑的调查并合法收集出土文物。[1]1933年，日本总督颁布的《朝鲜宝物古迹名胜天然纪念物保存令》，取代了上述《规则》。这一《保存令》的出台，意味着日据时期朝鲜半岛的文化遗产保护从调查收集文物向指定保护对象和保护过渡。截至1943年日本殖民政府最后一次公布宝物、古迹和天然纪念物的数量为716件。《保存令》规定，在文化遗产的指导和解除必须得到日本驻朝鲜总督的批准；已经被指定的保护对象未经总督许可不准发掘和改变现状，采取的是文化遗产最高行政长官负责制。

第二个时期为大韩民国时期（1945年至今）。1945年光复后，韩国政府一直沿用日本殖民时期的文化遗产保护法律。直至朝鲜战争结束，韩国开始将重心转向国内经济建设。在此期间，高速发展的现代经济与传统文化的延续之间的矛盾和冲击引起了社会的关注。韩国政府开始系统引进日本文化遗产法治保障体系的优秀成果，如"文化财"概念、合理的文化遗产分类分级制度、文化遗产审议机构制度等。1962年1月，韩国颁布《文化财保护法》。该法被视为韩国文化遗产法律保护的"第一法"，从法律层面为文化遗产保护构建了完整而周详的调查、指定、保护、利用制度。全法共7章73条及附则3条，截至2007年已修改过21次。《文化财保护法》作为韩国文化遗产法律保护的基本法位于具体立法框架的顶部，为其他相关法律法规提供支撑，以此为基础建立起了一整套纵向与横向衔接紧密、层次分明的文化遗产保护立法保障体系。一方面与《文化财修复法》《埋藏文化财保护与调查法》《旧都保护特别法》《文化财与自然环境资产国家信托法》《文化财保护基金法》共同

---

[1] 李贞娥：《日帝强占期(1910—1945)韩国建筑遗产保护原则与修缮案例研究》，载《世界建筑》2016年第3期，第120页。

构成韩国文化遗产立法保障核心要件;[①]另一方面与《乡校财产管理法》《建筑法》《国土利用管理法》《城市计划法》《自然公园法》等相关部门法做好衔接;在行政法规方面,有《文化财保护法实施规则》;在制定颁布相关法律法规的同时,文化财厅还颁布了一系列规范性文件,旨在为文化遗产保护实践提供具有可操作性的参考建议和行动指南,例如《国家指定文化财周边现状及变更基准指南》《石雕文化财保存处理工事指南》《埋藏文化财调查业务处理指南》《寺庙遗物展示馆建立运营管理指南》《文化财地域水土保存管理指南》《国家指定文化财管理团体业务指南》等规范性文件。除了中央层面制定的法律法规和规范性文件外,韩国各级地方政府也出台了相应的文化遗产保护法律法规,根据中央规划,结合地方实际,因地制宜利用法律保护当地文化遗产。[②]

随着1964年韩国政府将非物质文化遗产(无形文化财)纳入法律保护范畴,完整意义上的韩国文化遗产法律保护的框架基本形成。这种借鉴日本,将非物质文化遗产纳入统一法律保护的形式逐渐演化,成为具有本国特色的文化遗产法律保护制度安排。例如在非物质文化遗产认定程序中,就非常重视对非物质文化遗产传承者群体的管理和规范。按照《文化财保护法》和《文化财保护法实施规则》的相关规定,非物质文化遗产传授序列主要由五类人员构成,即"保有者""传承人""履修者""传授教育助教""传授奖学生"。"保有者"即由国家指定的重要无形文化财(非物质文化遗产)持有者。按照法律规定,作为"保有者"必须具备有能够公开演示非物质文化遗产的能力,一旦丧失,认定机构可以将其除名。由于部分非物质文化遗产为团体持有,所以也就有了"保有团体",作为对应的持有主体。无论是"保有者"或是"保有团体",随着重要无形文化财(非物质文化遗产)的认定,在获得诸如医疗、经济补偿、社会名誉等相应的法定权益的同时,他们也必须履行

---

① Chang-Gyoo, K., *A Safeguarding System for Cultural Heritage in Korea: Focused on the Activities of Restoration, Transmission and Protection of Designated Cultural Properties*, Gwacheon: Ministry of Strategy and Finance, Republic of Korea, 2012: 47-59.
② 张毅、徐晨曦:《韩国历史文化遗产保护概述》,载《长沙大学学报》2012年第3期,第19页。

相应法定义务，包括向公众演示技艺，传授技艺，参加政府主办的各种公开演示，参与文化观光部指派的接待活动等。同时政府有权对所有公演过程进行监督、记录和研究，并以出版物的形式进行公开发表和传播。如果"保有者"和"保有团体"在获得相关法定权益而不履行相应义务时，将要承担相应法律责任，受到法律惩处。按照法律规定，"保有者"须履行传授技艺的义务。目前有两种传授方式，一是传统的学徒式传授模式，还有一种是近期才开始的大学专业教育模式。"保有者"在学徒中指定"传承人"。"传承人"有名额限制，须向政府主管部门报备，主管部门审批后进入保有者预备名单。一旦保有者有缺，政府将在预备名单中遴选出新的"保有者"。"传承人"中品级较高的人被称为"履修者"。"传承人"成为"履修者"后，空缺的名额可以用于"保有者"再次招收"传承人"使用。按照法律规定，"履修者"必须履行传授所学技艺的义务。"履修者"由于还不是"保有者"，还无法获得政府经济补贴，但"履修者"仍拥有申请免服兵役的权利。为了更好传承非物质文化遗产，由"保有者"提名，政府还在"履修者"中选拔"传授教育助教"。"传授教育助教"的职责是在传授过程中协助"保有者"。"传授教育助教"每月都有政府发放的定额津贴。[①]"传授奖学生"即获得政府专门奖学金，有志于投身非物质文化遗产传承事业的年轻学生。成为"传授奖学生"的条件十分苛刻，要求须在"保有者"或"保有团体"处接受6个月以上的技艺传授教育，且具备相当素质者；或是从事重要无形文化财（非物质文化遗产）相关工作超过1年者才有资格获得。"传授奖学生"的学习期较长，一般为五年。[②]

在《文化财保护法》过去四十多年的持续保障下，韩国的非物质文化遗产整体上得到有效传承和发展。但与此同时也存在一系列问题，尽管因此多次修改法律，但问题仍未有效解决。[③]主要有以下四个方面的问题：一是认为

[①]〔韩〕许庚寅：《韩国〈文化财保护法〉的架构探讨》，载《文化遗产》2011年第4期，第58—59页。
[②]张世均：《韩国民族文化遗产保护与利用及其对我国的启示》，载《西华大学学报（哲学社会科学版）》2011年第4期，第23页。
[③]Jong-Sung, Y., *Korean cultural property protection law with regard to Korean intangible heritage*, Museum international, 2004, 56.1-2: 187.

非物质文化遗产的保护范围过小,根据原型保护的原则,非物质文化遗产容易受到剥离。特别是由集中保护带来的保护范围局限的问题;二是对于非物质文化遗产"一般传承人"的支持有限;三是对于认定非物质文化遗产标准存有争论;四是对非物质文化遗产活化利用不足,例如相关传承证书的滥发问题时有发生。在技艺传承方面,随着现代科学技术的不断挤压,有些技艺面临失传的危险,部分技艺传承和现代知识产权冲突不断。[①]同时,由于传承实践过程中存在权益不均,导致无法成为"履修者"或"传授教育助教"等高阶传承人员的"一般传承人"利益诉求缺乏疏解,以及大型非遗项目中少数"保有者"与大量项目参与者之间的权益纠纷时有发生,大幅降低了人们参与非遗传承事务的积极性和能动性。

2010年被韩国媒体曝光的"韩国第四代国玺造假事件"[②]更是证实了韩国文化遗产法律体系在执行环节存在的漏洞。按照《文化财保护法》的规定,无形文化财的认定必须由文化财厅主导,并会同咨询机构"文化财委员会"下设的"无形文化财分科委员会"和"文化财研究所"进行审批。而在造假事件中,相关行为主体无视法律程序,直接绕过文化财厅和相关机构监管,造成了此次造假。基于以上弊端以及类似事件带来的严重后果,韩国政府于2013年成立了国立无形文化遗产院,专门负责韩国非物质文化遗产的调查和研究。并于2016年颁布实施了《关于非物质文化遗产的保存和振兴法》。该法是对之前《文化财保护法》中有关非物质文化遗产保护部分条款的有力补充。

新法实施后,主要改善了以下六个方面。一是在原有基础上扩大了非物质文化遗产的认定范围。二是增编非物质文化遗产保存和振兴五年计划及每

---

① 〔韩〕田耕旭:《韩国非物质文化遗产的保护与传承》,载《浙江艺术职业学院学报》2016年第3期,第133页。

② 2010年9月2日韩国各大媒体同时曝光韩国第四代国玺制作过程并非使用传统工艺,而采用现代工艺。制作国玺的工匠闵刃圭涉嫌侵吞制作国玺的黄金等贵重原料,并用黄金贿赂官员。而时任韩国文化财厅厅长的柳弘俊表示该工匠并未通过"人间文化财"(类似日本的"人间国宝"称号,是授予国家重要非物质文化遗产持有者的名誉称号)认定,整个过程由其他部门主管,文化财厅并未参与。参见〔韩〕许庚寅:《韩国〈文化财保护法〉的架构探讨》,载《文化遗产》,2011年第4期,第58页。

年实施计划,在文化财厅下增设"无形文化财委员会"。三是针对(历史、艺术、科技)高价值的非物质文化遗产,增设国家非物质文化遗产,如果该项文化遗产同时濒临灭失,可以设置紧急国家非物质文化遗产,加以抢救保护。四是除对个人和团体认定非物质文化遗产外,对于没有传承人的项目也可以被认定为非物质文化遗产。同时为掌握非物质文化遗产实际情况,实行五年定期调查制度。五是进一步规范传授教育制度,加强大学在传授教育中所扮演的角色,完成从传统学徒式传授方式向大学专业教育的过渡,尝试通过大学专业教育解决"一般传承人"问题。收紧传授教育认证资格,仅由文化财厅厅长颁发授予。六是国家和地方政府为非物质文化遗产传承提供场地、设备、教育和原材料支持。[①]可以看出,韩国政府以及文化财厅对于当前韩国文化遗产,特别是非物质文化遗产法律保护实践中出现的主要问题,通过增订保存和振兴法案进行了及时而有效的回应,制定出行之有效的政策解决方案,确保整个文化遗产保护实践始终处于健康的发展路径中。这种洞察实际问题,进行及时有效的立法保障十分值得我国文化遗产,特别是非物质文化遗产法律保护工作借鉴。

此外在文物海外追讨问题上,韩国由于一段时间内政局动荡,同样存在大量文物遗失海外的情况。据韩国文化财厅(Cultural Heritage Administration of Korea)统计,截至2015年,共有160342件韩国文化财驻留海外。在这些文化财中,大约有75000件被认为是非法偷运到约20个国家的。这些文化财大多是在日本殖民时期、美军占领时期及朝鲜战争时期通过非法途径被偷运到境外的,这些被掠夺和非法出口的文化财大多数还尚未被归还。与大多数国家一样,韩国国内法较难适用于文化财海外归还纠纷。因此,通过缔结双边条约来解决争端,成为涉事国家双方较为现实的纠纷解决路径。[②]

日本是对韩国文化财掠夺最甚的一个国家,主要原因是日本曾对韩国及

---

① 〔韩〕田耕旭:《韩国非物质文化遗产的保护与传承》,载《浙江艺术职业学院学报》2016年第3期,第134页。
② Ho-Young, S., *International Legal Instruments and New Judicial Principles for Restitution of Illegally Exported Cultural Properties*, Penn St. JL & Int'l Aff., 2016, 4:735.

朝鲜半岛进行了殖民侵略所致，历史上主要有两个时期，一是16世纪末，二是1910年至1945年日本殖民时期。此外，随着战后日本经济的复苏与腾飞，日本被视为被盗文化财产的"重要市场"。目前在海外的韩国文化财产大多在上述两个时期被日本人带出韩国，并在佳士得和苏富比等著名拍卖行拍卖。①1965年韩国与日本签订的《韩日文化财产协定》可以被认为是韩日两国为处理文化财产归还问题所作的一次实践尝试。条约生效后的6个月时间里，日本归还了韩国包括陶瓷、考古文物、石器、书籍等在内的1432件文物。②

韩国文化遗产法治保障的特点主要有：

第一，文化遗产方面的审议机构享有很高的权威性。1961年，韩国在文教部下设立文化遗产管理局，负责韩国文化遗产行政管理事务。1999年根据《政府组织法》，文化遗产管理局升格成为文化财厅，接受文化观光部领导。按照《文化财保护法》第3条的规定，对于文化财的保存管理及其使用事项的调查审议工作，具体由文化财厅设立的文化财委员会完成。③可以看出，"文化财委员会"的职能范围，涵盖了国家级物质文化和非物质文化遗产的指定和解除、修复和复原、变更和流通、发掘和保存、管理和利用等审议事项。这种由相关权威学者组成的审议咨询机构，能够弥补文化遗产行政管理中的缺失，最大限度预防文化遗产行政管理过程中出现偏离文化遗产保护专业要求的行政行为的发生。同时，除了中央政府设置全国"文化财委员会"外，特别市、广域市、道等地方行政区域设置地方"文化财委员会"，使文化遗产审议机构覆盖全国各个行政层级，切实履行文化遗产审议咨询职能。这种在文化遗产行政管理部门设立审议咨询机构的制度并非韩国独有，韩国也是学习引进了日本的相似制度，对于中国文化遗产行政管理这也是一种十分值得借鉴的制度设计。

---

① Melissa, K., *Repatriation of Korean Cultural Property Looted by Japan-Can a Sincere Apology Resolve the Centuries-Old Korea/Japan Disputes?*, Cardozo J. Conflict Resol., 2014, 16: 625-626.

② Ho-Young, S., *International Legal Instruments and New Judicial Principles for Restitution of Illegally Exported Cultural Properties*, Penn St. JL & Int'l Aff., 2016, 4: 737.

③ 其具体的工作职责，可参见苑利：《韩国文化遗产保护运动的历史与基本特征》，载《民间文化论坛》，2004年第6期，第66页。

第二,严格的奖惩制度。韩国的文化遗产法律,十分重视奖惩制度的合理运用。在针对文化遗产保护奖励方面,主要由物质奖励和名誉奖励两方面构成。首先是物质奖励。除了一次性物质奖励外,韩国政府注重建立物质激励的长效机制,例如对无形文化财的传承人有两项激励措施,一是发放定期补贴,二是享受免费医疗服务。此外,对学习文化财的学生发放奖学金。所有这些,都可被视为对公民促进文化遗产保护的物质奖励。[1]在名誉激励方面,1964年韩国在非物质文化遗产保护和传承方面就效仿日本启动"人间国宝"工程,认定那些拥有突出技艺并愿意将技艺传承后人的表演家、匠人为"人间国宝",给予崇高的声望和荣誉。所谓奖惩分明,有奖就有罚。针对文化遗产违法犯罪行为,韩国文化遗产法律中的惩戒制度则有着足够的震慑力和威慑力。韩国《文化财保护法》第七章《罚则》,即针对各种文化遗产犯罪行为,制定出各种不同的量刑标准。[2]在严峻的惩罚制度下,文化遗产违法犯罪的成本十分高昂,文化遗产法律应用的震慑力和威慑力自然得到有效保障。

第三,强调法律的可操作性。韩国文化遗产保护法律强调可操作性,法条的规范性也十分突出,最大程度避免法条的模棱两可和不确切,减少在法律实践过程中因法条的空洞和模糊性给文化遗产保护实践带来负面影响。例如,在《文化财保护法实施规则》中,详细规定地方市道知事在提交国家指定文化财申请书时所必须具备的内容就多达九项。此外,如何提交重要文化财申请,如何补办重要无形文化财认定书,如何办理文化财的解除手续以及各种表格,在《文化财保护法实施规则》中都可以找到非常具体而明确的条款。[3]

---

[1] 苑利:《韩国文化遗产保护运动的历史与基本特征》,载《民间文化论坛》2004年第6期,第68页。
[2] 苑利:《韩国文化遗产保护运动的历史与基本特征》,载《民间文化论坛》2004年第6期,第68—69页。
[3] 苑利:《韩国文化遗产保护运动的历史与基本特征》,载《民间文化论坛》2004年第6期,第69页。

第五节
联合国的文化遗产法治保障

一、联合国文化遗产法治保障的历史进程

联合国作为世界上最为重要的国际性组织，自1945年成立以来，以《联合国宪章》为宗旨，在各种国际事务中发挥十分重要的作用。在文化遗产保护领域，联合国及其下辖的专门机构，同样付出了艰苦卓绝的努力，取得了一系列基于全人类共识的重要法律成果，为世界范围内的文化遗产保护和管理贡献了许多具有全球意义的理念和方法，为各国特别是欠发达国家、新兴国家运用法律保护与管理本国文化遗产提供了许多极具参考价值的行动指南。

本小节将从历史进程的角度，以1972年《保护世界文化和自然遗产公约》[①]的通过作为分界线，将联合国的文化遗产法治的发展进程分为前后两个阶段来加以描述与评析。

第一个阶段为1945年至1972年。众所周知，联合国成立后，美苏冷战加剧，不断发生局部战争、代理人战争、民族独立战争，甚至一度有爆发第三次世界大战的可能。20世纪40年代末、50年代初发生的局部战争，已经给各地文化遗产带来毁灭性灾难。而原有的1899和1907年海牙公约体系与1935年华盛顿条约，已无力有效保护战争中的文化遗产。因此在1954年，美国、苏联等国在荷兰海牙签署了世界上首个专门对武装冲突中保护文化遗产进行规定的国际公约——《关于发生武装冲突时保护文化财产的公约及其实施条

[①] 本书出现的公约和建议文件引文均出自中共中央宣传部政策法规研究室、中国社会科学院法学研究所：《国际文化法文件汇编》，学习出版社2014年，不再另注。

例》(以下简称《1954年公约》)。虽然该公约并非联合国及其专门机构联合国教科文组织直接制定通过,但联合国教科文组织的发展和影响,确实是促进该公约通过和签署的重要条件,公约的执行也有赖于联合国教科文组织的介入。该公约主要有四方面的内容:一是界定了"文化财产"的范围,这是首个国际公约中涉及"文化财产(文化遗产)"的国际法界定;二是规定了一般保护和特别保护两种保护模式;三是规定了缔约国的保护义务;四是规定了公约的实施机制。[①]所以,有学者认为,文化遗产作为"国际公共物品(Global Cultural Goods)"的观念,可以追溯到《1954年公约》的序言部分。该序言一方面将任何人民的文化财产损失等同于全人类文化遗产的损失;另一方面基于文化遗产对于各国人民的极端重要性,主张文化遗产必须获得国际性的保护。[②]45年之后,即在1999年,缔约国又签署了《关于发生武装冲突时保护文化财产的公约》第二议定书(Second Protocol to the Convention for the Protection of Cultural Property in the Event of Armed Conflict),旨在将公约适用范围拓展至"非国际性武装冲突",增加重点保护制度,明确军事必要条款,强化破坏文化遗产的刑事责任,以及强化公约的执行。[③]

除上述外,在1966年第二十一届联合国大会上通过的《经济、社会和文化权利国际公约》,在实施对联合国治下的文化遗产法律保护实践活动中同样起到了十分重要的促进作用。公约第15条专门就公民的文化权利进行了规定:第1款规定人人有权参加文化生活;享受科学进步及其应用所产生的利益;对其本人的任何科学、文学或艺术作品所产生的精神上和物质上的利益,享受被保护的权利。同时在本条第2款中规定:本公约缔约各国为充分实现这一权利而采取的措施应包括为保存、发展和传播科学和文化所必需的措施。虽然公约未直接指向文化遗产,但由于文化遗产是文化的重要组成部分和载

[①] 胡秀娟:《论武装冲突中文化财产保护的国际条约体》,载《江南大学学报(人文社会科学版)》2008年第4期,第54—55页。

[②] Francioni,F,*Public and Private in the International Protection of Global Cultural Goods*,European Journal of International Law,2012(23):719.

[③] 胡秀娟:《论武装冲突中文化财产保护的国际条约体》,载《江南大学学报(人文社会科学版)》2008年第4期,第55—56页。

体，因此可由文化权利推导出文化遗产权利的概念，这为国家保障公民文化遗产权，积极推进博物馆、图书馆等公共文化设施建设，促进文化遗产尽可能公开，以及公众进一步参与文化遗产保护实践，提供了法律依据。当然，正如詹姆斯·纳夫齐格（James A. R. Nafziger）等在所著《文化法：国际法、比较法和本地法》（Cultural Law： International, Comparative and Indigenous）一书中所述，作为受国际保护的人权概念之一的"文化"有两个现代来源：一是来自欧洲19世纪末的若干和平条约的规定。两届海牙会议即1899年和1907年制定了连续的公约和法规，这些公约和法规首先明确规定了人道法中须保护文化遗产。而另一个源头来自同时期欧洲和平运动中文化国际主义（Cultural Internationalism）的兴起。可惜的是第一次世界大战的爆发中断了这一发展。直至一次大战结束后，像罗曼·罗兰（Romain Rolland）、保尔·瓦雷里（Paul Valery）、居里夫人（Marie Curie）、亨利·柏格森（Henri Bergson），以及爱因斯坦（Albert Einstein）这样的学者试图将这一概念恢复到外交中的中心话语地位。由美国威尔逊总统提出的"十四点计划"得以确立现代人权法在其保护条款中的基础。不幸的是，第二次世界大战的爆发再次摧毁了脆弱的文化国际主义框架。二次大战结束后，文化国际主义与民族主义相融合。区别于今天的世界主义（Cosmopolitanism），诞生了一种文化外交。政府依赖某种形式的广义上强调文化的公共外交，也就是约瑟夫·奈（Joseph Nye）关于"软实力（Soft Power）"概念的阐释。而之后通过一系列联合国人权公约和法律文书中有关文化的主张又为公民的文化权利提供了新的词语和法律框架。[1]

纵观历史，由于狂热的偶像破坏或武装冲突的"附带"影响，文化遗产的破坏和丧失不断发生。直至今日，野蛮的破坏行径并未停息。正如2001年阿富汗塔利班政权对巴米扬大佛（the Buddhas of Bamiyan）所进行的毁灭性破坏。世界各国、国际组织如联合国教科文组织、宗教当局包括一些最有影响力的伊斯兰教当局、非政府组织，以及世界各地的人们呼吁动员起来反对这

---

[1] Nafziger, J. A. R., Paterson, R.K,. Renteln, A.D., *Cultural Law: International, Comparative, and Indigenous*, New York: Cambridge University Press, 2010: 66.

种野蛮行为和宗教不容忍行为。与此同时，人们意识到这种极端和歧视的，蓄意破坏对人类具有重要价值的文化遗产行为违反了在和平时期和武装冲突中适用的一般国际法，应当予以有效的法律制裁。但遗憾的是，从目前国际法的框架和实践来看，对此类违法行为相关法律适用上还存在不小差距。目前的国际法规范和制度背景下，适用何种法律对以上毁坏行为进行有效回应，如何追究行为国的法律责任，如何对实质上命令和/或执行毁坏行为的个人追究刑事责任，如何为道德和道德的理想赋予具体的法律意义，都是当下国际社会需要关切和有效回应并付诸实践的问题。[1]

1970年，联合国教科文组织通过《关于禁止和防止非法进出口文化财产和非法转让其所有权的方法的公约》。该公约旨在禁止和防止缔约国范围内的文化遗产的非法进出口和非法产权交易活动。需要指出的是，该公约本身并非完美，一方面公约强制执行力不足，只规定了缔约国制定国内法防止非法文物的进出口，公约虽广泛授予缔约国制定文化遗产政策定义的权力，允许缔约国定义"不可剥夺的"文化遗产，如出口自动被视为"非法"，但在履行时实难完全兑现，公约的有效性受到一定程度的减损。但尽管如此，已有141个国家缔结的《1970年公约》可以也应当被视为一个普遍意义上的阻止非法文物贸易的文化财产国际法框架。在此框架下，同为缔约国的双方国家可以据此为基础，自行缔结禁止和阻止非法进出口文化财产以及返还非法出口文化财产的双边协定，落实双方具体权责，切实维护好双方国家的文化财产权益。[2]双边协定不仅针对具体的文化财产返还，还可以综合处理两国间文化财产返还的整体事务。有许多协议明确说明双边协议可以涵盖的具体内容。例如1970年签订的《比利时—扎伊尔文化协定》（*Belgo-Zairian Cultural Agreement*）中，比利时同意将殖民时期获得的所有民族和艺术文化遗产归还扎伊尔。美国与墨西哥于1970年签订《归还被盗考古、历史和文化财产条

---

[1] Francioni, F., Lenzerini, F., *The Destruction of the Buddhas of Bamiyan and International Law*, European Journal of International Law, 2003, (14): 619, 650, 651.

[2] Amanda, K.M., *Safeguarding China's cultural history: proposed amendments to the 2002 Law on the Protection of Cultural Relics*, afeguaRim L. &Pol'y J., 2009, 18: 410.

约》(Treaty of Cooperation between the United States of America and the United Mexican States Providing for the Recovery and Return of Stolen Archaeological, Historical and Cultural Properties),规定当墨西哥政府要求美国政府归还被盗文化财产时,美国政府应将其追回并归还墨西哥政府。再如1997年美国和加拿大签订双边协议,禁止具有考古学和民族学价值的物品进出口。[1]

另一方面,《1970年公约》制定逻辑是以公法为基础,基本上建立在政府行为的理念上,缺乏对相关纠纷中个体问题的解决,例如对善意购买者的保护。国际间的文物非法贸易大多利用各国国内法律的漏洞将来源可疑的文物转移到文物相关法律保护不太严格的国家进行贩卖,事实证明,单靠国内法也是不足以解决文物跨境非法贸易问题。因此在后来联合国教科文组织委托国际统一私法协会(International Institute for the Unification of Private Law)(UNIDROIT)制定一项补充公约,即《国际统一私法协会关于被盗或者非法出口文物的公约》(UNIDROIT Convention on Stolen or Illegally Exported Cultural Objects),于1995年通过。该公约用于确定文物盗窃受害者在何种条件下重新获得文物,进口国何时可以将非法出口的文物归还其来源国,任何善意购买文物者必须归还文物并获得相应补偿。通过制定国际私法指导具体国际间非法文物贸易纠纷的实际解决。[2]

在这段历史时期里,联合国教科文组织还通过了一系列建议文件。例如1956年联合国教科文组织大会通过《关于考古发掘应当遵循的国际原则的建议》(Recommendation on International Principles Applicable to Archaeological Excavations);1960年联合国教科文组织大会通过《关于使博物馆向所有人开放最有效方法的建议》(Recommendation concerning the Most Effective Means of Rendering Museums Accessible to Everyone);1962年联合国教科文组织大会通过《关于保护景观以及遗址风貌与特色的建议》(Recommendation concerning the

---

[1] Ho-Young, S., *International Legal Instruments and New Judicial Principles for Restitution of Illegally Exported Cultural Properties*, Penn St. JL & Int'l Aff., 2015, 4: 735.
[2] Folarin, S., *Private Law Beyond Markets for Goods and Services: The Example of Cultural Objects*, rivate Law Beyond Markets for Go

Safeguarding of Beauty and Character of Landscapes and Sites）；1968年联合国教科文组织大会通过《关于保护被公共或私人工程危及的文化财产的建议》（*Recommendation concerning the Preservation of Cultural Property Endangered by Public or Private Works*）。联合国专门机构的建议文件没有强制性，最多只能属于国际规范性文件。但可以看出，这些文件中的许多制度安排和措施设计，都具有很强的针对性、参考性和操作性，值得各成员国文化遗产保护机构或行政管理机构予以高度重视。同时一些建议文件经过若干年沉淀后，基于建议主题的重要性，又提升成为国际公约。

第二个阶段为1972年至今。联合国及其专门机构联合国教科文组织在全球文化遗产保护国际法领域做出了许多贡献，即在前半期里主要针对文化遗产保护的某一方面制定公约或提出建议。但是，联合国一直缺乏直指全球文化遗产保护的专门公约。一直到1972年，联合国教科文组织大会通过《保护世界文化和自然遗产公约》。该公约作为联合国框架下第一个专门为文化遗产保护设置的国际公约，在全球文化遗产法律保护实践中具有里程碑意义。公约规定将世界上"具有突出普遍价值的"文化遗产和自然遗产列入《世界遗产名录》并对这些遗产实施保护行动，建立"世界遗产委员会"作为世界遗产的咨询审议机构，以及设立"世界遗产基金"（World Heritage Fund）为全球的世界遗产保护提供资金和经费支持。林恩·梅斯凯尔（Lynn Meskell）坦言，1972年践行《保护世界文化和自然遗产公约》40年以来，全球遗产保护的大背景已发生重大变化。整个保护事业随着公约被国际社会所普遍承认，越来越多的成功案例使人们对公约的执行和效力充满期许，致使整个保护事业规模与日俱增，公约的运行趋向复杂化。公约从开始的零星保护实践，诸如保护动迁埃及的努比亚神庙（Nubian Monuments）、巴基斯坦的摩亨佐-达罗（Moenjo-daro），以及印度尼西亚的婆罗浮屠（Borobudur）等遗址逐渐扩展到如今157个国家的962个地点。作为公约最为重要的协助执行单位——世界遗产中心（World Heritage Centre）现在面临着前所未有的挑战。世界遗产数量已近千个，国际援助请求、特派团委派、执行能力建设、可持续能力建设，以及武装冲突地区诸如马里的廷巴克图（Timbuktu）和位于柬泰边境的柏威夏寺（Preah Vihear）等遗产地的迫切保护。与此同时，美国的退出使联合国教科文组织的财政遭遇危机。全球政治力量之间的角力使得世界遗产中心，由21位缔约国代表组成的世界遗产委员及其专家咨询机构，这三个世界遗产"支柱"之间的内部紧张局势不断升级。如何维系、发展和有效践行《保护世界文化和自然遗产公约》是摆在整个国际社会面前的棘手问题。[1]

此外，世界各地的人们多年来对水下文化遗产日益频繁的商业开发，特别是对水下文化遗产的肆意破坏，引起了联合国的高度关注。于是，2001年联合国教科文组织通过《保护水下文化遗产公约》，其目的是在保护全球范围内的水下文化遗产，鼓励公众在不妨碍保护管理水下文化遗产的前提下，了解、欣赏和保护水下文化遗产。

2003年，联合国教科文组织通过《保护非物质文化遗产公约》。作为一种法律概念，非物质文化遗产高度依赖于适当的定义，这必须考虑到有关人权和文化概念的观点。后者是一个关系概念，在很大程度上取决于社区和其他非国家行为者的参与，因为他们是文化的终极承担者。[2]该公约旨在保护口头传统和表现形式、表演艺术、节庆活动、仪式、有关自然界和宇宙的知识和实践、传统手工艺为代表的非物质文化遗产，以确认、立档、研究、保存、保护、宣传、弘扬、传承和振兴等行动，确保非物质文化遗产的保存与传承。公约主张组建非物质文化遗产保护委员会，对申报项目进行审议，审议通过后列入《人类非物质文化遗产代表作名录》（Representative List of the Intangible Cultural Heritage of Humanity）。联合国及联合国教科文组织正式将非物质文化遗产保护纳入国际法律保障体系中，对各国开展相关保护和管理工作进行操作层面的指导，以及建构国际法与相关国内法进行衔接的有效渠道。

在这段历史时期，联合国教科文组织也通过了大量的建议文件。例如1972年联合国教科文组织大会通过《关于在国家层面保护文化和自然遗产的

---

[1] Meskell,L., *UNESCO's World Heritage Convention at 40 Challenging the Economic and Political Order of International Heritage Conservation*, Current Anthropology, 2013(54): 484.

[2] Lixinski,L., *Selecting Heritage: The Interplay of Art, Politics and Identity*, European Journal of International Law, 2011(22): 84.

建议》(*Recommendation concerning the Protection, at National Level, of the Cultural and National Heritage*);1976年联合国教科文组织大会通过《关于文化财产国际交流的建议》(*Recommendation concerning the International Exchange of Cultural Property*)和《关于历史地区保护及其当代作用的建议》(*Recommendation Concerning the Safeguarding and Contemporary Role of Historic Areas*);1978年联合国教科文组织大会通过《关于保护文化动产的建议》(*Recommendation for the Protection of Movable Cultural Property*);1989年联合国教科文组织大会通过《关于保护传统文化和民俗的建议》(*Recommendation on the Safeguarding of Traditional Culture and Folklore*);2011年联合国教科文组织大会通过《关于城市历史景观的建议》(*Recommendation on the Historic Urban Landscape*)等。这些建议文件为全球的文化遗产科学保护和管理,以及文化遗产保护管理的观念更新和思维创新提供了强大的助推力。

总归而言,在国际范围内,对于文化遗产的概念及其意义,国际法学和比较法学大致上区分了两种文化财产(文化遗产)概念:1.将其视为国家遗产的一部分;2.被视为人类遗产的一部分。第一种认识论观点可以支持在国家领土内保留文物的正当性,以及以公共利益的名义对文化财产(文化遗产)的私人所有权实行出口管制和限制。相反,第二种观点将低估文化遗产作为国家认同要素的作用,并强调其作为人类遗产一部分的重要性,从而支持最广泛地获取文化遗产,发挥其在促进交流和文化国际流通中的作用,达到增进世界各国人民之间了解的目的。后者观点并不受"来源国"的青睐,因为这些国家往往过去遭受了文化遗产的损失,如不加强管制,可能因非法贩运而继续遭受损失。相反,艺术品进口国的政策制定者、收藏家和博物馆更愿意支持第二种观点,希望建构一种世界性的秩序。他们认为在这种秩序中,文化交流可以支持人类的智力和道德进步。[1]

---

[1] Francioni, F., *Public and Private in the International Protection of Global Cultural Goods*, European Journal of International Law, 2012(23): 720-721.

二、联合国文化遗产法治保障的特点

联合国通过法治保障人类的文化遗产，显然不同于一个国家的法律制度与法治。其最显著的特点在于以下两个方面：

第一，全球层面的文化遗产法律保护。在联合国框架下，全球层面的文化遗产法律保护，涵盖了三方面的内容：一是基于最广泛的国际协作机制，联合国及联合国教科文组织制定并通过的文化遗产公约和建议文件最具普遍性，具有全球意义。在当代世界，没有什么国际组织比联合国更能作为当今世界最具普遍性的代表组织，也没有哪个国际组织的权威性能够超过联合国。可以说，联合国是当代世界秩序的一块基石。70余年来，联合国在维护世界和平与安全、促进世界社会、经济、文化发展，推动世界人权进步等方面贡献巨大。[1]联合国制定并通过的国际公约和建议文件具有最广泛的接受度，受到世界绝大多数国家的一致认可和接受。目前有180个国家签署了《保护世界文化和自然遗产公约》，172个国家签署了《保护非物质文化遗产公约》，无不说明了这点。二是联合国的文化遗产法律保护具备全球视野。不言而喻，联合国及其专门组织是站在全人类共同立场上来看待文化遗产的保护，希望制定和通过一系列文化遗产保护公约和建议文件，以便为集体保护世界范围内的珍贵文化遗产，建立一个卓有成效的国际文化遗产法律保护运行机制。三是为国家层面保护文化遗产提供了良好范式。由于联合国主导的文化遗产法律保护并不限于调整国家层面文化遗产保护关系，而是基于全人类的利益，对文化遗产保护级别进行了拔高，所设计和制定的制度和措施都较国家一般意义上的保护有更高的要求。由于能够增强国家的文化软实力和文化影响力，促进当地旅游业，提振当地经济发展，各缔约国对于本国文化和自然遗产能够进入《世界遗产名录》具有很强的现实需求，因此缔约国愿意投入更多的资源来保护本国的世界文化和自然遗产，以及潜质进入《世界遗产名录》的优质遗产。因此这些遗产会得到国家更好的保护，而在提升实际保护质量的

---

[1]张贵洪：《联合国与新型国际关系》，载《当代世界与社会主义》2015年第5期，第103页。

同时，缔约国自身的文化遗产保护能力也得到较大幅度提高，这也包括在相关法律方面的建构与进步。因此，联合国文化遗产法律保护促进和带动了各国，特别是欠发达国家和地区的文化遗产法律保护的发展。

第二，文化遗产法治理念的全球传播。数十年来，联合国文化遗产法治保障的实践证明了法治是保护文化遗产、捍卫人类共同珍贵财富的有效武器。无论是对物质文化遗产还是对非物质文化遗产，文化遗产法治理念在全球范围内的传播，为世界范围内的文化遗产有效保护提供了坚固的制度保障和底线支撑。例如，中国的非物质文化遗产法律保护，就是在世界非物质文化遗产法治理念的影响下进行的相关法律建构和法治保障。在2003年联合国教科文组织通过《保护非物质文化遗产公约》之前，中国的文化遗产法律、法规体系，还未曾涉及过非物质文化遗产的法律保护。而在2005年，国务院办公厅发布了《关于加强我国非物质文化遗产保护工作的意见》，同时发布了《国家非物质文化遗产代表作申报评定暂行办法》《非物质文化遗产保护工作部级联席会议制度》。此外，同年12月的《国务院关于加强文化遗产保护的通知》还对"文化遗产"概念进行了界定，其中非物质文化遗产部分的界定大幅度借鉴了《保护非物质文化遗产公约》中的定义。而后2011年人大常委会通过的《非物质文化遗产法》，最终完成了非物质文化遗产法律保护的本地化工作。当然，联合国的文化遗产法治理念也并非单向传播，而是与各个国家层面的文化遗产法律保护实践建立起了良好的双向协调沟通模式。例如，日本的《文化财保护法》早在20世纪50年代就将"无形文化财（非物质文化遗产）"作为法定保护对象予以保护管理，而联合国也注意到日本、韩国等国在非物质文化遗产法律保护领域所作出的开创性努力和实践成果。因此，联合国也从中吸纳了日本、韩国等国对于非物质文化遗产法律保护的实践经验，运用到联合国框架下的非物质文化遗产法律保护之中。

第三章

中国文化遗产法治保障的演进

第一节
近代中国文化遗产的法治保障

本节将近代中国文化遗产法治演进过程分为三个历史阶段加以评析。

一、清末的文化遗产法律保护

随着清政府"预备立宪"的逐步展开,1906年开始行政体制改革,成立民政部,下设民治司、警政司、疆理司、营缮司、卫生司五个部门。其中营缮司"掌督理本部直辖土木工程、稽核京外官办土木工程及经费报销并保存古迹调查祠庙各事项",这是中国第一个具有近代意义的专门性文化遗产保护行政机构。由此,营缮司与学部中的专门庶务科(专司管理图书馆、天文台、气象台等)构成了清政府文化遗产保护的政府部门。[①]

1909年清政府民政部制定并颁布了《保存古迹推广办法》。该法规是清政府在文化遗产保护领域制定和颁布的最为重要的行政法规。《保护古迹推广办法》的制定和颁布,为文化遗产保护形势极端严峻、文化遗产法律保护极端落后的中国注入了力量。虽然该《办法》颁布后不到三年清朝灭亡,但其作用和影响在中国文化遗产法律保护史上占据不可替代的重要位置。究其原因主要有以下五点:一是该法规的制定和颁布是中国历史上首个以保护作为公共财产的文化遗产为目的的法规。在此之前,中国专制社会的法律体系中确实有过含禁止盗掘坟墓、禁止破坏宗庙、祠堂,保护寺庙之用器等法律条款,但由于社会性质所限,其立法的出发点皆出于维护专制皇权统治的正统

[①] 徐苏斌:《近代中国文化遗产保护史纲(1906—1936)》,载《中国紫禁城学会论文集(第七辑)》2012年,第27页。

性和稳定性。而到了晚清，专制皇权社会逐渐瓦解转向君主立宪的近代社会形态。虽然君主立宪道路最终戛然而止，但近代国家意识的萌发和觉醒，使"古物"在历史洪流中逐渐具备了公共属性。二是首次将文物调查登记作为法定要素写入了法规之中。该《办法》由"调查"和"保护"两部分组成。将调查登记文物入法，在法律层面承认了严谨翔实的调查登记是良好保护的前提，凸显了文物调查登记在文物保护和管理中的重要作用。三是，该法规是中国历史上首部对文化遗产进行分类调查和保护的法律文件。该《办法》"调查"章节内容涉及碑碣、石幢、石磬、造像；石刻、古画、摩崖字迹；古庙名人画壁或雕刻塑像；古代帝王陵寝、先贤祠墓；名人祠庙或非祠庙而为古迹者；金石诸物六大类的文物调查，分别规定了每类文物的调查方法和登记要求。同时在该《办法》的"保护"章节，规定了碑碣、石幢、造像类；古人金石书画、陶瓷，以及宋元精印书籍石拓碑版等类；古代帝王陵寝、先贤祠墓；古庙名人画壁并雕刻塑像精巧之件；非陵寝祠墓而为故迹者共五种文物的具体保护措施，以及惩罚条件和程度。[①]四是一定程度上减缓了国内文物大量流失国外的情况，起到了政府保护和管理的作用。五是为即将诞生的中华民国在文化遗产法律保护领域的制度建设和治理实践，提供了立法参考样本和基本框架。

晚清之所以开始建构文化遗产的法律保护，主要基于以下三个方面的原因。一是由于晚清西学东渐，近代地质学、考古学、博物馆学逐渐在国内传播开来，得益于康有为、梁启超、林铖、斌椿、陈兰彬、张謇等人在国内的传播推广和实业促进，为开创具有近代意义的文化遗产法律保护奠定了思想和舆论上的基础。二是出于效仿西方先进国家制度建设的需要。1905年清政府派遣载泽、端方等五大臣出洋考察宪政，学习西方先进国家的政治体制。当时，西方主要先进国家已经制定了不少保护文化遗产的法律，从而让人们认识到法律乃是文化遗产保护和管理的基本工具。前文提及的法国《历史古迹及艺术品保护法》（1887年）、意大利《具有艺术或古代价值的古迹及物品

[①] 李建：《我国文物保护法制化的发端——论清末〈保存古迹推广办法〉及其历史作用》，载《山东大学学报（哲学社会科学版）》2015年第6期，第157、154页。

保护法》(1902年)、日本《古器旧物保存法》(1871年)和《古社寺保存法》(1897年)等文化遗产保护法律法案都是在19、20世纪之交制定并颁布的。而国内早在戊戌变法期间，维新派就有筹建博物馆的尝试。1898年总理衙门议定的《振兴工艺给奖章程十二条》中就有政府鼓励民间兴办博物馆，捐资博物馆者，根据规模大小，予以不等奖励的条款。[①]三是因为当时外国人对中国文物的大肆破坏和掠夺，致使大量珍贵文物流失海外所迫。据学者的不完全统计，在从1870年到1910年的40年时间里，仅在西北地区，外国学者就进行了一百多次非法挖掘[②]，在未经官方许可的前提下，获取大批一手考古研究资料之余，裹挟大量珍贵文物一并出国，致使大量中华文化瑰宝流失海外，至今难以归还。同时期，大量珍贵文物也不断涌现于国内文物流通市场上，政府管控甚难。因此，政府有意通过设置律条强化管理，限制珍贵文物私自流通和流失海外。总之，晚清的文化遗产法律保护是我国近代文化遗产法治实践的重要开端。虽然时间很短，实效甚微，但是仍具有开创性的重要意义。

二、中华民国时期的文化遗产法律保护

在这里笔者将着重解析民国时期三个重要的文化遗产保护法律文件，即民国初期北洋政府在1916年颁布的《保存古物暂行办法》、1928年南京国民政府内政部颁布的《名胜古迹古物保存条例》，以及1936年正式由南京国民政府行政院颁布实施的《古物保存法》。同时将梳理和评析以这三个法律文件为节点的三段历史时期中我国的文化遗产法治实践历程，即初期（1912—1916年）、发展期（1917—1929年）、成熟期（1930—1946年）。

1912年，辛亥革命的成功结束了中国最后一个专制王朝——清朝的统治，建立了资产阶级共和国——中华民国。在民国初期，社会在转型中持续动荡，之前清政府颁布的《保存古迹推广办法》随着清廷的覆灭成为一纸空文。本

[①] 刘守柔：《清末民国文化遗产保护的兴起与演进研究》，复旦大学2014年博士论文，第42页。
[②] 李建：《我国文物保护法制化的发端——论清末〈保存古迹推广办法〉及其历史作用》，载《山东大学学报（哲学社会科学版）》2015年第6期，第154页。

来就十分羸弱的法律保护环境顿时陷入了完全真空的状态，不少外国人趁机大肆盗掘、窃取中国文化宝藏，以各种借口偷送出国；不少国人也因贪图不菲的经济利益，偷盗、贩卖文物，助纣为虐。基于文化遗产保护的严峻形势，民国政府意识到，亟须制止或最大限度限制对文化遗产这一国家财富肆无忌惮地偷盗和破坏行为。于是，1916年10月，国民政府内务部颁布实施了《保存古物暂行办法》。该《暂行办法》开篇就痛陈中国文化遗产遭到任意毁坏以及大量散失的状况，[①]可以看出国民政府已意识到如若任由情况发展，中国的文化遗产将遭受严重损失乃至遗失殆尽，中华民族的文化命脉将受到根本冲击，因此，出台文化遗产保护专门法规势在必行。

该《暂行办法》主题词为"古物"，也同时开创了使用"古物"作为法律概念之先河，而后的民国时期的文化遗产法律保护都围绕该词展开。虽然在《暂行办法》中未涉及有关"古物"的内涵界定，但对"古物"的所涉范围进行了描述和规定。《暂行办法》共分5节，分别规定五大类文物的具体调查和保护措施。例如第1条针对"历代帝王陵寝和先贤坟墓"一类文物的具体保护措施，首先肯定了清朝留存下来的保护册结的调查摸底作用，要求地方政府根据调查结果"种植树株，围绕周廊"形成保护区域和隔离带，建立标牌说明，禁止在保护范围内砍柴割草。再如第2条对于"古代城廓关塞，壁垒岩洞"等的调查和保护，规定三种情况：一类"凡是名人遗迹"，与历史著名人物有关联的遗迹全部纳入保护范围；二类"有关地方名胜者"，各地区存世的著名风景地应由地方政府或社会团体筹资修葺，以传后世；三类"其于历代有关，足资考证者"，虽现已不存世，但历代有过记载的风景地经慎重调查考证确认后，也要求树碑纪念，避免淹没在历史长河之中。从调查和保护对象的五大分类情况来看，《暂行办法》为晚清《保护古迹推广办法》的延续和发展，但同时也具有创新性。主要体现在两个方面。一是在第4条，创新性地提出了对于"故国乔木"，即秦槐汉柏、古树名木的保护。虽然此类物种为自然物，非人造物。但由于长期与人类活动相关联，例如由历代名人栽种，

[①] 李晓东：《民国文物法规史评》，文物出版社2013年，第13页。

或生长于名寺古刹中。经过漫长的历史演变和发展，逐渐成为人类的精神寄托，成为文化载体，并与周围环境组成完整的人文空间。这在之后1928年颁布的《名胜古迹古物保存条例》中，也有继承和体现。其次，在第5条关于"金石竹木，陶磁锦绣，各种器物及旧刻书帖、名人书画"可移动文物的调查和保护规定中创新性提出了设置保存和陈列展示场所的规定，规定了遴选文物进入保存和陈列展示场所的标准，同时还规定了适当向公众收取参观费用，用于文物的征集和保管，解决了部分经费短缺问题。这是近代中国，首次在行政法规中规定设置诸如博物馆等保存和对公众陈列展示机构的必要性，以及相关具体设置措施和经费来源。除此之外，该《暂行办法》也有不足之处，例如第5条规定了对私人文物收藏的处理措施，《暂行办法》规定考虑到当时政府的财政状况，无法对私人收藏文物进行赎买，考虑禁止文物私人收藏，以杜绝文物的私自买卖交易，避免文物流失。在当时，禁止私人文物收藏在执法实践中是无法做到的。况且私自收藏大量珍贵文物的恰恰是国民政府的高级官员和跟国民政府勾连的商人、社会名流等，禁止他们收藏，文物一律充公，显然是不现实的。因此，《暂行办法》关于文物私人收藏的规定是不切实际，无法执行的。

除颁布实施《保存古物暂行办法》外，民国政府也在这个时期开展了一系列的文化遗产法制建设工作。由于民国初建，在文化遗产保护上投入的法律资源有限，因此只能以行政法规（训令）、地方性法规（训令）的形式来规范当时的文化遗产保护工作。尽管如此，还是有一些法律文件在我国文化遗产法律保护发展史上占有重要一席，例如《内务部1914年3月致河南民政长训令》《内务部1916年3月致各省民政长训令》《内务部为调查古物列表报部致各省长、督统咨》。[1]除中央政府的相关法规政令颁布实施外，地方政府对文化遗产保护进行了法规条例上的制定和颁布。例如1913年河南民政长训令颁布实施的《河南保护古物暂行规程》[2]，1916年为保护龙门石窟，河南省政

---

[1] 鲜乔蓥：《民国初期的文物保护政策与措施》，载《西华大学学报（哲学社会科学版）》2008年第2期，第46页。

[2] 任博韬：《民国初期河南文博事业概述》，载《中原文物》2015年第3期，第113页。

府制定颁布的《保守龙门山石佛条规》①。

  1917年至1929年，属于民国文化遗产法律保护的发展期。自1916年《保存古物暂行办法》颁布实施之后，为民国境内的文化遗产保护提供了法律依据，虽然限于时局动荡，军阀混战的现实环境，总体来看其执法效力、司法效果并不理想，但仍不乏保护拯救文物、制止文物盗卖外流的案例。例如，1918年内务部总长就禁止中外人等在北邙山一带挖掘古物致文河南省省长，该文开篇便引用了《保存古物暂行办法》中的第1条、3条。要求河南省省长转饬洛阳地方政府"严切查禁"中外人士出掘古物，私相售卖。同时要求结合地方性法规《保护龙门山石佛规条》的要求，增补石刻碑记的调查情况和拓印副本。再如，1918年内务部就不法商贩盗售四面刻佛古物致山东省省长一文，先是说明案情，再明示查办结果和处置方案，引用了《保存古物暂行办法》第3条，除将古物妥善保存外，另需拓印备案。同时"通令各县关于毁坏盗卖古物，一律严切查禁，以资保存"。要求地方政府严格执法，认真贯彻履行《保存古物暂行办法》，以便促进使用法律武器保护文化遗产的观念逐渐深入人心，使之成为捍卫国家宝藏、维系民族文脉的主要工具。与此同时，在这个时期，文物收藏机构、博物馆在法治维度下的逐步建立，为文化遗产法律保护提供了更为立体的保护框架。早在民国初年，内务部就开始筹建古物陈列所和筹组保存古物协进会，作为博物馆构成之先导，于1913年颁布实施了《古物陈列所章程》和《保存古物协进会章程》。而后在各类国家级博物馆的筹建过程中，各部又颁布了一系列部门规章，如内务部1914年颁布的《中华博物院组织大纲》、交通部1920年颁布的《交通博物馆章程》，还有教育部1927年颁行的《历史博物馆规程》等等。

  随着国民革命军第二次北伐的成功，1928年10月8日蒋介石在南京就任中华民国国民政府主席，12月28日张学良宣布归顺蒋介石，从而使中国完成了形式上的统一。由于战场胜利与军事态势向好，南京国民政府可以实施一系列的执政原则与方针。这一年的9月，南京国民政府内政部颁布实施了

---

①鲜乔蓥：《民国初期的文物保护政策与措施》，载《西华大学学报(哲学社会科学版)》2008年第2期，第49页。

《名胜古迹古物保存条例》。这一条例，是对《保存古物暂行办法》的一种继承和发展。该《条例》共11条，后附"名胜古迹古物调查表"。《条例》第1条规定了该条例的适用范围。第2条将保护对象划分为两大类，实际上将文化遗产分为不可移动和可移动两大类，这种分类方法沿用至今，奠定了中国文物法律保护的分类基础。《条例》第3条规定了省、市、县三级政府及职能部门的相应管理和调查职责。第4条集中具体规定了各类文物的具体保护方法和措施。该部分的规定并未与第2条规定的文物分类保护范围进行一一对应，而是将规定的重心放在属于不可移动文物大类上。第4条所规定的保护方法共5款，与1916年颁布实施的《保存古物暂行办法》中所规定的保护方法较为形似，但并没有之前《暂行办法》中所规定的细致和具体，而是作了一定程度上的简化和整合。第5条、6条规定市、县两级政府需组建专门职能部门保管辖区文物，并根据辖区实际情况，给予地方政府制定单行规则的权限。第7条规定了名胜古迹为建立保护区域而需要征收土地时需要依据的法律和必要流程。第8条、9条分别规定了针对涉事官员和犯罪人员的相关惩处条件和措施，特别是首次规定了涉事官员在文物保护工作中玩忽职守所需要承担的法律责任和后果，同时对毁坏、盗窃、诈欺或侵占文物等犯罪人员，将处以刑法中所规定最高刑罚的惩罚。第10条规定了在法律效力，也就是享有特殊地位的特别市，同样适用该《条例》。第11条规定了《条例》的施行起始时间。值得注意的是在《条例》附件里，专门有供各地名胜古迹古物调查之用的统一表格模板和填报要求和样例。虽然填报内容较为简要，但作为具有法规强制性的标准化格式普及全国各地，在文化遗产法律保护发展史上仍有重要意义。民国初年就对文物调查之事十分重视，早在1916年10月，内务部就为调查古物列表报部致各省长、都统。内务部为此还专门制定了调查表和说明书，是为中国近代史上首次法定文物普查。[①]其中涉及文物共计12类，在排列顺序上，虽然没有明确不可移动文物和可移动文物两大类，但实际上依然是按此两大类依次排列，即前面2类为不可移动文物，后10类为可

[①] 李晓东:《民国文物法规史评》，文物出版社2013年，第9页。

移动文物。而在《条例》中所涉文物共计13类，基本延续了1916年内务部训令的分类，增加了"湖山"一类，将"文献"改为"文玩"。

1930年至1946年期间，为民国实施文化遗产法律保护的成熟期。1930年6月，南京国民政府颁布实施了中华民国历史上唯一一部文化遗产保护法律——《古物保存法》。《古物保存法》共14条，第1条就对所谓"古物"进行了明确界定："本法所称古物，指与考古学、历史学、古生物学及其他文化有关之一切古物而言。"从该规定中，人们可以清晰地把握"古物"的内涵、范围和种类。比较而言，这里的"古物"概念与之前1928年颁布实施的《名胜古迹古物保存条例》中所界定的"古物"，已经出现了一些变化。《古物保存法》中的"古物"，应包含不可移动文物和可移动文物，而不单指可移动文物。该法还规定，"古物"的范围和种类，明确由"中央古物保管委员会"具体确定。笔者认为，这样的条文设计主要基于两点考虑，一是古物范围及分类的界定内容繁多，需要说明解释的地方较多，受法律篇幅限制，不宜在条文中出现详细的古物范围和分类，以及相关说明。同时涉及古物专业领域，界定耗时较为漫长。实际来看，《暂定古物范围及种类草案》于1935年5月才送至行政院，也说明了条文如此设计的必要性。二是专门负责全国古物保管、研究及发掘的"中央古物管理委员会"这一行政院直属机构，此时尚未组建就绪。直到1932年6月行政院颁布《中央古物保管委员会组织条例》，中央古物保管委员会才于1933年组建完毕，而在《古物保存法》条款中规定，必须由中央古物保管委员会主持，因此界定古物的范围和分类只能另行规定之。《古物保存法》第2条至第6条规定了公有文物和私有文物的保存和管理办法，明确了古物两大所有方（公有方和私有方）的权利和义务。其中有三点与之前的《保存古物暂行办法》和《名胜古迹古物保存条例》所规定有所不同。一是首次设置了中央、省市县、所在地三级保存机构；二是明确了教育部、内政部和中央古物保管委员会在文物保护中的主责地位，特别是中央古物管理委员会所扮演的重要角色，在第7条之后的条款中已有充分体现；三是规范了具有可操作性的私有文物管理和处置办法。除第9条规定了中央古物保管委员会的人员构成和组织要求外，从第7条到第12条规定了地下文物的国有属性、考古发掘工作的行为主体和授权模式，以及发掘所得文物的保存办法。第13条规定文物的内外流通的通用准则。第14条规定了实施起始日期。

1931年7月，行政院颁布《古物保存法施行细则》，共19条。第1条规定了公有文物"填具表册"的具体办法。第2条至第5条规定了私有文物"声请登记"的具体内容要求和递送规则、所有权转让规则，以及所有登记文物的具体修整办法和改变原状的前提要求。第8条至第13条详细规定了考古发掘申请内容要求、地下文物保存和登记要求、考古发掘监察要求、发掘现场保持要求，以及外国人参与中国境内考古发掘的具体方式。第14条规定了文物流通的限制以及相应处罚内容。第15条规定了名胜古迹的保存原则和因保护需要而征收土地的具体办法和法律依据。第16条规定了对不依法登记文物者的处罚。第17条规定了在文物保护工作中，中央政府赋予地方政府一定的自主权。第18条规定了登记、保护、奖励、发掘等文物工作中所涉及的规则和簿册式样由中央古物保管委员会制定。第19条规定了《细则》的施行起始时间。1935年5月，中央古物保管委员会草拟订呈送《暂定古物范围及种类草案》。该《草案》共有两部分组成。一部分规定了古物的范围，具体有两个界定标准方向：一个是基于《古物保存法》关于"古物"的界定范围；另一个是以"时代久远者""数量寡少者""有科学的、历史的或艺术的价值者"，由这三个维度上的界定构成的标准框架进行界定和判断。另一部分规定了古物的种类，即界定为古物的物件，具体分为12种类。颇为引人注目的是，在1928年颁布实施的《名胜古迹古物保存条例》中，史前遗迹类、建筑物类等属于"名胜古迹"不可移动文物，在该《草案》中被划入了"古物"范畴。而在《名胜古迹古物保存条例》中出现的"湖山类"与"植物类"，并没有继续留在本次《草案》之中，标志着"自然物"不再因人为因素或具有文化关联性而单纯归类于文化遗产。对于组织管理，根据《古物保存法》第9条第2项之规定，1932年6月公布了《中央古物保管委员会组织条例》，对《古物保存法》中最核心的主要职能机构——中央古物保管委员会——的组织建构和运行职能进行了具体规定。条例共14条，其中第2条规定了中央古物保管委员会的行政隶属序列，该机构为行政院直隶单位。同时规定了该委员会的主要职能，即"计划全国古物古迹之保管、研究及发掘事宜"。第3条至第12条规定了该委员会的人事和机构组织的相应职能。中央古物保管委员会于1934年7月在行政院正式成立。之后，立法院于1935年11月修正了该委员会的组织条例。主要修正内容：一是修改了委员会的人员构成方式，改由内政部次长为主席委员，其成员包括古物专家四人至七人、教育部和内政部代表各二人、国立中央研究院和国立北平研究院代表各一人，实际上是提高了中央古物保管委员会的行政级别。二是压缩合并了原条例中的第3条至第7条之内容。至此，形成了完整意义上的《古物保存法》法律保护框架。

在这个时期，除了以上法律法规外，《古物保存法》中有关考古发掘和文物流通环节的法规也得到了完善。1935年3月，行政部陆续颁布了《采掘古物规则》《外国学术团体或私人参加掘采古物规则》《古物出国护照规则》。根据《古物保存法施行细则》第18条的规定，关于古物登记、保管、奖励、采掘之规则由中央古物保管委员会定之，而《采掘古物规则》是我国近代史上第一个规范考古发掘活动的专门法规。《外国学术团体或私人参加掘采古物规则》这一法规，旨在进一步细化与规范外国学术团体或私人参加中国境内考古活动的行为。《古物出国护照规则》同样也在我国近代文物流通管理方面占据重要位置，成为中央政府首个规范文物进出口的专门性法规。

1947年元旦，由国民大会制定的《中华民国宪法》正式颁布。这部宪法较为重视对文化遗产的保护，在该宪法第十三章"基本国策"的"教育文化"一节（第五节）中，即第166条明确规定："国家应奖励科学之发明与创造，并保护有关历史文化艺术之古迹、古物。"在"基本国策"章中作出这一规定，显示国民政府将以基本国策的地位来对待文化遗产保护工作，说明文化遗产保护具有很高的宪法地位。当然，也可以说，这部《中华民国宪法》对保护文化遗产的规定，也是对过去历年来逐步建立和实践的文化遗产法律保护进行的一个宪法总结。

三、新民主革命时期中国共产党的文化遗产法律保护

新民主主义革命以来，中国共产党以独立的革命政党身份登上中国历史的大舞台，带领中国人民开创了中国革命的新道路。早在建立红色革命根据地和边区政府的时候，中国共产党就已开始重视文化遗产的法律保护，制定了一系列旨在保护民族文化遗产的训令、规定、办法，为新中国成立后的文化遗产法律、法规建设提供了重要的立法参考。例如，1939年11月，陕甘宁边区政府颁发了《给各分区行政专员各县县长的训令》；1948年7月，晋冀鲁豫边区政府制定颁行了《晋冀鲁豫边区文物征集保管暂行办法》；1948年11月，华北人民政府颁行了《关于文物古迹征集管理问题的规定》，以及1949年1月颁发《为保护各地名胜古迹、严禁破坏由》训令等等。[①]

[①] 刘建美：《民主革命时期中国共产党文物保护工作的历史考察》，载《党史研究与教学》2009年第1期，第58页。

第二节
新中国前30年文化遗产的法治保障

本节[1]主要以新中国前三十年的发展历程为脉络,将文化遗产法治保障的进程,划分为三个历史阶段,即新中国成立和社会主义建设初期(1949—1956年)、社会主义道路艰辛探索时期(1957—1965年)、社会主义建设曲折发展时期(1966—1976年)。

一、新中国成立和社会主义建设初期(1949—1956年)

新中国成立和社会主义建设初期,即指新中国成立到社会主义改造完成阶段。在此时期,国家百废待兴,时局急需稳定,需要尽快建立新型的社会主义生产关系和国家制度,而新中国的法制建设亦成为一项重要内容。在此背景下,中央人民政府(政务院和相关部委)开始注意对文化遗产的法律保护,主要是通过行政法规、部门规章和规范性文件形式对文化遗产相关活动进行约束和规范。例如,在1950年5至7月,中央政府密集出台了一系列针对物质文化遗产保护的法律文件,如《禁止珍贵文物图书出口暂行办法》《古文化遗址及古墓葬之调查发掘暂行办法》《关于征集革命文物的命令》《中央人民政府关于保护古文物建筑的指示》《关于管理名胜古迹职权分工的规定》《关于地方文物名胜古迹的保护管理办法》《地方文物管理委员会暂行组织通则》。这些法规明确了中央各部委在文化遗产保护领域的权责划分,地方性物质文化遗产的分类、保护方法、相关方的权利和义务,以及规范了地方性文

---

[1] 新中国前三十年文化遗产保护法律、法规、部门规章以及规范性文件名称及文本见国家文物局编:《中国文化遗产事业法规文件汇编》,文物出版社2009年,不再另注。

化遗产管理机构的组织方式、经费来源、工作任务、分工和权限等。

随着国内社会主义改造和建设的不断深入，原文化部于1951年10月颁布的《中央人民政府文化部对地方博物馆的方针、任务、性质及发展方向的意见》，将民国时期的旧式博物馆进行改造，对新型博物馆的主要任务、改造或筹建标准、陈列内容都进行了规定，以适应社会主义的先进文化展示和传播活动。这也是新中国成立后第一部有关博物馆建设的行政法规。与此同时，国内日益高涨的生产建设与文化遗产保护之间的矛盾和冲突，在全国部分地区逐渐显现和扩大，在王运良的《中国"文物保护单位"制度研究》（复旦大学，2009年）一文中，就列举国民经济恢复时期（1950—1952年）有较大全国影响的文物损坏事件共19件，而在第一个五年计划（1953—1957年）期间，更是发生了53件之多，可见当时文化遗产保护形势十分严峻。因此，1953年10月，中央人民政府政务院颁布了《关于在基础建设工程中保护历史及革命文物的指示》，1956年4月，国务院又发布了《国务院关于在农业生产建设中保护文物的通知》，以及同年9月原文化部、全国供销合作社共同发布了《文化部、全国供销合作总社关于加强保护文物工作的通知》等，力求解决上述问题。

二、社会主义道路艰辛探索时期（1957—1965年）

其间，在文化遗产的法律保护方面，有四个重要的法律文件颁行。

一是1960年由原文化部、对外贸易部颁行的《关于文物出口鉴定标准的几点意见》。该意见中最值得重视的规范有两点：一是公布了较为体系化的《文物出口鉴定参考标准》，共涉及21大类、75小类文物；二是分别划定了两种不同年限即1795年以前和1911年以前的文物，均禁止出口。该标准的出台，为文物法定价值判定提供了较为翔实的评判标准和依据。它不仅针对文物出口进行限制，在实际操作层面也对文物的有效分类鉴别和保护提供了法定依据。同时该法规还是新中国成立后首次提出"文物"这一主题词的内涵，即"文物本身所具有的科学、历史、艺术价值"。而在1961年颁布的《文物保护管理暂行条例》，以及1982年通过的《文物保护法》中，也沿用了这一内涵表述，即"具有历史、艺术、科学价值的文物"。

二是1961年国务院颁布实施的《文物保护管理暂行条例》。该条例共18条款。在1982年颁布《文物保护法》以前，它一直被用来充当文化遗产保护专门法的角色。《条例》的第1条规定了国家在文化遗产保护工作中的保护义务。国家对处于中国境内的一切具有历史、艺术、科学价值的文物由国家保护，各级人民委员会（政府）对于辖区内的文物负有保护职责。一切现在地下遗存的文物，归国家所有。在《条例》第2条关于受国家保护的文物范围和分类上，该条例基本奠定了现行《文物保护法》中文物保护的范围和分类体系。在1982年颁布的《文物保护法》中，更是基本沿用了该条例第2条的表述。《条例》的第3条，规定了各级政府文物保护的专门职能部门组建标准和职责内容。《条例》第4至7条特别规定了各级文物保护单位的分级申报认定流程、相关职责内容，如何处理建设规划、工程设计与文物保护单位之间的关系，以及具体执行流程。其第8至10条规定了考古发掘工作与建设工程之间的关系，以及具体执行要求、流程和相关费用来源。其第11条、12条，则规定了文物保护单位修缮和利用方面的要求和原则。其第13条和第14条分别规定了文物商业和出口方面的管理要求。其第十五条规定了相应的奖惩措施，以及认定标准。其第16条至18条规定了各级相关职能部门对于该条例的执行细化权力和实施期限。

三是1961年国务院颁布的《关于公布第一批全国重点文物保护单位名单的通知》。该名单与上述《文物保护管理暂行条例》同日颁布。根据该通知，第一批全国重点文物保护单位6大类、共计180处。在该通知中，国务院特别要求各级相关政府职能部门根据《文物保护管理暂行条例》的规定，切实做好"国保单位"的"四有工作"，即划定保护范围，作出标志说明，建立记录档案和设置保护专门机构或者人员。

四是1963年原文化部颁发的《文物保护单位保护管理暂行办法》。该办法的颁布实施，是对《文物保护管理暂行条例》中有关文物保护单位条款的补充和细化，为如何保护、管理文物保护单位提供了法律依据和具有实际操作意义的规范措施。该暂行办法共10条，主要涉及文物保护单位保护、管理的工作职责，即做好上述"四有工作"；协调好建设规划与文物保护单位之间的关系;开展文物保护科学研究和实践工作;加强宣传和介绍工作。同时,该暂行办法主要在第4条至第8条中对"四有工作"的具体形式和内容进行了详尽的描述和规定。

三、社会主义建设曲折发展时期(1966—1976年)

在"文化大革命"期间,文化遗产遭到严重破坏,文化遗产保护事业遭到严重挫折。面对严峻的形势,党中央、国务院制定颁布了一系列保护文化遗产的规范性文件。例如,1967年3月,中共中央、国务院、中央军委颁布的《关于保护国家财产,节约闹革命的通知》,提到对文物要加强管理和保护工作,"不许随意处理和破坏";在中共中央1967年5月发布的《关于在无产阶级文化大革命中保护文物图书的几点意见》中,规定了在"无产阶级'文化大革命'"中可能遭到破坏的各类文物如何分类保护的措施;为了规范考古发掘工作和保护出土文物免遭破坏或被占为己有,1973年8月,国家文物事业管理局发布了《关于进一步加强考古发掘工作的管理的通知》。1974年8月,国务院也发布了《关于加强文物保护工作的通知》。在规范文物商业流通方面,1973年10月,国家文物事业管理局颁布了《关于严禁将馆藏文物图书出售作外销商品的通知》;1973年11月,对外贸易部、商业部、国家文物事业管理局三部委联合颁布了《关于加强从杂铜中拣选文物的通知》,以及1974年12月外贸部、商业部、文物局三部委联合颁布了《关于加强文物商业管理和贯彻执行文物保护政策的意见》。

可以注意到,新中国成立前三十年的文化遗产法治实践对规范文化遗产保护起到了实际作用。如《文物保护管理暂行条例》《文物保护单位保护管理暂行办法》等都是这一历史时期较为重要的行政法规和部门规章。这些法律文件的出台为切实保护文化遗产提供了法律与制度上的保障,也为这一时期我国文化遗产保护实践提供了基本的法律依据。同时也要注意到,这段时期并未出台专门针对文化遗产保护的法律,通常以行政法规和部门规章来规范文化遗产保护行为,造成文化遗产保护立法等级不高的情况。其中很多文件的出台都是事后救济,预防性较差,缺乏建立长效的预防机制。

第三节
改革开放后中国文化遗产的法治保障

1978年,党的十一届三中全会胜利召开。这次会议冲破了长期"左"的错误和严重束缚,作出了将全党的工作重点和全国人民的注意力转移到社会主义现代化建设上的战略决策,施行"对内改革,对外开放"政策,开创了新的历史时期,由此中国步入改革开放的新时期。在此时代背景下,中国文化遗产的法律保护和法制建设逐步发展完善,文化遗产法治建设不断进步。经过四十年的努力,建立起了较为系统、较为全面的文化遗产法律体系。在此,笔者将近40年来的发展历程分为恢复期(1978—1981年)、开创期(1982—2001年)、发展期(2002—2010年)、完善期(2011年至今)四个主要历史阶段,将不同时期的文化遗产法制建设置入当时的社会发展大背景之下进行考察。

一、恢复期(1978—1981年)

在1978年党的十一届三中全会以后,全国文物保护工作重新回到正常轨道之上。1979年6月,由国家文物事业管理局发布了《省、市、自治区博物馆工作条例》。在1979年7月颁布的《刑法》中第173条规定了对盗运珍贵文物出口行为的刑事处罚和不同量刑规定,第174条规定了对破坏国家保护的珍贵文物、名胜古迹行为的刑事处罚条款。1980年,国务院发布了《国务院关于加强历史文物保护工作的通知》。通过笔者的观察和统计,国务院发布的关于加强文物保护工作的指示、通知或指导意见至今共有8次[①]。基本上是每间隔10年左右国务院就会发布这一类高级别的规范性文件。而1980年发布的《通知》是改革开放以来，国家建设回到正常轨道后发布的首个指导全国文物保护工作的规范性文件。

二、开创期（1982—2001年）

1982年无疑是当代中国文化遗产法治史上最为重要的年份之一。这年11月，第五届全国人大常委会第二十五次会议通过了《文物保护法》。这是新中国成立后第一部文化遗产保护方面的专门法律，从而结束了新中国成立后33年没有文化遗产保护专门法律的历史。这标志着，文化遗产保护法制建设步入了新阶段。《文物保护法》以1961年颁布实施的《文物保护管理暂行条例》为基础，增加了"私人收藏文物""馆藏文物""奖励与惩罚"等章节。在"总则"和"考古发掘"等章节中调整和增补了一系列条款。修改和补充的内容主要有以下八个方面。

第一，规定了文物所有权的归属分类问题，分别明确了国家、集体、公民作为所有权主体所对应的文物种类，以及以上主体所拥有的相应权益。在总则第4条中规定了所有权归国家所有的文物种类，即位于地下、内水和领海三个地理位置中处于遗存状态的文物，古文化遗址、古墓葬、石窟寺等大型不可移动文物，经过国家指定的纪念建筑物、古建筑、石刻等类型的不可移动文物，一切公有制企事业单位、军队收藏的可移动文物和所管理的不可移动文物。第5条规定了所有权归集体和公民所有的文物种类，即纪念建筑物、古建筑和传世文物。同时该条还规定了集体和公民文物所有权受法律保护，同时须根据法律规定履行相应保护管理义务。该部分的修改和补充内容主要有以下两个方面的特点。一方面明确了文物所有权各自主体所对应的文

[①] 分别是1961年《关于进一步加强文物保护和管理工作的指示》、1974年《关于加强文物保护工作的通知》、1980年《关于加强历史文物保护工作的通知》、1987年《关于进一步加强文物工作的通知》、1997年《关于加强和改善文物工作的通知》、2005年《关于加强文化遗产保护的通知》、2016年《关于进一步加强文物工作的指导意见》、2018年《关于加强文物保护利用改革的若干意见》。

物类别。为依照法律鉴别文物所有权属性提供了法定依据。另一方面首次承认了集体和私人的文物所有权，且受法律保护。但鉴于文物的特殊性质和公益属性，规定了集体和公民行使所有权的有限性。

第二，规定了全国文物行政管理体系构成。在总则第3条规定了全国文物行政管理机构体系的构成。主要有三层含义：一是明确国家层面上的全国文物行政管理工作由国家文化行政管理部门主管，即国家层面的文物行政管理权（执法权）由国家文化行政管理部门行使。二是明确地方各级人民政府负责本行政区域的文物保护工作，明确地方各级政府的文物保护责任。该层次又可以从两个方面来理解，一方面是赋予了地方各级政府对辖区文物的行政执法权；另一方面是各级人民政府承担辖区文物保护义务。三是对辖区内文物较多的各级行政区域，可以设立专门的文物保护管理机构行使保护职责。这一层含义可以从两个角度解释，第一个角度是针对辖区文物较多的情况，授予地方设立文物专门管理机构的权力；第二个角度是对于辖区文物较少的行政区域，不必统一设置相关专门管理机构，以节约有限的行政资源。

第三，是法定文物保护经费来源。长期以来，在中央和地方预算中，并没有相应的保护经费项目，这直接导致文化遗产保护经费得不到长效保障，与文化遗产保护有关的巡察、调查、发掘、保存、修复等工作开展不畅甚至无法开展。在该版《文物保护法》第6条规定：文物保护管理经费纳入中央和地方的财政预算。该条款首次在法律层面明确了文化遗产保护经费的来源问题。当然这只能是解决了文化遗产保护经费固定来源的问题，但对基数、执行质量等问题上并没有进一步的规定，这也是改革开放初期，全国政府财政捉襟见肘的实际情况所决定的。

第四，优化文物保护单位管理制度。该版本《文物保护法》基本沿用了《文物保护管理暂行条例》中有关文物保护单位的相关规定，并对其进行了优化和完善。例如在《文物保护管理暂行条例》第7条规定如遇建设工程需对文物保护单位进行发掘或迁移时，建设部门根据文物保护单位级别与辖区人民政府（人民委员会）达成一致后，方可动工修建。如没有取得一致的情况下，报请上一级人民政府决定。该规定忽视了文化行政管理部门在有关不可移动文物安全的重大事项上的专业作用,造成了文化行政管理部门的监管缺位。因此在该版《文物保护法》中第13条中则规定遇到前述情况,细化成两种处理办法。一是除全国重点文物保护单位外的文物保护单位需要拆除或迁移时,应根据文物保护单位的级别,征求该级人民政府和上一级文化行政管理部门同意。二是全国重点文物保护单位的迁移或者拆除,由省级人民政府报国务院决定。这两种设置强化了文化行政管理部门在有关不可移动文物安全的重大事项上的监督权和审批权,同时为避免文化行政管理部门因财政权、人事权受同级政府影响而无法有效行使监督权和审批权,规定由上一级文化行政管理部门行使相关权力。

第五,创立历史文化名城制度。该版《文物保护法》中第8条规定了对于富有重大历史价值和革命意义的城市,由国务院核定公布为历史文化名城。该条规定开启了我国法律保护不可移动文物的新阶段。创建该制度主要有两方面的原因。一方面是由于城市不仅仅只是一栋建筑、一组建筑群,而是由众多建筑和街道交错构成,由大量人口生活和生产活动而形成的聚落区域。保护历史文化城市,更多的是要保护城市的历史风貌和文化氛围。改革开放以来,随着现代化城市建设的不断开展和深入,原有的旧城生存空间遭到严重挤压,许多历史建筑或是街道被同质化的现代城市建筑所代替,城市的历史风貌遭到严重破坏,延续百年的"城市基因"戛然而止。另一方面是来自国际影响,对于文化历史城市(地区)进行整体保护的理念逐渐成为共识:1964年"国际文化财产保护与修复中心"通过《国际古迹保护与修复宪章》(或称《威尼斯宪章》)。首次提出了保护文物建筑周边环境的整体保护理念。1977年国际建筑师协会发表的《关于历史地区的保护及其当代作用的建议》(或称《马丘比丘宪章》)中提出把保护对象延伸至设计优秀的当代建筑,在保存好城市历史遗迹和古迹的同时,还要继承一般的文化传统,使城市基因得到真正传承。[①]在域外文化遗产保护立法实践中,日本和法国等国已将历史建筑保护区概念纳入自己的文化遗产保护法律中,并得到有效的实践验证。

[①] 李军:《中国历史文化名城保护法律制度研究》,重庆大学2005年博士论文,第3页。

至此，不可移动文物的整体性保护理念开始在我国的文化遗产立法中得到实际应用和具体体现。

第六，规范细化考古发掘活动。虽然在《文物保护管理暂行条例》第8、9、10条对考古发掘活动进行了相关规定。该版本《文物保护法》中专设一章规定考古发掘活动，共6条，其中规定了考古发掘活动主体资格、调用出土文物的审批程序、考古发掘活动审批程序、工程中发现埋藏文物情况的处理办法和权限设置、配合工程建设的考古发掘活动执行程序和相关情况处理办法、与工程建设相关考古发掘活动经费来源以及外国人参与国内考古发掘活动的限制要求。这为有效保护地下遗存文物起到很好的指导作用。

第七，新增对于私人收藏文物规定。在之前的《文物保护管理暂行条例》中并没有涉及对于私人收藏文物的规定。该版本《文物保护法》首先在第5条规定公民享有有限的文物所有权，即允许私人收藏文物。该条款为进一步规范私人收藏文物行为，专门设置"私人收藏文物"章节。本章节由三个条款组成。第24条规定了私人对于文物的有限出卖权，即只能通过文化行政管理部门指定的单位收购私人收藏文物。例如国有博物馆、美术馆、国有文物商店等。第25条规定了私人收藏文物的交易规则，不能倒卖牟利；限制了私人收藏文物的售卖对象，不能私卖给外国人。第26条有两个方面的规定，一方面是在银行、造纸厂、废旧物资回收部门里发现的私人废弃物被鉴别为文物的，银行等机构需要出让所有权，由文化行政管理部门行使管理权和处置权。与此同时，在出让过程中，需要合理估价，给予出让方应有的经济补偿。另一方面，由公安、海关和工行管理等执法部门依法剥夺私人所有权的文物，由文化行政管理部门行使管理权和处置权。

第八，细化奖励与惩罚制度。在《文物保护管理暂行条例》的第15条中简要规定了文化遗产保护的相关奖励和惩处条款，作出了原则上的规定，对于相关行为对应的奖励和惩罚类别及程度并没有详细说明。而在该版本《文物保护法》中，从奖励、行政处罚和刑事处罚三个方面进行了较为详细的规定，并单独成章。奖励（第29条）分为七种情况，奖励主体可以是集体或是个人。行政处罚（第30条）分为三种情况，处罚方式主要以警告、罚款和追缴没收为主。刑事处罚（第31条）分为四种情况。虽然对处罚行为进行了规定，但并没有明确具体刑罚规定。

总体来看，1982年的《文物保护法》在之前《文物保护管理暂行条例》基础上增加了近一倍的条款，并构建了一直沿用至今的法律章节的基本框架。相关条款都针对法律层面的规范作用进行了重新梳理和表述，针对改革开放以来在文化遗产保护中出现的新问题、新情况进行了规范性回应，相比其他文化遗产大国来看，我国就文化遗产领域单独立法时间较晚，立法水平不足，执法实践和司法保障比较欠缺，但该法的创制解决了我国文化遗产专门法律从无到有的问题，使我国文化遗产法治保护迈上了新台阶。

紧接着，在1982年12月，第五届全国人民代表大会第五次会议通过了《中华人民共和国宪法》，即至今仍然使用的"八二宪法"。在这部宪法的第22条，对文化遗产保护作出了明确的规定："国家保护名胜古迹、珍贵文物和其他重要历史文化遗产。"这就为中国保护文化遗产的法治建设奠定了不可缺少的宪法基础。

在上述宪法规范以及《文物保护法》的引导与规制下，中国文化遗产的法治保障不断取得新的进展。1985年11月，第六届全国人大常务委员第十三次会议批准加入《保护世界文化和自然遗产公约》（1972年），中国正式成为该公约的缔约国。1987年国务院发布《关于进一步加强文物工作的通知》，对《文物保护法》颁布以来的实施情况进行了梳理和总结。全文共8次提及《文物保护法》，基本覆盖各章节。1989年9月，国务院核准接受了《关于禁止和防止非法进出口文化财产和非法转让其所有权的方法的公约》。更重要的是，1991年6月29日，第七届全国人大常委会第二十次会议通过了修改《文物保护法》第30条、第31条的决定。这是该法的第一次修改。随后在1992年4月，国务院发布实施《文物保护法实施细则》。1997年3月，国务院发布《关于加强和改善文物工作的通知》。该文件总结了一段时间文物工作中的新情况和新问题，从建立适应的保护体制、做好文物抢救和保护工作、发挥文物作用、加强文物市场管理、强化执法力度和加强队伍建设六个方面做了具体要求。1997年3月，第八届全国人民代表大会第五次会议通过刑法修正案，修订了《刑法》相关条款，主要是对文物走私、盗窃珍贵文物、故意或过失损毁珍贵文物、非法交易、法人违法等犯罪行为进行了界定，并规定了相应的刑事处罚。1999年，第九届全国人大常委会第十二次会议决定批准《关于发生武装冲突时保护文化财产的公约》，承允在非常状态下对文化财产的尊重和保障。

三、发展期（2002—2010年）

2002年10月28日，第九届全国人大常委会第三十次会议修订通过了新的《文物保护法》。经过近20年的实践，原有《文物保护法》已经不能适应新的文化遗产保护需要，必须对其进行一次较为全面的修订。新修订的法律，条款数从原来的33条增至80条，增幅达140%。该版本的《文物保护法》主要有六个方面的重大变化。

一是法律条文框架的变化。本次修订虽然在章节数量上与之前版本保持一致，但在章节命名上进行调整。将第二章"文物保护单位"改为"不可移动文物"；将第五章"私人收藏文物"改为"民间收藏文物"；将第六章"文物出境"改为"文物出境进境"；将第七章"奖励与惩罚"改为"法律责任"。以上修改主要呈现两种趋势。一方面是扩大法律适用范畴。第二、五、六章都是扩大了相关主题的范畴。各级"文物保护单位"只是"不可移动文物"的一部分，而将本章改为"不可移动文物"，将法律适用范围从之前的国家享有所有权的文保单位扩大至全部不可移动文物，包括了所有权的全部主体类别，开创了针对不可移动文物新类别的制度设置。再如原先的"私人收藏文物"并没有规范法人和其他组织享有所有权的文物的情况，而本次修订将这个情况纳入规制范围内，从而扩大了《文物保护法》的适用范围。原先的"文物出境"主要限制文物流出海外的情况，有效监管珍贵文物出境情况。随着中国改革开放的不断深入，国际交流与日俱增，国外文物入境进行展览的情况增多，为规范临时入境文物相关审核和查验程序，将单一的"文物出境"改为"文物出境进境"。另一方面是强化对文物违法犯罪的相关规定，加大惩处力度。原有的"奖励"部分移至总则第12条，将第七章单独作为"法律责任"的章节。

二是文化遗产权利的延展。首先随着中国改革开放的不断深入，随着对外交流的扩展，国外文化遗产保护的理念逐步进入国内，部分公民、法人和其他组织开始关注文化遗产保护。文化遗产保护不单是国家和政府的事情，同时需要社会力量的积极参与。因此该版本总则第10条第3款规定国家鼓励和支持通过捐赠等方式设立专门的文物保护基金用于文物保护。虽然捐赠的方式还属于比较初级的社会力量介入文化遗产保护实践的方式，但却开创了社会力量加入文化遗产保护实践的新方式，从而从一个侧面确认了公民、法人和其他组织所享有的文化遗产保护权，有权参与到文化遗产保护事务中，发挥重要作用。同时在总则第11条中规定了国家鼓励文物保护科学研究，增强全民文化遗产保护意识，这也说明公民、法人和其他组织享有文化遗产保护权。其次在不可移动文物章第25条规定了非国有不可移动文物允许转让、抵押和改变用途的前提条件和相关限制。从另一个角度看，公民、法人和其他组织对所有的非国有不可移动文物拥有有限的处置权。再者在馆藏文物章第40条规定要文物收藏单位（包括非国有文物收藏单位）充分发挥藏品作用，通过展览和科学活动宣传历史文化和革命传统。公民、法人和其他组织可以通过拥有所有权的文物收藏单位，通过举办展览和科学活动等形式行使文化遗产传播权。还比如民间收藏文物章第50条规定了公民、法人和其他组织可以通过合法渠道获得文物的权利，并依法享有流通权，意味着可以在法律规定的范围内，公民、法人和其他组织所有的文物可以进行所有权的转移。根据本章第53和54条规定了公民、法人和其他组织可以依照法定程序，开设文物商店和文物拍卖企业。因此公民、法人和其他组织在法律规定的范围内获得了有限的文物经营权和获益权。总体来看，相较之前，本次修订大大扩宽了文化遗产权利的外延，使公民、法人和其他组织通过合法途径能更多地参与和涉足文化遗产相关事务，增加了民众力量在文化遗产保护事业中的分量。

三是不可移动文物保护制度的完善。本次修订第14条规定，除保有原来国家级历史文化名城核定制度外，将历史文化街区、村镇纳入不可移动文法律保护范畴，建立省级历史文化街区、村镇核定制度。这标志着我国在不可移动文物保护理念更新得到了法律层面的固化。自1982年之后长达20年的时间里，原第8条是唯一一条有关不可移动文物群落整体保护的规定。有关历史文化名城核定制度的规定比较笼统，没有更"小颗粒度"的保护区域规定形成有效支撑，造成了对传统街区和村落整体性保护法制措施上的缺项，对其重要性并未形成有效意识和共识。我国拥有数量庞大的历史文化街区、村落，它们是组成城镇的基本单位。随着现代社会的不断侵蚀，经济增长和改变生活方式的内在需求对传统街区和村落造成了巨大压力，许多历史悠久的传统街区、村落因现代化建设正在不断消失。这也意味着传统城镇的风貌和文化空间遭到毁灭性破坏。从国外立法经验来看，早在20世纪六七十年代，法国、日本等国就开始就街区、村落整体保护进行了立法设置。同时经过数十年的实践发展，实施效果良好，这些国家的传统街区和村落都得到整体保护，城镇的历史文化特性、风貌、文化空间因此得到良好的保持，能够留存至今，保持着应有生机。这不仅有效消解了现代化建设带来的巨大压力，同时也有效整合了当地居民改善生活的内在需求，化解了文化遗产保护与居民生存发展的矛盾。与此同时，本章第20条对在城乡基本建设中的不可移动文物保护进行了更为细致的规定。分为三个层次，第一个层次是制定现代建筑选址避开不可移动文物原则。第二个层次是无法避开则采用原址保护措施。第三个层次是无法实施原址保护，必须拆除迁移的，则采取分级制度进行后续实施：一般不可移动文物拆除迁移报省级文物行政部门审批，省级不可移动文物拆除迁移报国务院文物行政部门审批，全国重点文物单位只能迁移，不得拆除，报国务院审批。本次修订还对国有不可移动文物其他用途报批制度（第23条）、防止不可移动文物流失（第24、25条）、不可移动文物使用制度（第26条）进行了新的规定。

四是馆藏文物保护制度的加强。本次修订对馆藏文物保护管理制度条款有大幅度增补，由原有的2条大幅增至14条。条款内容主要涉及文物档案制度（第36条）、收藏单位文物取得方式（第37条）、收藏单位法人代表安全责任制度（第38条）、分级调拨制度（第39条）、展览分级报批制度（第40

条)、国有收藏单位藏品交换制度(第41条)、文物调拨、交换、借用补偿制度(第43条)、防止国有收藏文物流失规定(第44条)、文物修复制度(第46条)、防火安全制度(第47条)、文物损毁核查制度(第48条)、防止职务侵占规定(第49条)等。本次修订还将非国有收藏单位纳入规范主体范畴,凡是没有特指"国有文物收藏单位"的条款,作为"文物收藏单位"的"非国有文物收藏单位"都应遵守其规定。对"非国有文物收藏单位"的规定是首次出现在《文物保护法》中。这说明随着经济社会的不断发展,有更多的主体加入文化遗产相关事务中,虽然其目的各异,但客观上促进了文化遗产的保护。为进一步规范数量日益增加的非国有文物收藏单位的运营行为,将"非国有文物收藏单位"纳入《文物保护法》的规范范畴中。

五是文物出入境制度的细分。首先制定了严格的文物出境许可制度,防止珍贵文物流失海外。同时随着国际文化交流的日趋平凡,对临时入境的文物制定了审核和查验制度。原先的本章内容较为笼统,采用"一刀切"的方式:凡是拥有重要艺术、历史、科学价值的文物,除国务院特许外,一律禁止出境(第28条)。这样的规定显然与日益频繁的国际文化交流趋势格格不入,为对外文化交流与文明互鉴造成了制度阻碍,同时也增加了不必要的行政资源投入和成本付出。因此在本次修订中,大幅度细化了文物出境制度。既能防止国家重要文物不流失海外,也能够为正常的国际文化交流活动提供相应的制度保障。例如本章第62条就做了更为细致的规定:一是凡是文物出境展览须报国务院文物行政部门批准。二是一级文物超过一定数量,须报国务院批准。三是进一步规定到一级文物中的易损品和孤品禁止出境展览。显然本条规定比之前的条文规定更为细致和合理。

六是法律责任的明晰。在本次修订中,重点对有关文物违法行为进行了重新梳理,在原有条文的基础上,大幅增加了条款数量,由原来的3条大幅增至16条,同时细分了违法行为及相应的处罚规定。(1)加强与刑法条款的衔接,专门将涉及文物刑事违法犯罪行为的八种行为形成专条加以规定(第64条)。(2)增加和补充应受行政处罚的行为界定,加强了处罚力度(第65条至第69条、第70条至第74条),分别涉及不可移动文物不法行为、文物收藏单位不法行为、走私文物、非法经营拍卖文物、藏匿文物等违法行为。在修订之前的版本中，并没有明确具体处罚形式和罚款额度，本次修订对相关条文进行了具体规定，使法条规定之内容更具实施操作性。(3)设置专条对"责令改正"的违法行为进行了规定（第75条）。(4)对专门就文物工作相关人员，即文物行政部门、收藏单位、购销经营单位、拍卖企业等机构的工作人员涉及文物违法行为进行了规定，主要处罚形式有行政处分和刑事处罚二个等级。可以看出，本次修订针对不同类型的违法行为分别进行了处罚规定，一方面是因为随着计划经济制度的逐步退出，市场经济的不断发展，文物违法行为的种类和形态增多，需要在立法保障首先作出及时回应，对之前不太细致的法律责任界定和惩罚规定进行重新整理和增补，以期有效震慑文物违法人员和惩治文物违法行为，为文化遗产法治保护形成更为有效的立法保障，为法律实施保障提供具有更具可操作性的法律依据。

2003年，根据全新修订的《文物保护法》，国务院颁布《文物保护法实施条例》(2003)。2004年8月，第十届全国人大常委会第十一次会议决定，批准联合国教科文组织的《保护非物质文化遗产公约》。两年后，原文化部就制定了《国家级非物质文化遗产保护与管理暂行办法》，设立了国家级非物质文化遗产项目保护单位制度、国家级非物质文化遗产项目代表性传承人制度等。这为后来《非物质文化遗产法》的出台，做了一定的制度准备。2005年12月，国务院再一次发布《关于加强文化遗产保护的通知》。该通知首次从法律层面定义了文化遗产的范围和分类，认为不论是物质文化遗产还是非物质文化遗产，都应予以保护。2006年12月1日，《长城保护条例》(2006年9月20日国务院第150次常务会议通过)开始施行。该条例是中国第一个针对世界遗产保护的专门性行政法规。该条例共31条，涉及长城的保护范围和保护原则、各行为主体的保护义务和权责划分、禁止性事项、违反该条例所应承担的法律责任等等。2007年12月29日，第十届全国人大常委会第三十一次会议又一次通过修订《文物保护法》的决定。在第一次全面修订之后不过五年时间，《文物保护法》再一次被修改，共涉及3个条款，主要是进一步明确相关主管机关的权责问题。2008年7月，国务院颁布《历史文化名城名镇名村保护条例》。该条例共6章48条，涉及历史文化名城、名镇、名村保护的原则，申报与批准，保护规划，保护措施，以及法律责任等。

四、完善期（2011年至今）

完善期主要有两个标志，第一个标志是《非物质文化遗产法》（第十一届全国人大常委会第十九次会议于2011年2月25日通过）颁布施行（2011年6月1日生效）。这是我国第一部关于非物质文化遗产方面的专门法律，其意义不言而喻。我国就非物质文化遗产保护开展立法工作，可追溯至20世纪90年代。从1998年起，原文化部和全国人大教科文卫委员会在国内外立法调研基础上，起草了《中华人民共和国民族民间传统文化保护法》草案；2002年原文化部向全国人大教科文卫委员会报送了《民族民间传统文化保护法》的建议稿。2004年原文化部和财政部联合颁布《中国民族民间文化保护工程实施方案》。在实施方案中的内容看，与非物质文化遗产的概念范畴十分类似。之后"民族民间传统文化"的概念被"非物质文化遗产"所吸纳，《民族民间传统文化保护法》也改称《非物质文化遗产法》，这与我国引进联合国教科文组织主导的文化理念及文化遗产、非物质文化遗产的国际法保护机制密不可分。①

2003年联合国教科文组织大会通过《非物质文化遗产国际公约》。中国作为文明古国、文化大国，在次年就完成国内法程序，加入了该公约，开始履行相关国际义务。在2005年，国务院颁布《国务院办公厅关于加强我国非物质文化遗产保护工作的通知》（以下简称《通知》）。从《通知》中可以看出：（1）从国家层面已经意识到保护我国非物质文化遗产的重要性和急迫性。（2）制定了保护非物质文化遗产的目标和方针。（3）创建非物质文化遗产保护制度体系，要涉及非物质文化遗产的调查研究、登录认定、建档保存和传播传承等环节。（4）规定了政府在非物质文化遗产保护活动中的主导作用和领导职责，鼓励公共文化服务机构积极参与非物质文化遗产保护活动。由于此时保护非物质文化遗产的专门性法律尚未出台，如何尽快开展相关保护工作，

---

① 周超：《中国文化遗产保护法制体系的形成与问题——以〈非物质文化遗产法〉为中心》，载《青海社会科学》2012年第4期，第122页。

173

就需要对保护工作的核心环节进行国家层面上的制度安排,《通知》中还有三个重要附件。一是《国家级非物质文化遗产代表作申报评定暂行办法》。该规范性文件聚焦非物质文化遗产的登录认定环节,由于被动调查需要耗费大量时间,为尽快启动保护工作,采用公民、法人和其他组织等主体主动申报的方式,逐级上报,经省级文化行政部门汇总和筛选后,经同级人民政府核定后,报部级联席会议办公室。经部级联席会议办公室审核后,报评审委员会评审。评审委员会由国家文化行政部门领导和相关领域专家组成,负责评审和咨询工作,任期四年。二是《非物质文化遗产保护工作部际联席会议制度》。该文件规定了联席会议的职能、人员构成、工作规则和要求。三是《非物质文化遗产保护工作部际联席会议成员名单》。该文件向社会公开了全国非物质文化遗产保护工作的领导和协调机构构成。总之,《通知》的颁布实施,为《非物质文化遗产法》的制定争取了时间,在《非物质文化遗产法》颁布实施之前,为整个非物质文化遗产保护工作起到了规范作用,通过代表作名录制度,对我国有代表性的重要非物质文化遗产进行了抢救性保护,掌握了国家级非物质文化遗产的基本情况。《通知》的出台也为《非物质文化遗产法》的制定提供了参考,特别是《通知》中所规定的非物质文化遗产代表作名录制度,在《非物质文化遗产法》中予以了继承。

《非物质文化遗产法》具有以下特点:一是对于非物质文化遗产的定义进行了本地化表述和分类。在之前的国务院规范性文件以及附件中直接引用了公约中对于非物质文化遗产分类的表述,而在该法中非物质文化遗产概念分为两部分,一部分指各种传统文化表现形式,主要包括社会实践、观念表达或表达形式、知识和技能,被视为我国各族人民文化遗产的组成部分,这种传统文化表现形式须是各族人民世代相传。另一部分指与传统文化表现形式相关的实物和场所,这些实物和场所无法剥离以上无实体形态非物质文化遗产而单独存在。在非物质文化遗产外延表述中共规定了6种类型:传统口头文学以及作为其载体的语言,传统美术、书法、音乐、舞蹈、戏剧、曲艺和杂技,传统技艺、医药和历法,传统礼仪、节庆等民俗,传统体育和游艺,其他非物质文化遗产。例如在公约里表述的"口头传统"被"口头文学"替代；将"传统技艺"与"传统医药"和"传统历法"一起归类，形成"传统知识和技术"分类；增加了"传统体育和游艺"分类。这种分类调整更契合我国的非物质文化遗产状况，更有利于非物质文化遗产的调查与认定。二是规定了非物质文化遗产相关主体的权利与义务。第9条规定公民、法人和其他组织享有非物质文化遗产的保护权；第13条规定了除依法保密外，非物质文化遗产档案和相关数据都应公开，公民有接触权；第14条规定公民、法人和其他组织在法律规定范围内享有非物质文化遗产调查权；第20条规定公民、法人和其他组织依法享有非物质文化遗产名录的建议权；第33条规定了公民、法人和其他组织依法享有非物质文化遗产的研究权和通过整理和出版实现的表达权。第36条规定公民、法人和其他组织享有非物质文化遗产的展示权和传承权。第3条和第7条规定了国家对于非物质文化遗产的保护义务和职责范围。同时在第31条专门规定了非物质文化遗产代表性项目的代表性传承人应履行的义务，包括：开展传承活动，培养传承人才；保存相关的实物、资料；配合文化主管部门和其他相关部门进行非物质文化遗产调查；参与非物质文化遗产公益性宣传。三是规定了非物质文化遗产调查制度。该法第11条至17条具体规定了有关非物质文化遗产调查的相关规定。公民、法人、其他组织和各级文化行政部门都有权利对非物质文化遗产进行调查。但从条文来看，该法着重强调了政府职能部门在非物质文化遗产调查活动中的主导地位。四是设置了非物质文化遗产代表性项目名录制度。该法规定了国家和省两级名录制度的设立，以及两级名录的关系，明确了推荐列入国家级名录的非物质文化遗产代表性项目所必需的材料，规定了国家级名录的评定和保护实施程序，以及区域整体性保护模式。五是制定了非物质文化遗产传播传承制度。本法设立代表性传承人制度，明确了传承人认定条件和必须履行的相应义务，以及职能部门对于传承人的积极保障义务。同时还分三个方面对非物质文化遗产的传承、传播和开发利用进行了规定。（1）明确了政府职能部门在宣传传播非物质文化遗产活动中的主导地位；（2）规定了学校、新闻媒体、公共文化服务机构（博物馆、图书馆、文化馆、科技馆）等文化机构对非物质文化遗产的保护、宣传、传播义务；（3）规定了对非物质文化遗产进行开发利用的原则,以及政府支持保障原则。

完善期的第二个标志,是陆续对《文物保护法》进行了三次修改,分别是2013年6月29日第十二届全国人大常委会第三次会议会通过修订《文物保护法》的决定;2015年4月24日第十二届全国人大常委会第十四次会议通过修订《文物保护法》的决定;以及2017年11月4日第十二届全国人大常委会第三十次会议通过修订《文物保护法》的决定。对《文物保护法》进行如此密集的修改,首先是由于立法机关始终感到原有法条的设置无法契合经济社会发展的快速节奏,一些规定已不符合文物保护工作实际;其次是在法律实践过程中,立法机构发现原有法的实施并非有效到位,需要在立法环节不断审视法条的合理性和可操作性;再次是在"简政放权""全面深化改革、全面依法治国"的大背景下,《文物保护法》的相关法条需要进行相应调整,以符合新的改革需求和制度安排。[①]为与不断修订的《文物保护法》相适应,国务院亦于2017年颁行了新的《中华人民共和国文物保护法实施条例》。毫无疑问,《文物保护法》及其《实施条例》是当下中国文化遗产法律体系中的最重要组成部分。此外,2016年3月,国务院发布《关于进一步加强文物工作的指导意见》。该《意见》指出,到2020年,文物法律法规体系基本完备,文物执法督察体系基本建立,执法力量得到加强,安全责任体系更加健全。要完善文物保护法律法规,强化文物督察,加强文物执法工作,严格责任追究,加大普法宣传力度。[②]

[①] 政府法制办公室:《国务院法制办就文物保护法修订草案(送审稿)征求意见》,中国政府网2015年12月28日,http://www.gov.cn/xinwen/2015-12/28/content_5028604.htm.
[②] 国务院:《国务院关于进一步加强文物工作的指导意见》,中国政府网2016年3月8日,http://www.gov.cn/zhengce/content/2016-03/08/content_5050721.htm.

第四节
中国台湾地区文化遗产的法治保障

中国台湾地区以其历史发展进程的独特性，发展出不同于中国大陆地区的文化遗产法治保障形态。由于同宗同脉的血缘关系，对于该地区的文化遗产法治建设进行考察，将会为中国大陆地区文化遗产法治建设提供有益参考。简略而论，中国台湾地区的文化遗产法治发展，可以分为日据时期（1895—1945年）、国民党统治时期（1946—1999年）和政党轮替时期（2000年至今）三个时期。

日据时期（1895—1945年）。1895年清朝甲午战败后，根据《马关条约》，割让台湾等地给日本。在之后的51年里，台湾等地成为日本的殖民地，由日本总督统辖。因此，有关文物遗产保护的法律法规，都沿袭日本的法律条文。1922年，在《行政诸法台湾施行令》中规定：日本的《史迹名胜天然纪念物保存法》同样适用于台湾。但是，日本侵略者对中国台湾地区的文化遗产造成了不少破坏。[①]

国民党统治时期（1946—1999年）。1945年，台湾重回中国主权管辖之下。在文化遗产保护方面，南京国民政府首先将1939年在大陆地区生效的《都市计划法》适用于台湾地区。在这个过程中，台湾地区城市发展的需要，促使台湾地区政府修改原有的《都市计划法》。经过1964年、1973年两次较大规模的修改，该法得到了扩充与完善，其法律条文增加了一倍多，即从原来的32条增至87条。[②]从法律上看，在这一时期，台湾地区保护文化遗产的

[①] 苑利：《台湾地区文化遗产的保护》，载《中国社会科学院院报》2005年第3期。
[②] 苑利：《台湾地区文化遗产的保护》，载《中国社会科学院院报》2005年第3期。

法律制度是较为完善的，形成了宪法、法律、行政法规、地方性法规四个层级。而且，除宪法层面外，每级法律、行政法规和地方性法规都有互相配合的系列法律和法规，共同组成各个层面的文化遗产法律保护框架。例如在法律层面上，以《文化资产保存法》为核心，包括《地方制度法》《土地法》《都市计划法》《区域计划法》《国家公园法》《建筑法》《都市更新条例》等一系列法律，共同建构起文化遗产保护法律系统。在法规层面，则有《文化资产保存法施行细则》《文化资产奖励补助办法》《古迹土地容积移转办法》《古迹指定及废止审查办法》《古物分级指定及废止审查办法》等一系列行政法规构成文化遗产保护行政法规层面的法制框架。在地方法规层面，台北市、高雄市、台南市等地方，都有基于本地文化遗产现状的地方性保护法规。

政党轮替时期（2000年至今）。在这个时期里，由于执政的民进党当局遂行"去中国化"图谋，所谓"本地化"诉求不断滋长，台湾地区的文化政策发生了重大调整。这些变化，在文化遗产法律保护领域也有一定的反映。2005年台湾地区修订通过了《文化资产保存法》。在立法主旨上，修订后的《文化资产保护法》放弃了旧法中的"保存文化资产、充实国民精神生活、发扬中华文化"的立法目的，改为"保存及活用文化资产、充实国民精神生活、发扬多元文化"。明显看出新法不再强调"发扬中华文化"，而是将台湾地区本土文化、外来文化也纳入适用范围，强调文化所谓的"多元性"。显然这是民进党当局在为"文化台独"谋求法律层面上的法理依据。这一点也正是台湾地区新法原则在文化政策领域的具体体现。对于民进党当局在文化遗产法律保护层面上的"倒行逆施"，我们应当要加强警觉并坚决反对。新法共11章，除第一章"总则"规定一般原则以及最后一章"附则"外，其第二至七章分别对"古迹""历史建筑与聚落""遗址""文化景观""传统艺术、民俗及有关文物""古物""自然地景"等各类文化遗产进行界定和规范。第八章规定"文化资产保存技术及保存者"。第九、十两章，分别规定"奖励""罚则"，即奖惩的制度与规则。从章节上看，该法与日本的《文化财保护法》的设置较为类似,受日本文化遗产保护思想的影响较多。[①]同时台湾地区也将传统艺术、民俗、文化资产保存技术和保存者等非物质文化遗产作为文化遗产的一部进行统一规定和管理。

[①]李东方:《我国台湾地区文化资产保护制度基本问题研究》,载《经济法论坛》2008年第1期,第532页。

第四章

中国文化遗产法治保障的基本框架及存在的问题

从总体上观察，当代中国的文化遗产法治保障，经过40年的发展与改革，已经形成了一个基本的体系或框架。一方面，一些主要的法律制度及其实施机制已经建立，而且其保障成效也日益彰显；另一方面，文化遗产的法治保障也存在不少问题，需要从法律制度及其实施活动中予以解决。故此，本章将根据前文所提出的"立法保障""主体性实施保障"与"支持性实施保障"这一分析框架，对当下中国的文化遗产法治保障状况作一个总体性的描述、评估及分析，力图一方面把握其现状，另一方面找到其所存在的问题与缺失。

第一节
中国文化遗产的"立法保障"及其不足

一、中国文化遗产权利的法律化
1.现行宪法中的文化遗产权利

我国现行宪法中并没有文化遗产权利直接表述，而是通过第46条、47条对于公民的教育权和文化活动自由权的规定引申出来的：对于有益于人民的各类文化创造性活动，国家予以鼓励和支持。这是我国宪法中对于公民文化权利进行的唯一规定。该条首先明确了公民在文化生活范畴中的自由权。文化遗产权利首先在于自由权。对于文化遗产，公民享有合法接触文化遗产的自由权、调查研究文化遗产的自由权、发表有关文化遗产观点和学术成果的自由权。宪法对于公民教育权和文化活动自由权的规定首见于"五四宪法"的第94条和第95条。第94条明确了公民享有接受教育的权利，并规定了国家的积极保障义务，即国家以逐步建设更多学校和其他社会教育机关来保障公民享有教育权。值得关注的是在该条表述中出现了"其他社会教育机关"一词。按照车如山的定义，"社会教育"是教育场所作为区分标准的教育形态之一，是指在除学校和家庭以外的其他任何场所里所进行的一切教育活动和教育事业，包括国家机关、社会团体、企事业组织和社会成员间有意识、有组织和有目的影响人的成长和学习的活动。①那么博物馆和图书馆作为公共文化场所和空间，拥有提供公众文化教育服务的功能，应该属于其他社会教育

---
① 车如山：《社会教育的历史考察》，载《继续教育研究》2009年第1期，第68页。

场所之列。也就是说国家在逐步建设更多学校之外，同时还会设置更多的诸如博物馆和图书馆这类的社会教育设施，来保障公民能够充分行使教育权，公民个体能因此获得更好的自我发展。第95条中规定了公民享有文化活动自由权，国家对相关创造性活动予以鼓励和帮助。这里的鼓励和帮助是国家履行的积极义务，鼓励的主要形式包括物质和精神鼓励，帮助的形式有政策扶持和经济资助。

"五四宪法"之后，"七五宪法"在第27条保留了公民教育权规定，"七八宪法"在第51条和第52条恢复了"五四宪法"有关公民享有教育权，国家通过增加其他文化教育设施保障公民更好享有教育权，以及规定公民享有文化活动自由权。"八二宪法"在第46条和第47条继承了"七八宪法"有关教育权和文化活动自由权规定的基本内容，但在第46条中，按照权利义务统一的原则，强调了公民应履行接受教育的义务。在第47条中，在国家履行积极义务鼓励和帮助公民进行文化相关创造性活动附加了预设前提，即有益于人民的。只有符合这一前提条件，国家才会履行积极义务，给予公民文化相关创造性活动相应的鼓励和帮助。

与此同时，"八二宪法"中总纲第22条首次规定了与文化遗产保护义务相关条款。该条第1项规定了国家发展文化事业，设置公共文化服务设施的保障义务。例如设置博物馆、图书馆等与文化遗产收藏和展示有关的设施。第2项则直接规定了国家履行保护名胜古迹、珍贵文物和其他重要历史文化遗产的义务。这是文化遗产国家保护义务直接表述首次出现在宪法条文中，具有十分重要的意义。这样的规定决定了国家将在文化遗产行政管理工作中起到主导作用，承担起国家保护义务。现行宪法中并没有规定公民履行保护文化遗产义务的条款，但在《文物保护法》第7条规定了一切行为主体都有依法保护文化遗产的义务。

2.《文物保护法》中的文化遗产权利

根据权利主体的划分，《文物保护法》中的文化遗产权利可以分为国家文化遗产权利和除国家主体以外的文化遗产权利两类。本法总则第4条规定了国家享有物质文化遗产所有权所对应的文化遗产种类。主要涉及三种文化遗产分类：一是处于未发掘状态，即在境内地下、内水和领海中处于遗存状态的一切文物；二是古文化遗址、古墓葬、石窟寺三种不可以移动文物；三是国家指定的纪念建筑物、古建筑、石刻等。国家认定为公民和集体所有的除外。除了对我国相关珍贵文物拥有所有权外，国家对拥有所有权的文物还有展示权、发掘权、处置权、获益权等权利。

在《文物保护法》中，也通过若干条款规定了公民、法人和其他组织享有的文化遗产权利。总则第6条中一方面规定了属于公民和集体享有所有权的物质文化遗产范围和种类；另一方面规定了国家保护义务，以及公民和集体享有物质文化遗产所有权的前提条件。首先条文明确了除国家主体以外，能够享有所有权的文化遗产种类。主要涉及纪念建筑物、古建筑等不可移动文物，以及祖传文物和依法取得的其他文物等可移动文物。依法取得的其他文物主要指通过合法程序购买、赠予、转让、抵押等方式，通过出让所有权获得的文物。在总则第10条第3款规定以捐赠等方式设立文物保护社会基金是国家鼓励支持社会力量参与文化遗产的主要方式。从对本款文本解读来看，捐赠主体应该是指除国家以外的主体，主要是公民和集体。也就是法律规定鼓励公民和集体以捐赠保护资金的形式投入到文化遗产保护活动中，承认了公民和集体享有文化遗产保护权。在不可移动文物章第13、14条规定各级文物重点保护单位在核定后，以及未认定的不可移动文物都向社会予以公布，这也说明公民享有文化遗产知情权。第25条中规定了对于非国有不可移动文物，公民和集体作为所有权持有人所享有的诸如转让、抵押、改变用途等处置权。但条款也同时规定了行使处置权的相关限制，是一种有限的处置权。在本条中设定了取得非国有不可移动文物物权的权利主体不得是外国人。同时在依法处置非国有不可移动文物物权活动中，必须根据文物级别向相应文物管理行政部门备案。在民间收藏文物章第5条中规定了公民、法人和其他组织可以收藏文物的获得方式，也就是明确了只要在法定方式和途径范围内获取的文物，公民、法人和其他组织都对其享有所有权和流通权（交易权）。第53条和54条通过合法设立的文物商店和文物拍卖机构，公民、法人和其他组织享有文物经营权。

从《文物保护法》近 40 年的演进过程总体来看，公民、法人和其他组织的文化遗产权利是一个逐渐延展的过程。1982 年版的《文物保护法》主要明确了公民、法人和其他组织对指定种类文物的所有权问题，但对诸如保护权、处置权、传播权、经营权等权利并未涉及。直至 2002 年，随着《文物保护法》的修订，文化遗产权利的法定范围才得以扩大，公民、法人和其他组织在文化遗产相关事务领域享有更多种类的权利。

3.《非物质文化遗产法》中的文化遗产权利

《非物质文化遗产法》第 5 条规定了使用非物质文化遗产的必须注意的事项。由于该条款并未限制使用行为主体，因此推论所有主体都享有非物质文化遗产的使用权，但在使用前须满足尊重其形式和内涵，以及禁止歪曲和贬损非物质文化遗产前提条件。第 9 条规定了国家对于公民、法人和其他组织参与非物质文化遗产保护履行积极保障义务，这也同时说明公民、法人和其他组织享有非物质文化遗产保护的参与权和保护权。在第 14 条规定了公民、法人和其他组织对非物质文化遗产享有调查权。在第 20 条中规定了公民、法人和其他组织在非遗代表名录制度流程中享有建议权。在第 28、33、36 条规定了公民、法人和其他组织享有非物质文化遗产传承权、传播权和表达自由权。

二、保护文化遗产的立法体系

经过改革开放 40 年的不断摸索和发展，中国当下的文化遗产法律保护已经基本形成了一个多层级的立法体系。根据《立法法》的相关规定，可将文化遗产立法体系分为以下五个位阶：宪法、法律、行政法规、部门规章、地方性法规与自治条例及单行条例。以下将围绕这五种法律形式分析评述它们的内在逻辑和相互关系。

第一个层级：宪法对文化遗产的保护。在现行宪法中，共有两个条款表达了对涉及"文化遗产"的保护。一条是第 22 条，该条规定国家的文化政策以及其承担的职责，其中特别规定："国家保护名胜古迹、珍贵文物和其他重要历史文化遗产。"二是第 119 条，该条规定："民族自治地方的自治机关自主地……保护和整理民族的文化遗产。"从上述两条的所列位置来看，第22条出现在宪法"总纲"之中。众所周知，宪法"总纲"之内容大多属于国家的政策规定，即基本国策。就本条款而言，"国家"是实施保障的主体，其所规定的行为都由"国家"施行。如国家发展各项文化事业，开展各类文化活动，保护各种文化遗产。国家发展图书馆、博物馆、文化馆事业的前提是要为人民服务和为社会主义服务，目的是传承中华传统文化，提高国民素养，为建设社会主义强国提供强大的精神动力和智力保障。针对文化遗产保护，其一，国家保护名胜古迹、著名风景地和重要古代遗迹；其二，国家保护珍贵文物，即具有历史、艺术和科学价值的历史上各时代重要物品；其三，国家还保护其他不便归类于不可移动和可移动文物类型的历史文化遗产。从该条宪法规范来看，文化遗产保护的行为主体为国家，而"发展"和"保护"两个动词则提供了明确的行为指引性。而第119条则要求民族自治地方的自治机关，必须担负保护其文化遗产的职责，包括对文化遗产的"保护"和"整理"。而"发展"和"繁荣"民族文化，实际上也内含有保护文化遗产的意图。此外，宪法中关于各级各类国家机构职责的一些规定，也隐含了对文化遗产的保护，如第89条规定了国务院的职能范围，其中第7款规定了国务院领导和管理文化工作，国务院专设负责全国文化遗产事务的国家局，即国家文物局，由文化和旅游部管理；第122条规定国家从物质角度帮助各少数民族发展本民族的文化建设事业，这里包括本民族的文化遗产调查、整理、保存、展示等工作，国家给予财政、技术、物资等方面的帮助。

宪法对文化遗产的保护，具有很重要的意义。宪法授予国家机关（包括民族自治地方的自治机关）相应的职责和职权，"发展""保护"和"整理"文化遗产及相关事业，属于宪法的授权性（授予权力）条款，也可以说是宪法的定责性（确定职责）条款。这也从根本大法上确立了中国文化遗产保护事业的国家主导性质。就宪法效力来说，国家作为文化遗产的保护主体，承担了重要的宪法义务，也就是保护文化遗产这一公共财产和资源，建设图书馆、博物馆这类公共文化服务设施，以及保护各民族文化遗产等等的宪法义务。因而，宪法不仅要求国家通过制定相关法律、法规，以建立完善的文化遗产法律制度，而且还应建立中央和地方各级文化遗产行政管理机构，严格依法执法、公正司法，从而在法治的整个体系上为文化遗产的留存与合理利用提供保障。这也说明，现行宪法对文化遗产保护的规定，为中国文化遗产的法治保障奠定了最重要的法律基石。

第二个层级：法律对文化遗产的保护。从横向来看，可以把法律层面的文化遗产保护相关法律分为两大类，一类是文化遗产保护的专门法律，主要有《文物保护法》和《非物质文化遗产法》这两部专门法律；另一类是含有文化遗产保护条款的其他法律，例如《刑法》《刑事诉讼法》《物权法》《环境保护法》《消防法》《城乡规划法》《公共文化服务保障法》《档案法》《拍卖法》《海关法》《森林法》《广告法》《矿产资源法》《大气污染防治法》《固体废物污染环境防治法》等。

先来看保护文化遗产的专门立法。从宪法上讲，国家有保护各种重要历史文化遗产的法定职责，就意味着国家立法机关依照宪法规定，有权力也有职责制定专门保护文化遗产的法律，以规范和引导文化遗产的保护行为。中国当下文化遗产保护的法律，并未采取一次性统一立法的模式，而是采用分步立法的形式，制定不同的文化遗产保护法，即分别制定了《文物保护法》与《非物质文化遗产法》。现行《文物保护法》颁行于1982年，随后根据经济社会文化发展与文物保护与利用的需要，又分别于1991年、2002年、2007年、2013年、2015年，以及2017年进行修订。整部法律，从最初的33条逐步扩充到现在的80条。《非物质文化遗产法》由2011年第十一届全国人大常委会第十九次会议审议通过，共6章45条。从法律的名称来看，两部法律虽然同为文化遗产保护的法律，但《文物保护法》着重"保护"，而在《非物质文化遗产法》中并没有出现"保护"两字，而在其第1条宣告"加强非物质文化遗产工作"。该法对非物质文化遗产的规范，除了"保护"之外，还有"存续"，即还在于非物质文化遗产的传播和传承。因此，两法的立法宗旨有所差异，《非物质文化遗产法》所规范的行为范围较为广泛。

再来看保护文化遗产的相关法律。由于文化遗产保护与利用是一种综合性的社会化活动，与多种社会行为都有密切关联，因此，要建构完整的文化

第四章　中国文化遗产法治保障的基本框架及存在的问题

遗产法律系统，单纯依靠一两部专门法律显然是不够的，而是需要在各种相关法律中根据其性质和类别对文化遗产的保护作出规定，共同构筑多维度的法律保护网络。从现行的法律门类看来，可以大致分为保护类、保障类和惩处类三个类别。其一，保护类的法律。例如《城乡规划法》，全文共70条，其中，第4条、17条、18条、31条、32条与文化遗产保护相关。第4条规定，在制定和实施城乡规划时，需要遵循保护历史文化遗产的原则；第17条、18条规定，将历史文化遗产保护，作为城、镇、乡、村总体规划的强制性内容予以考察；第31条规定，旧城改造应以保护历史文化遗产和传统风貌为前提，依法对区域内建筑和受保护建筑进行保护和维修；第32条规定，城乡建设和发展应依法保护和合理利用风景名胜资源，依法实施风景名胜区的规划、建设和管理。再如《环境保护法》，该法第2条中关于"环境"的界定中提到的"人文遗迹"和"风景名胜区"，也与文化遗产息息相关。另外，该法第29条规定国家对于一系列重点生态保护区域施行严格保护，各级政府对包括"人文遗迹"在内的生态资源实施严格保护。《环境保护法》从生态系统的维度，将人与自然的整体活动和关联性纳入立法范畴，为文化遗产保护提供了新的立法切入点和法律保护视角。其二，保障类的法律。如2017年颁布实施的《公共文化服务保障法》。虽然在其法条中并没有直接涉及"文化遗产"的条文，但涉及一系列针对"博物馆"的规范性约束。博物馆作为征集、典藏、陈列和研究文化遗产的专门性公共文化机构，在文化遗产工作中扮演重要角色，是文化遗产事业的重要组成部分和节点。该法中将"博物馆"界定为公共文化服务机构，强调博物馆的公益属性和公益职能，为公众的文化遗产权利实现提供了有效的平台保障和支撑。其三，惩处类的法律。主要是指《刑法》。在现行《刑法》中，涉及"文化遗产"刑事处罚的共有7条，分别为第151条，以及第324至第329条。第151条为走私罪，其中包含对走私文物构成犯罪的个人和单位的刑罚处罚。第324至第329条为《刑法》第六章"妨害社会管理罪"中的第四节"妨害文物"的内容，详细规定了各种妨害文物行为的类别及其刑罚处罚。

第三个层级：行政法规对文化遗产的保护。根据《宪法》第89条第7项和《立法法》第65条的规定，国务院在行使行政管理权的过程中可以根据宪法和法律制定行政法规。行政法规可以根据国务院行使行政管理职权的需要而制定，也可以为执行法律的规定而制定行政法规。文化遗产保护的行政法规，是指国务院根据其职权或全国人大和人大常委会的授权，依据宪法和文化遗产保护相关法律，通过法定程序制定的文化遗产保护的规范性法律文件。国务院制定的行政法规，其具体形式主要是"条例"（"实施条例""暂行条例"）、"办法"（"暂行办法"）、"细则"等。在文化遗产保护方面，国务院制定了大量的行政法规。与法律层面相同，也可以将其行政法规分为专门的行政法规和相关的行政法规两大类。专门的行政法规主要有《文物保护法实施细则》（1992年）、《文物保护法实施条例》（2002年、2017年）、《水下文物保护管理条例》（1989年）、《历史文化名城名镇名村保护条例》（2008年）等。而相关的行政法规，则较为广泛，涉及规划、建筑、环境、治安、消防以及文化等多个领域的行政法规。

第四个层级：部门规章对文化遗产的保护。在中国，有多个政府部门尤其是专业部门涉及文化遗产保护，比如国务院主管物质文化遗产保护的国家文物局，主管非物质文化遗产保护的文化和旅游部（原文化部），主管历史文化名城、名镇、名村、名街的住房和城乡建设部等。根据《立法法》及相关法律，这些行政机关可以根据法律和国务院的行政法规、决定、命令，在本部门的权限范围内，制定规章。这些规章数量繁多，是保护文化遗产的重要法律文件形式。仅自2000年以来，比较重要的就有：《关于加强古建筑物保护和禁止古建筑构件出境的通知》（国家文物局，2001年）、《关于加强和改善世界遗产保护管理工作的意见》（国家文物局，2002年）、《关于进一步加强文物行政执法工作的通知》（国家文物局，2003年）、《关于加强老字号文化遗产保护工作的通知》（商务部、国家文物局，2006年）、《国家级非物质文化遗产保护与管理暂行办法》（原文化部，2006年）、《关于加强20世纪遗产保护工作》（国家文物局，2008年）、《文物保护单位执法巡查办法》（国家文物局，2011年）、《世界文化遗产申报工作规程（试行）》（国家文物局，2013年）、《全国重点文物保护单位文物保护工程申报审批管理办法（试行）》（国家文物局，2014年）、《国家文物保护专项资金管理办法》（财政部、国家文物局修订，2018年）等等。

第五个层级：地方性法规（含自治条例和单行条例）对文化遗产的保护。保护文化遗产也是地方政府的一项重要职责，而地方性法规对此能够发挥积极的作用。根据《立法法》以及相关法律的规定，省一级权力机关与设区的市一级的权力机关在不同上位法上相抵触的前提下，可以制定地方性法规；民族区域自治地方（自治区、自治州、自治县）的权力机关，可以依法制定自治条例和单行条例。地方性文化遗产保护法规，就是各地区依照本地区文化遗产的具体情况，根据宪法、法律、行政法规所制定的地方性的法规或规章，其种类也是多种多样的，例如，有实施国家所制定的文化遗产保护法律的办法或条例，如《西藏自治区实施〈中华人民共和国非物质文化遗产法〉办法》（2014年）、《湖南省实施〈中华人民共和国非物质文化遗产法〉办法》（2016年）、《上海市非物质文化遗产保护条例》（2015年）；有针对地方公共文化设施的管理条例，如《北京市博物馆条例》（2000年）；有针对各地世界文化遗产管理的办法，如《北京市明十三陵保护管理办法》（2002年）、《北京市长城保护管理办法》（2018年）等等。

三、保护文化遗产的主要法律制度

上述立法体系，主要是描述了中国文化遗产"立法保障"的法律形式。我们还需要进一步归纳与分析其基本的法律制度，进一步讨论已经有哪些法律制度来保护文化遗产。对这一问题，主要应依据宪法、法律与行政法规中的相关规定进行回答。其中，《文物保护法》与《非物质文化遗产法》及其配套法规是最重要的法律文本依据。下面，主要依据这两部法律及其配套法规，对文化遗产保护的若干法律制度略作分析。

第一，文化遗产所有权制度。根据《文物保护法》的规定，中国的文物产权制度，乃是以国家所有权为主兼采集体与公民的所有权。也就是说，在中国境内地下、内水和领海中遗存的一切文物，都属于国家所有。一部分可移动文物，比如国有文物收藏单位以及其他国家机关、部队国有企业、事业组织等收藏、保管的文物以及国家征集、购买的文物等，也属于国家所有。所谓国家所有，是指其所有权的主体只能是国家，即中央人民政府。而集体和私人对其所有的纪念建筑物、古建筑和祖传文物以及依法取得的其他文物，也享有所有权。不论是国家的文物所有权，还是集体与私人的文物所有权，都受法律的保护。这一文物产权制度，构成了中国一切文物保护制度的基石和出发点。

第二，文物保护单位制度。文物保护单位制度是中国文化遗产保护特别是不可移动文物保护最为重要和最为基础的一项制度设计。中国采用文物保护单位制度主要是根据不可移动文物本体具有群体组合的特性、中国建筑遗产保护学界的学术传统，同时受到苏联等原社会主义国家不可移动文物保护方面类似制度的影响，以及新中国成立初期严峻的文物保护形势等因素产生的。[①]在1961年国务院公布的《文物保护管理暂行条例》中，相当大的篇幅和众多的条款都围绕各级文物保护单位相关规定展开。特别是《暂行条例》的第4条，详细规定了不可移动文物根据价值大小，按照相应程序确定县（市）级、省（自治区、直辖市）级文物保护单位；原文化部选择具有重大历史、艺术、科学价值的文物保护单位，分批报国务院核定公布，作为全国重点文物保护单位。至此，确立了文物保护单位制度的法律地位。1982年颁布实施的《文物保护法》在第二章"文物保护单位"再次确立了文物保护单位制度的法律地位。2002年经过大幅修订后的《文物保护法》在第二章"不可移动文物"中的绝大部分篇幅和众多条款都与文物保护单位制度相关。这也意味着，文物保护单位制度在中国不可移动文物保护中具有法律核心地位。经过50余年的不断发展，文物保护单位制度已经成为中国不可移动文物保护的核心制度设计，发挥着举足轻重的作用。

第三，历史文化名城名镇名村制度。历史文化名城、名镇、名村保护制度的大致框架，始于1982年。1982年的《文物保护法》第8条首先对"历史文化名城"制度进行了法律上的确立。同年，国务院批准并公布了第一批24

[①] 王运良：《中国"文物保护单位"制度研究》，复旦大学2009年博士论文，第19页。

个历史文化名城，这可以说是历史文化名城、名镇、名村保护制度之开端的重要标志。同时，历史文化名城的保护，又与城乡规划息息相关。因此，在1989年颁布实施的《城市规划法》第14条，从城乡规划维度，对保护历史文化名城进行了确认。随着改革开放的不断深入，包括历史文化名城、名镇在内的文化遗产保护进入了新的历史阶段，2002年随着《文物保护法》的大幅修订，在历史文化名城制度的基础上，对原先的第14条内容进行了大幅增补，增加了对历史文化街区和村镇的保护层级。2005年国务院发布《进一步加强文化遗产保护工作的通知》后，从国家层面加快了对历史文化名城、名镇、名村保护制度的完善，以及其法律保护进程。2008年国务院颁布实施《历史文化名城名镇名村保护条例》，明确了历史文化名城、名镇、名村的保护办法，特别是对《文物保护法》中有关历史文化名城、名镇、名村的申报规范进行了细化，对申报文化名城的文化名街道数量进行了强制规定，突出了文化名城和文化名街区的关系；规范了历史文化名城名镇名村的申报、审批，特别是明确了制定保护规划的编制主体、编制时限、审批主体，强化了政府的保护责任；规范了主管部门、不同违法行为主体的相应法律责任。2010年出台《国家历史文化名城保护评估标准》和《中国历史文化名镇名村评价指标体系》，从定量和定性两个方面对历史文化名城、名镇、名村的评估评价进行了规范。

第四，世界文化遗产管理制度。1985年，中国加入《保护世界文化和自然遗产公约》。1987年，首批12处中国遗产列入《世界遗产名录》。截至2021年，中国已拥有56处世界遗产，仅次于意大利，成为名副其实的世界遗产大国。由于世界文化遗产的保护管理要求明显要高于普通文化遗产，三十年来的世界文化遗产保护管理工作，为中国的文化遗产保护和管理实践提供了许多颇有价值和前瞻性的理论支持与政策参考，对中国自身的文化遗产保护事业产生了重要影响。2004年，国家九部委联合发出《关于加强和改善世界遗产保护管理工作的意见》。与此同时，《福建武夷山世界文化和自然遗产保护条例》（2002年）、《长城保护条例》（2006年）、《周口店遗址保护管理办法》（2009年）等一系列世界文化遗产专门性法规陆续公布实施。一些省级行政区域，也开始尝试建立本辖区的世界文化遗产保护管理地方性法规，例如四川省率先于2002年就公布了中国首个省级世界遗产保护地方性法规——《四川省世界遗产保护条例》。本条例结合四川省内文化遗产实际，针对四川省境内所有世界遗产的申报、规划、管理、保护，以及相应法律责任和附则进行了相应具体规定和约束。例如针对青城山—都江堰这一世界文化遗产，在保护条例附则中强调了都江堰水利工程的建设、管理和保护除遵守《四川省都江堰水利工程管理条例》外，涉及世界遗产保护范围的适用本条例；青城山作为道教圣地，庙宇众多，该保护条例规定此类属于世界遗产的宗教场所除遵守国家相关宗教事务管理的规定外，涉及世界遗产保护范围的适用本条例。

第五，馆藏文物保护制度。根据1982年版《文物保护法》第四章"馆藏文物"的规定，馆藏文物是指全民所有的博物馆、图书馆和其他单位收藏的文物。现行《文物保护法》把文物收藏单位区分为国有和非国有两种，规定了文物收藏单位须对馆藏文物分级、建档、管理建制和分级备案；规定了馆藏文物的取得方式、文物收藏单位法人代表负责制；规定了国务院和省两级部门调拨馆藏文物的权限；分别规定了国有和非国有文物收藏单位馆藏文物的流通规则和时限；分别规定了已建档和未建档两类文物收藏单位的文物交换规则；明确了依法调拨、交换、借用馆藏文物的经济补偿措施和用途；规定了馆藏文物的修复规则和安全防范要求；规定了馆藏文物损毁的核查处理流程和报案报告机制等。此外，还有一些规范馆藏文物保护的法规、规章，如《博物馆藏品管理办法》（原文化部，1986年）、《关于故宫博物院管理的规定》（国家文物局，1996年）、《关于加强和改进馆藏文物保护管理工作的意见》（国家文物局，2005年）。根据"第一次全国可移动文物普查"统计全国可移动文物达1.08亿件（套），馆藏文物保护管理制度作为可移动文物保护管理的基本制度安排，发挥着尤其重要的作用。

第六，考古发掘管理制度。1964年，原文化部发布施行《古遗址、古墓葬调查、发掘暂行管理办法》。这是新中国成立后首个专门针对考古发掘管理的部门规章，也是《文物保护管理暂行办法》在考古发掘领域的细化规范和制度设计。改革开放以后，根据1982年《文物保护法》第三章"考古发掘"

的相关规定，颁布了一系列有关考古发掘的部门规章。例如1983年由原文化部颁发《考古发掘申请书》和《考古发掘执照》；1984年由原文化部发布《田野考古工作规程（试行）》；国家文物局于1991年发布《考古涉外工作管理办法》；1998年由国家文物局发布的《考古发掘资格审定办法》《考古发掘管理办法》，以及《考古发掘品移交管理办法》等。

第七，文物流通管理制度。文物流通的管理制度，主要针对文物国内流通和进出境管理两方面进行制度设计。文物的国内流通，主要分为文物收藏单位的文物流通和民间收藏文物流通。而文物收藏单位的文物流通，又涉及文物收藏单位的国有文物流通，包括：馆藏文物借用、馆藏文物交换、文物行政部门调拨三种方式。相应的管理制度，在馆藏文物管理制度中有具体规定。民间收藏文物的流通，主要有：依法继承或接受赠与；从文物商店购买；从经营文物拍卖的拍卖企业购买；合法相互交换或依法转让；其他合法形式等共五种形式。还有，民间收藏文物可以通过捐献和借出的方式，进入国有文物收藏单位；民间收藏文物在非国有流通环节进行流通，主要通过文物商店和文物拍卖企业等介质实现，对此都有相应的法律规定，比如法律对文物商店和文物拍卖企业在审批流程、设立限制、经营范围、购销流程等方面都进行了严格规定。文物的进出境，必须遵循严格的进出境审核和登记制度，由海关对文物进出境流程进行监管。同时，对文物允许进出境等级、类别和特殊情况进行了规定。该部分的制度安排在《文物保护法》的第四、第五、第六章有具体体现。一些部门规章也对此进行规范，如原文化部的《文物出境鉴定管理办法》（1989年）、国家文物局《出国（境）文物展览展品运输规定》（2000年）等。

第八，文物保护奖惩制度。任何法律制度的实施，都必须伴随着激励与威慑的力量，即法律上的奖励与惩罚制度。前者让人们积极、自觉遵从法律，后者使人们不敢恣意妄为、触犯法律。在文化遗产保护方面，奖惩制度也是一项基本而重要的法律制度。对于奖励制度，《文物保护法》第12条专门作了规定，对单位或个人认真执行文物保护法律、法规，保护文物成绩显著的行为，由国家给予奖励（包括精神奖励与物质奖励）。《非物质文化遗产法》

第10条也概括性规定，对在非物质文化遗产保护工作中做出显著贡献的组织和个人，按照国家有关规定予以表彰、奖励。对于惩罚制度，《文物保护法》第七章规定"法律责任"，共计16条（第64至第79条）；《非物质文化遗产法》第五章也规定了"法律责任"，共5条（第38至第42条）。根据这两部法律，对于违反文物保护与非物质文化遗产保护的种种违法犯罪行为，分别追究其行政责任、民事责任、经济责任与刑事责任。如文化主管部门和其他有关部门的工作人员在非物质文化遗产保护、保存工作中玩忽职守、滥用职权、徇私舞弊的，依法给予处分（《非物质文化遗产法》第38条）；"违反本法规定，造成文物灭失、损毁的，依法承担民事责任"，以及"违反本法规定，构成违反治安管理行为的，由公安机关依法给予治安管理处罚"（《文物保护法》第65条）等。《文物保护法》尤其在第64条中明确规定了追究刑事责任的八种文物犯罪行为，如盗掘古文化遗址、古墓葬的犯罪行为；故意或者过失损毁国家保护的珍贵文物的犯罪行为；走私文物的犯罪行为；盗窃、哄抢、私分或者非法侵占国有文物的犯罪行为等。这些规定，使文化遗产保护方面的惩罚制度已达到相对完备，这也将有力地震慑违法犯罪活动。

此外，《非物质文化遗产法》还专门针对非物质文化遗产的保护、保存，确立了非物质文化遗产调查制度、代表性项目名录保护制度、代表性传承人制度等三项核心制度。

第一，非物质文化遗产调查制度。无论是物质文化遗产还是非物质文化遗产实施有效保护的前提是对拟保护对象进行全面而详实的调查。《非物质文化遗产法》第11至17条规定了非物质文化遗产的调查制度。其中特别对非物质文化遗产调查的主体进行详细规定。调查主体责任由县级以上政府承担，具体由文化主管部门组织实施；公民、法人和其他组织有权进行和参与非物质文化遗产调查；对境外组织或个人进行调查活动进行了严格约束和管理；对调查行为进行了规范，对调查过程中的特殊情况进行了规定和授权。

第二，代表性项目名录保护制度。《非物质文化遗产法》第18至27条规定了非物质文化遗产代表性项目名录保护制度。一是明确了名录的内涵和外延；二是明确了名录的基本框架和组成部分；三是规定了名录的申报主体、评选原则和流程、保护实施主体和办法以及保护实施监督主体与办法。目前我国非物质文化遗产代表性名录保护制度执行的是国家、省、市、县四级名录保护制度。名录保护制度并非我国独创，这一制度安排来源于联合国对物质文化遗产的保护实践，经过数十年的发展，逐步延伸发展至非物质文化遗产保护领域。在1972年《保护世界文化和自然遗产公约》中实行了"世界遗产名录"制度，而后联合国在1992年启动的"世界记忆工程"中又采用了名录形式，即《世界记忆名录》。1997年启动建立"人类口头和非物质遗产代表作"，收录在《人类口头和非物质遗产代表作》名录中，并每两年公布一次。随着2003年《非物质文化遗产保护公约》的通过，联合国框架之下的非物质文化遗产保护名录制度完全确立起来，公约第16、17条规定政府间保护非物质文化遗产委员会编辑、更新和公布"人类非物质文化遗产代表作名录"和"急需保护的非物质文化遗产名录"。[1]

第三，代表性传承人制度。正如祁庆富所言：文化的"传承"其核心在于传承文化的人。非物质文化遗产的传承或是消亡有赖于传承人，非物质文化遗产保护的重点在于传承人。[2]因此《非物质文化遗产法》第29至31条，对非物质文化遗产代表性传承人这一非物质文化遗产保护要件进行了规定。相关条款规定了非物质文化遗产代表性传承人的认定标准和应履行的相应义务，政府对代表性传承人应给予的积极保障类别，以及取消代表性传承人资格的认定标准。

四、文化遗产"立法保障"的不足之处

由上所述，中国当下文化遗产的"立法保障"，已经逐步形成了较为系统的法律形式与基本的制度结构。这是当下中国文化遗产法治保障的法制基础。但是也应当看到，在文化遗产的"立法保障"上还存在一些问题。主要有以下五个方面。

---

[1] 柏贵喜：《"名录"制度与非物质文化遗产保护》，载《贵州民族研究》2007年第4期，第65页。
[2] 祁庆富：《论非物质文化遗产保护中的传承及传承人》，载《西北民族研究》2006年第3期，第120页。

第一，立法缺乏统一性。当下中国的文化遗产法律体系，采用的是分类立法的方式，而非统一立法的方式，主要有以《文物保护法》为核心构建物质文化遗产保护法制体系，和以《非物质文化遗产法》为核心构建非物质文化遗产保护法制体系。这种分类的立法方式，较大程度是由于历史原因和对立法成本的考虑，而非基于立法的宗旨和核心关切。长期以来，中国较为重视物质文化遗产的保护，法律也全部以物质文化遗产保护为立法需求。直至21世纪初，随着国际文化遗产保护实践的不断发展，以及中国加入《保护非物质文化遗产公约》必须履行其义务的需要，对非物质文化遗产逐渐提出了保护需求，中国也逐步吸收和接纳了"保护非物质文化遗产"这一法律概念。在2005年的国务院发布的《关于加强文化遗产保护的通知》中开篇就"文化遗产"的概念进行了阐释，并将其分为物质文化遗产和非物质文化遗产两大类。这是国内首次在较高层次法律文件中出现"文化遗产"，以及物质和非物质两大类文化遗产的阐释与分类。从立法成本方面看，新中国成立后的70年里，都是围绕"文物"——物质文化遗产概念的替代物——保护进行法制构建。如果将非物质文化遗产整合进原先的物质文化遗产法制体系，势必造成综合成本过高。这不仅只涉及立法环节，而且整个法律实践过程都会发生较大变化。因此，国家最终选择分类立法的方式，在现有《文物保护法》之外，公布实施了《非物质文化遗产法》。但这样一来，分类立法的缺陷也显现了出来。正如一些学者担心的，文化遗产并不能简单地一分为二，物质文化遗产与非物质文化遗产时常紧密联系，简单地割裂二者的联系，容易导致在保护实践时没有进行通盘考虑，顾此失彼，进而破坏了作为文化遗产整体存在的完整性和原真性，不利于对文化遗产的整体保护。[①]

第二，立法具有行政化倾向。规范性和程序性不足是中国文化遗产保护各级相关立法的主要缺陷。笔者对《中国文化遗产事业法规文件汇编（1949—2009）》中1982年至2009年间的收录的182个文化遗产法律文件进行了统计了。结果显示，60.4%（110个）的文件属于规范性文件，在这110个规范

[①] 顾军、苑利：《文化遗产报告——世界文化遗产保护运动的理论与实践》，社会科学文献出版社2005年，第163页。

性文件中，73.6%（81个）的文件使用的标题和行文模式采用"通知"形式，45.4%（50个）的文件标题使用了"加强"某行为的表述。这类文件具有以下三个特点：一是针对现状的事后补救和纠正居多。例如国家文物局2003年公布的《关于进一步加强长城保护管理工作的通知》，其首段写道："这些年来因基本建设、过度开发所造成的人为损毁趋势也在不断加剧。"这表明损毁长城的违法行为已大量存在，公布该通知是为了抑制这种违法势头继续蔓延和加剧，是一种事后补救和对过往违法行为的纠正。旨在进一步加强长城保护管理工作，有效保护长城世界文化遗产，有序开展相关开发利用行为。二是这类文件大都具有短期时效性的特点。例如，国务院每隔一段时期就会发布关于加强文物（文化遗产）保护的通知（指导意见），每一次通知（指导意见）都会根据当时的全国文物工作重点提出相应的要求。例如2005年《国务院关于加强文化遗产保护的通知》，主要围绕组成文化遗产的物质文化遗产和非物质文化遗产两种遗产形态的保护工作展开。这是由于2004年中国加入《保护非物质文化遗产公约》所致。为履行其公约义务，一系列针对非物质文化遗产保护的规范性文件及规章陆续公布：国务院办公厅于2005年3月公布了《关于加强我国非物质文化遗产保护工作的意见》，而且出台了《国家级非物质文化遗产代表作申报评定暂行办法》和《非物质文化遗产保护工作部际联席会议制度》。为整合物质文化遗产即文物和非物质文化遗产保护工作，国务院于当年年底公布了加强文化遗产保护工作的规范性文件，使用了"文化遗产保护"这一标题，而不是之前一直使用的"文物工作"标题。而2016年国务院《关于进一步加强文物工作的指导意见》则又回归到文物的保护工作上，从文物保护的重要意义、总体要求、明确责任、重在保护、拓展利用、严格执法、完善保障七个方面对全国文物保护工作进行了相应规定。该文件重点突出了文物工作中的"拓展利用"。三是这类文件多用描述性语言而较缺少采用规范性条款。例如，2006年商务部、国家文物局联合发布了《关于加强老字号文化遗产保护工作的通知》。通篇看来，整个文件虽然十分详尽地描述了老字号文化遗产保护的方方面面，但唯独缺乏法律文件应有的"规范性"。使用了"尽快""认真""努力""积极"等主观性词汇，无法为衡量老字号文化遗产保护提供客观标准和行为准绳。

第三，法律、法规存在缺失与断档。截至2021年，中国被批准加入《世界遗产名录》的世界遗产总数已居世界第二，但对于世界遗产中文化遗产及文化和自然双遗产的保护，迟迟没有开展较高层次的立法。在现行《文物保护法》中，也没有专门章节安排世界文化遗产的保护。这意味着中国自1985年加入《保护世界文化和自然遗产公约》以来，至今还未完成国内法特别是《文物保护法》在专门法律层面上与该公约的具体衔接。成为世界文化遗产及文化和自然双遗产的遗产地，已经无法再适用"全国文物保护单位"的制度设计予以规范保护。其保护规格和理念，以及立法设计和制度安排都需要用更高要求来予以考虑。更遗憾的是，在行政法规层面，亦未见有统一的世界文化遗产及文化和自然双遗产保护条例或办法制定和颁布。只是在部门规章层面，由原文化部在2006年公布实施了《世界文化遗产保护管理办法》。由于部门规章的法律层级不高，以至于国际条约的履行与国内法的衔接出现较大空隙，不利于世界文化遗产法律保护的实践。同时，还出现了各世界文化遗产地的保护管理条例与总体保护管理办法法律层级倒挂的问题，例如2006年国务院公布的《长城保护条例》，这是由最高行政机关公布的针对单个世界文化遗产保护管理的行政法规，而《世界文化遗产保护管理办法》则是由原文化部，国务院下属部委制定的部门规章。同样，在非物质文化遗产法律方面上也存在缺失。《非物质文化遗产法》公布实施已经近十年，目前国务院尚未公布该法律的实施条例。其结果是在中国现行的行政管理体制之下，整个非物质文化遗产的法律保护，常常陷入无法具体实施的尴尬境地。同时，非物质文化遗产法律缺乏与已有的其他相关法律的关联，没有修正相应的衔接条款，致使非物质文化遗产法律陷入孤立无援的境遇。虽然相关法律建构尚未到位，但保护工作还是需要逐步开展，因此各地关于非物质文化遗产的地方性法规也有出台，例如有《江苏省非物质文化遗产保护条例》（2013年）、《山东省非物质文化遗产条例》（2015年）、《甘肃省非物质文化遗产条例》（2015年）、《广西壮族自治区非物质文化遗产保护条例》（2016年）、《黑龙江省非物质文化遗产条例》（2016年）、《吉林省非物质文化遗产保护条例》

（2017年）等。但由于缺少国务院行政法规上的统一规范，在非物质文化遗产法律框架上就出现了从法律直接到部门规章再到地方性法规的情形，造成了非物质文化遗产保护法制建构上的缺位。

第四，法律设置的公法化。这主要体现在非物质文化遗产保护法律之中。非物质文化遗产是一种公共文化，是特定民族、国家的共同精神财富。人人都有权通过非物质文化遗产了解自身历史发展的权利，了解先辈的生活轨迹、精神世界和社会状态，以及学习、掌握和继承非物质文化遗产的权利。非物质文化遗产是公共文化资源的重要组成部分，是公共利益的体现。[1]《非物质文化遗产法》以及相关地方保护条例皆从公共利益出发，通过设置规范非物质文化遗产调查，确立名录制度、建立传承传播机制，调动各种行政资源保护非物质文化遗产。各级政府和文化行政管理部门成为保护非物质文化遗产的主导力量。诚然非物质文化遗产有公共文化资源属于公共利益的一面，但同时也离不开个体的积极参与。非物质文化遗产的调查、保护、传承、传播关键在于"人"。无论是学者、爱好者，还是传承人、传习人或普通民众，作为非物质文化遗产保护和传承的直接参与者，他们与非物质文化遗产有关的法律关系也应属于《非物质文化遗产法》调节的范畴。例如如何具体保护公民、法人及其他组织在非物质文化遗产调查过程中的权益；如何约束公民、法人及其他组织在调查过程中的违法行为；如何保护公民、法人及其他组织在非物质文化遗产传承活动中的合法权益；如何规范公民、法人及其他组织在传承过程中的相关行为，不会对其他主体的权益造成侵害。这些都需要引起积极的关注。

第五，法律条文笼统，缺乏可操作性。对这一问题，上文第二点中已有涉及。中国现行文化遗产保护法的主旨多侧重于明确保护对象、保护内容和保护方法，而对于保护实施过程中所涉及的一些具体法律问题，如保护范围的确定方式、保护管理机构的设置与运作程序、监督机构的设置与职责、保护资金的来源与金额比例等还都缺乏明确规定。法律保护的规定往往比较笼

---

[1] 李墨丝:《非物质文化遗产保护法制研究——以国际条约和国内立法为中心》，华东政法大学2008年，第125页。

统，可操作性不强。例如现行《文物保护法》第65条规定，违反法律造成文物灭失、损毁的，依法承担民事责任。但是灭失、损毁何种文物的违法行为将承担民事责任；灭失、损毁文物到什么程度将承担民事责任；谁是法条所规定的违法行为主体；灭失、损毁文物构成犯罪承担刑事责任的同时，是否还承担相应的民事责任等，仍需加以规定。过于笼统的法条规定，给解读、实施该法条带来不少麻烦，在《文物保护法实施条例》（2017年）中也无法找到该法条的实施细则，这直接影响了该法条的司法实践效果。再如《文物保护法》第12条规定了个人和单位如有规定的八项事迹，国家将给予精神鼓励和物质奖励。但遗憾的是，该法条只是一个原则性规定，缺乏量化评判标准，《文物保护法实施条例》中同样没有相应的具体规定。再如，在规定非物质文化遗产保护中十分关键的名录制度较为笼统，在《非物质文化遗产法》中设置了两级，即国家级和省级非物质文化遗产代表性项目名录，并明确了两级名录之间的关系。实际上在保护实践中，在两级名录之外，还存在国家级非物质文化遗产扩展项目名录。该扩展项目名录主要针对《非物质文化遗产法》第21条所规定的情况而设置的，即"相同的非物质文化遗产项目，其形式和内涵在两个以上地区均保持完整的，可以同时列入国家级非物质文化遗产代表性项目名录"。但由于申请和审批有先后之分，故实践中采取扩展项目名录的方式进行操作。遗憾的是，在制定本法时，并没有将扩展项目名录的制度设置写入该法，没有完成法条规定内容与法律实践之间的有效衔接，容易造成公众对扩展项目名录的不解与质疑。同时没有像日韩等国非物质文化遗产法律中所建构的多层次名录制度，本法并未涉及国家级（重要）非物质文化遗产、濒危国家级（重要）非物质文化遗产、国家级（一般）非物质文化遗产、省级（重要）非物质文化遗产、濒危省级非物质文化遗产、省级（一般）非物质文化遗产的多层次认定和保护规定，未涉及建立起多层次的非物质文化遗产保护框架。由于保护对象不细分，致使在保护实践中，容易造成保护形式化和空洞化，造成相关资源的浪费。这种缺乏明确性与可判断性的法条规定，导致在法律实施阶段无法给予适当的判断依据，容易成为难以落实和操作的"一纸空文"。

第二节
中国文化遗产法律的"主体性实施保障"及其问题

一、"主体性实施保障"的基本构成

在笔者拟定的分析框架中，中国文化遗产法律的"主体性实施保障"，是指通过实施相关法律来切实保护文化遗产。其"立法保障"只是完成了法律供给与制度安排，即解决"有法可依"的问题。但更为重要的是，这些立法能够被人们认真执行和自觉遵守，从而使纸上的法律变成实际工作和生活中的行为规范。只有法律得到真正的施行，才能有坚固的法治保障。而文化遗产法律实施的主体性环节，就是执法、司法与守法。正是这三个环节，构成了笔者所说的"主体性实施保障"。

中国现行文化遗产法律的执行主体，按照《文物保护法》和《非物质文化遗产法》的安排，主要是县级以上各级人民政府及其文物行政主管部门。对于非物质文化遗产，也大体一致。同时，也存在会同其他行政部门——例如海关、建设、城乡规划、工商行政管理、公安等有关部门——共同执法的情形。根据我国目前的行政体制，文化遗产行政执法的主体共有四个层级：一是国家级，由国务院实行总的领导，主要由文化和旅游部与国家文物局分工执法。文化和旅游部是国务院组成部门，文化遗产事业作为文化事业的重要组成部分，相关工作的开展，受文化和旅游部在国家层面进行指导和统筹。国家文物局是国务院下设的一个专门负责文物保护工作的国家局，由文化和旅游部负责管理。在执法方面，国家文物局一方面有权依法组织查处文物违法的重大案件，另一方面则协同有关部门查处文物犯罪的重大案件。此外，国家文物局还履行文物行政执法督察职责。二是省、自治区、直辖市人民政府文物行政主管部门。主要有两类机构，第一类是省、自治区、直辖市文物局，文物行政违法案件由文物局下属处级部门具体查办。例如北京市文物局下属安全督查处，与北京市文物监察执法队（处级）合署办公。再如浙江省，在省文物局下设"浙江省文物监察总队"（处级），负责全省两个方面的工作，一方面是对不可移动文物、馆藏文物、出入境文物等保护管理的行政执法监督，另一方面是指导与监督市、县两级的文物行政执法工作。[1]第二类是文化市场行政执法总队，北京、上海、重庆、天津4个直辖市都将原先分属于文化、广播电视、新闻出版职能部门的文化市场执法机构进行合并重组，由政府授权行使分属于原先三个部门的行政执法、行政处罚、行政强制和相关行政监督检查职能。虽然这类执法机构从字面上看未被授权对文物保护领域行使行政执法权、监督权、检查权，但在职责设置上是拥有对文物行政违法案件的查处和处罚权的。三是副省级省会城市、计划单列市、地级市人民政府文物行政主管部门。在这个层级的文物行政主管部门的执法部门形式更为多样，既有市文物局，同时也有统合文化、广播电视、新闻出版等职能的文化广电新闻出版局，下属设置文化市场行政执法支队，文物行政违法案件由文化市场行政执法支队查处。四是区、县级人民政府的文物行政主管部门。主要是区、县文物（管理）局，同时也有文化市场执法（大队）支队。全国各级文物行政主管部门的行政执法机构，主要针对违反文化遗产相关法律和法规的行政违法行为依法进行行政处罚。

以上文物、文化行政执法主体，负责文化遗产法律的执行，以及对各种相关违法行为依法进行处理。应当说，文化遗产行政执法取得了相当的成效。如根据综合2015年至2017年全国文物行政执法和安全监管工作情况的数

---

[1] 浙江省文化厅：《浙江省文物监察总队》，2018年4月24日，http://www.zjwh.gov.cn/stgk/contnet_30_457.htm。

据①，在此三年里，全国各级文物行政部门及文物执法机构开展文物执法巡查23103次，发现各类违法行为679起，其中按简易程序改正处理522起，按一般程序立案查处157起。立案查处涉及全国重点文物保护单位违法案件90起。其中，按违法类型分，破坏文物本体案件4起，在保护范围内的违法案件57起，在建设控制地带内的违法建设案件15起，擅自修缮不可移动文物案件8起，其他6起；按违法主体分，法人违法案件64起，其他案件26起；按查处结果来分，文物行政部门实施行政处罚32起，责令改正70起，涉嫌犯罪移交公安司法机关6起，纪检监察机关实施责任追究8起。各级文物行政部督查督办或配合相关部门处置文物安全案件事故401起。其中，盗掘古文化遗址古墓葬案件308起，盗窃、抢劫文物案件40起，故意或过失损毁文物案件6起，文物火灾事故13起，其他文物安全事故34起。

文化遗产的司法保障，也是其"主体性实施保障"的关键环节。众所周知，文化遗产属于公共财富，当文化遗产受到不法侵害尤其是犯罪侵害时，司法就成为保护文化遗产的最后一道防线。按照中国的司法体制，文化遗产司法保障的主体是人民检察院和人民法院，主要的保障手段是通过民事诉讼、行政诉讼和刑事诉讼按照法定程序实现。在民事诉讼方面，司法机关根据《文物保护法》第65条第1款与《非物质文化遗产法》第40条的规定，按照《民事诉讼法》的程序，追究违法者的民事责任。在行政诉讼方面，根据2004年原文化部公布的《文物行政处罚程序暂行规定》的相关规定，对不服文物行政处罚决定的当事人，可以申请行政复议或提起行政诉讼。在刑事诉讼方面，当行为主体触犯《文物保护法》和《非物质文化遗产法》，构成犯罪的，由司法机关依法，按法定程序，追究法律责任。对于文化遗产保护的司法保障，还要求司法机关依法合理进行裁量。为此，最高人民法院、最高人民检察院于2016年1月1日专门公布施行了《关于办理妨害文物管理等刑事案件

---

①数据和统计口径来源于《国家文物局关于2015年度文物行政执法和安全监管工作情况的通报》，文物督发〔2016〕7号，2016年3月24日；《国家文物局关于2016年度文物行政执法和安全监管工作情况的通报》，文物督发〔2017〕11号，2017年4月27日；《国家文物局关于2017年度文物行政执法和安全监管工作情况的通报》，文物督函〔2018〕346号，2018年4月16日。

适用法律若干问题的解释》。

在司法实践中，人民法院审判了不少文化遗产犯罪案件。例如，1997年1月，被告人周某、赵某在霍某（当时在逃）的提议下，预谋盗割宋陵石人头像进行倒卖，牟取利益。1998年郑州市中级人民法院以盗掘古文化遗址、古墓葬罪，分别判处周某、赵某各有期徒刑十三年，剥夺政治权利三年。一审法院宣判后，郑州市人民检察院以"判决适用法律不当，量刑畸轻为由"，提出抗诉。河南省高级人民法院经审理查明后认为，二被告人盗掘古墓葬的行为发生在1997年9月30日之前，根据《刑法》第12条及最高人民法院《关于刑法第十二条几个问题的解释》第3条的规定，应当适用《全国人民代表大会常务委员会关于惩治盗掘古文化遗址古墓葬犯罪的补充规定》，原判适用法律不当，抗诉理由成立。二被告人非法盗割宋陵石刻官人头像，均构成盗掘古墓葬罪，且给珍贵文物造成永久性损坏，情节严重，二被告人均系本案主犯，均应依法从重处罚。最终河南省高级人民法院撤销郑州市中级人民法院的初审判决，依照《刑法》第12条、第25条、第26条第1款、《全国人民代表大会常务委员会关于惩治盗掘古文化遗址古墓葬犯罪的补充规定》的第1款第1、4项及《刑事诉讼法》第189条第2项之规定，分别判处二被告人无期徒刑，剥夺政治权利终身；各并处没收财产1万元。[①]再如1995年5月，被告人王某因盗割宋代雕造的释迦牟尼佛头像，被重庆市中级人民法院依照《全国人民代表大会常务委员会关于惩治盗掘古文化遗址古墓葬犯罪的补充规定》第1款第4项和《刑法》第53条之规定，判决其犯盗掘古文化遗址罪，判处死刑，剥夺政治权利终身。宣判后，被告人王某不服，提起上诉。四川省高级人民法院审理后认为，被告人已构成盗掘古文化遗址罪，情节特别严重，依法应予以从严惩处。王某上诉所提检举立功问题，经查不实，立功表现不成立。但根据本案具体事实及被盗掘的佛头像已追回情节，原判对王某量刑过重，最终依照相关法律，判决其犯盗掘古文化遗址罪，判处无期徒刑，

---

① 中国文物报社：《中华人民共和国文物保护法——以案说法》，文物出版社2003年，第172—175页。

剥夺政治权利终身。[①]

此外，司法机关在文化遗产保护方面还负有司法强制执行的职责。例如，2016年5月，文物执法人员巡查发现，浙江省永嘉县芙蓉村村民擅自在芙蓉村古建筑群建设控制地带内修建房屋，即当场下发责令改正通知书，要求其立即停止施工建设。永嘉县文物监察大队执法人员对其作出罚款5万元的行政处罚决定，但当事人未自觉履行，待期限届满后，向人民法院申请强制执行。[②]

守法，作为"主体性实施保障"的组成部分，在文化遗产法治保障中也具有重要的作用。在法治国家，守法是一切国家机关、社会组织和公民的法定义务。在"八二宪法"中，已经规定了这一义务。而《文物保护法》也明确确认了文化遗产事业各方主体的守法义务。毫无疑问，守法是文化遗产法律得以实施的第一环节。文化遗产法律牵涉许多的主体，比如文物所有权人、文物保护单位、文物考古与发掘者、文物流通过程中的各方参与者、游览与参观者、非物质文化遗产的代表性传承人及传播者、普通的公众乃至行政执法部门和司法机关等等。如果这些主体能够自觉遵守文化遗产法律，显然就可以成为该法律得以实施过程中最强大且成本最低的力量。

以上三个方面，形成了中国文化遗产法律"主体性实施保障"的基本结构。其中，守法是该法律实施的先行条件，执法是该法律实施的关键，而司法则是该法律实施的底线。

二、"主体性实施保障"存在的问题

尽管当下中国文化遗产法律的"主体性实施保障"已经初步建立起来，文化遗产法治保障也已呈现出前所未有的良好态势，但仍然存在一些亟待解决的问题。出现这些问题，一方面是因为经济发展与文化事业之间的矛盾，

[①]中国文物报社：《中华人民共和国文物保护法——以案说法》，文物出版社2003年，第182—184页。
[②]国家文物局：《国家文物局通报2016年度文物行政执法与安全监管工作情况》，2017年4月27日，http://www.sach.gov.cn/art/2017/4/27/art_722_140231.html。

容易使人们重前者而轻后者；另一方面中国当下的法治也处于发展与完善的过程之中，存在制度缺失与行为缺位。我们只有客观、充分地把握和认识这些问题，才能找到其解决的办法，从而完善文化遗产的法治保障。据笔者的考察，在"主体性实施保障"方面，存在以下问题。

第一，执法主体分散。在中国，文化遗产的实际保护，主要通过国家相关职能部门的行政管理和行政执法实现。"相关职能部门"顾名思义，是指与文化遗产保护有关的所有职能部门。这些职能部门在中国的行政体系中分属不同的部委，关系较为复杂。目前主要由文化和旅游部及其所管理的国家文物局、住房和城乡建设部等部门，分别就各自特定的文化遗产保护对象进行管理与执法。文化和旅游部负责统筹管理全国文化发展相关事务，下属非物质文化遗产司负责全国非物质文化遗产申报、保护和管理事宜；国家文物局是文化和旅游部管理的专门性国家局，负责全国物质文化遗产的保护，世界文化遗产的申报、规划、保护和管理；文物保护单位（不可移动文物）、馆藏文物（可移动文物）的管理等。住房和城乡建设部负责历史文化名城名镇名村的申报、规划、保护和管理，负责国家级风景名胜区的审批、规划和验收工作；自然资源部负责全国文化遗产（风景名胜）保护用地的审批。此外，发展改革委、公安机关、财政部门、环保机关、海关、工商管理部门、宗教事务主管机关以及海洋资源管理机关等也负有保护文化遗产的部分职责。这种既分散又复杂的行政管理系统，带来的一个后果就是文化遗产保护和管理工作的行政效率偏低，执法力度不足。由于多个平行机关都对文化遗产保护和管理行使职权，许多行政成本都用在部门间的相互协调和协作之上。我们从发布的大量多部门规范性文件，以及众多机关的联合执法行动就可以看出这一问题。同时，由于多机关对文化遗产管理和保护都负有职责，因此，对于保护管理实践中出现的问题，往往很难捋清到底谁应该负主要责任，这必然导致法律保护具体实践过程中出现相互推诿、相互扯皮的现象。由于文化遗产管理头绪庞杂，每个职责部门都各执一词，各有各的规矩。但规矩的实施却较为封闭，与其他职责部门存在信息不对称、沟通不畅的情况。例如，当工程建设涉及文物破坏时，文物行政管理机关虽勒令停工，但施工单位往往选择不停工。这是因为施工方实施的建设工程是得到住建部门的批准的，拥有正常的手续和批复。[①]站在施工方的立场上，资质、审批、手续齐备，合情合理，找不到停工的理由。一旦选择停工，施工方将承受高额的停工成本和费用。

第二，职能部门缺乏有效执法权。无论是《文物保护法》第8条还是《文物保护法实施条例》第4条、5条，都没有明文规定各级文物行政主管部门的执法权授予问题。而在《文物保护法》第9条后半部分，规定了对公安机关、工商行政管理部门、海关、城乡建设规划部门等国家机关文化遗产执法权的授予，但唯独没有规定文物行政主管机关的执法权问题。在目前的执法实践中，由于文物行政机关独立执法权的缺失，往往要协调以上多个机关，尤其是依靠强力执法部门共同进行执法行动，这导致部门协调成本高昂，执法效果不佳。同时，文物行政管理机关的执法活动，往往以罚款作为最具威慑力的行政处罚措施。除了拥有罚款作为行政处罚的权力外，文物行政管理部门基本没有另外的行政处罚措施，更多的是辅以批评教育、责令恢复原貌等措施，法律威慑力和执法权威受到严重削弱。笔者对《2017年全国重点文物保护单位行政违法案件统计表》进行了统计，发现在全国调查处理完毕的76件案件中，采用罚款作为行政处罚形式的案件有32件，占比42.1%。只批评教育、责令恢复原貌的案件有20件，占比26.3%。两项合计52件，占比高达68.4%。

第三，执法队伍人数、经费、素养不足。改革开放以来，中国在文化遗产执法队伍建设方面取得了长足进步，制度上也有一定的规制与引导。如国家文物局在2003年《关于进一步加强文物行政执法工作的通知》中规定对其执法者的要求。2011年，国家文物局又重申了这一规定。但是，其执法队伍总体上还远未能与繁重的文化遗产保护任务相匹配。《国家文物局关于2017年度文物行政执法和安全监管工作情况的通报》中提到：省级文物部门一般未设专门文物安全监管处室，市、县一级设置了专管机构的不足5%，大量文

[①]张伟明：《中国文物保护实现效果研究》，文物出版社2017年，第83页。

物保护单位、文物收藏单位无专门负责安全的机构和人员。许多地区对文物违法行为、文物安全隐患排查力度不够，对一些长期存在或未加处理的案件和安全隐患充耳不闻、视而不见。法律未被严格遵从、执行乃至违法不究的现象在各地不同程度存在；个别地区委托综合执法机构负责文物执法，日常执法巡查与安全监管责任难以落实。①特别是在"老少边穷"地区，基层文物巡查执法队伍还十分欠缺，缺编情况时有发生。由于许多遗址类文化遗产要求原地保护，而保护地处于人烟稀少的野外或欠发达地区，文物巡查执法队伍人员长期处于缺员状态，这势必使文化遗产处于极不安全的状态，使盗窃古文化遗址或古墓葬等违法行为发生的概率大大增加。再者，中国目前以经济建设为中心，社会资源特别是财政资源大幅向经济建设相关领域倾斜，虽然国家年年增加文化遗产保护领域的经费支持，但仍无法满足现有文化遗产保护的总体需求，许多地方的文化遗产保护经费支出有不足的情况出现，无法有效负担文化遗产执法队伍的人员经费和业务支出。更糟糕的是由于目前的文物行政部门的所有经费由地方财政负担，如果当地财政本来就捉襟见肘，能用在支持文化遗产执法队伍建设上的经费支出就更难上加难了。由于经费不足，薪酬有限，无法吸引拥有较高受教育程度的人才加入执法队伍，基层文化遗产执法队伍建设容易陷入"人财两空"的恶性循环。为了一定程度上解决经费不足、人员紧缺的问题，部分地区采用由综合性的文化执法机构代替专门的文化遗产执法机构。例如由文化市场综合执法队代为承担文化遗产执法的职责。虽然这种做法一定程度上抵消了因为执法部门过于分散而削弱的执法效力，表面上节约了人员经费开支，但由于文化遗产执法人员素养要求较高，需要有一定的历史文化和基本的文化遗产保护专业知识，这种综合性执法队伍的人员素养其实并不能满足文化遗产执法的需求。

第四，对违法犯罪惩罚过轻。一直以来，中国有关文化遗产的司法活动存在惩处过轻的问题，常受人诟病。实际上，从中国文化遗产保护实践来看，相当数量的文化遗产违法犯罪行为，是由法人单位实施的。对法人单位违法

---

① 国家文物局：《国家文物局通报2017年度文物行政执法和安全监管工作情况》，浙江省文物局2018年4月17日，http://www.zjww.gov.cn/news/2018-04-17/1231737990.shtml。

第四章 中国文化遗产法治保障的基本框架及存在的问题

的,可以根据《文物保护法》第69条、77条和79条的规定,对其直接负责的管理人员和其他直接责任人员追究行政责任,给予行政处分。但追求其刑事责任却往往不到位。正因为对于文化遗产单位违法犯罪的处罚过轻,法人单位破坏文化遗产才屡禁不止,发案率一直居高不下。正如顾军等在2005年出版的《文化遗产报告——世界文化遗产保护运动的实践与理论》一书中也提到这一问题。[1]虽然近些年来,文化遗产的司法活动加强对文物犯罪的刑罚力度,但总体上还存在惩处过轻的问题,以至于相关行为主体忽视相应法律义务与职责,肆意妄为,这显然无法达到震慑文化遗产犯罪的目的。笔者从2015年至2017年国家文物局三年文物行政执法和安全监管工作情况的通报中分析可知,三年间全国范围内破坏文物本体案件25起,占立案查处行政违法案件总数（429起）的5.8%；在保护范围内进行违法建设案件137起,占立案查处行政违法案件总数的31.9%；在建设控制地带内进行违法建设案件49起,占立案查处行政违法案件总数的11.4%；擅自修缮不可移动文物案件24起,占立案查处行政违法案件总数的5.5%。合计违法建设类的案件达到了总案件数的43.3%。对于这占比43.3%的案件,文物行政主管部门采取的惩处措施多为迁移、拆除违建,改正违法行为,恢复文物原貌,部分处以罚款。三年通报中,只有三起针对全国重点文物保护单位的违法施工破坏文物案件,除了缴纳一定程度的高额罚款外,还追究了相关人员的刑事责任。分别是2015年2月河南省新郑故城东城墙因水利施工遭到破坏,相关责任主体被处以罚款50万元的行政处罚,并追究相关责任人的刑事责任。2017年4月河南省安阳市的一起违法施工破坏文物案件,对固岸墓地保护范围和建筑控制地带内多处古墓葬造成破坏,相关责任人被处以罚款50万元的行政处罚,并追究其中2人的刑事责任。2017年9月,河南省偃师市双语实验学校多次在尸乡沟商城遗址核心区内进行违法建设,其相关主要领导、施工负责人犯故意损毁文物罪,被追究刑事责任。根据《文物保护法》第66条的规定,50万元罚款的行政处罚已经是处罚上限。这与目前建筑工程动辄上亿造价相比,处罚力度着

---

[1] 顾军、苑利：《文化遗产报告——世界文化遗产保护运动的理论与实践》,社会科学文献出版社2005年,第172—173页。

实过轻。

第五，公益诉讼缺失。目前，最新修订的《民事诉讼法》和《行政诉讼法》都对公益诉讼进行了规定。但在目前司法实践中，针对文化遗产保护，无论是民事公益诉讼还是行政公益诉讼，都十分少见。就目前的司法实践来看，限制将破坏文化遗产作为损害社会公共利益理由提起公益诉讼的障碍，主要在于无论是《民事诉讼法》还是《行政诉讼法》都没有明文规定相关组织就破坏文化遗产这一损害社会公共利益的行为，是否可以向人民法院提起公益诉讼。因此，即使有组织提起文化遗产的公益诉讼，也很难作为合理的法律诉求而被法院受理。

第六，法人与公民违法现象严重。首先，通过2015年至2017年国家文物局三年文物行政执法和安全监管工作情况的通报可以了解到，法人违法行为不断发生，或者说，法人不守法的现象比比皆是，已形成恶劣风气。2015年国家文物局直接督办的案件中，法人违法案件占78%；2016年国家文物局直接督办的案件，法人违法案件占比也高达76%。法人相对于公民来说，汇集和掌握更多的社会资源，抗拒法律的能力更强，法律的威慑力在法人面前显得较为羸弱。中国正处于经济高速发展的历史阶段，民众对经济利益的过分追求，十分容易滋长不守法的风气。法人违法案件集中发生于城乡建设领域，特别是不可移动文物的保护与房地产开发、基础设施建设、市政建设等具有尖锐矛盾的领域。对于此类矛盾，基于人力、物力、时间成本的综合考量，最容易的做法就是将文化遗产"一铲了之"，就算触犯法律，也只会是罚款了事，对于法人来说，违法成本与建设成本相比简直不值一提。其次，民众不懂法、不信法。法治教育，特别是针对农村社群的法律意识培养和教育工作仍显薄弱，民众的文化遗产法律保护意识更是不容乐观。民众不懂法、不信法的情况频繁出现。例如，对于考古发掘的认知，在许多农村考古场景中，围观的群众大多认为考古科研人员无异于挖宝人，考古队能挖，这地还是自己的，为什么自己不能挖。再如，由于部分偏远不发达地区文化遗产现状欠佳，缺乏有效看护管理，给人的感觉只是一堆破砖烂瓦，民众很容易认为此地无人看管，砖瓦可以作为建筑用料随意取之。况且，文化遗产的保护，时常站在民众既得利益的对立面,例如征地动迁、上缴文物、补偿不到位等情况,也使得民众难以接受保护文化遗产的法律、法规。根据任大鹏《我国现阶段农民法律意识的调查与分析》中的分析,农民年龄越大,关于法律的整体意识越淡薄,越不易相信法律;收入越高的农民群体接触法律的机会越多,受教育程度越高,法律意识越强;居住地发达的农民比不发达或欠发达地区的农民法律意识要强。[1]总的来说,文化遗产法律并没有在民众中形成更为有效的共识和基本认同感,从而无法让民众自觉遵守,并为保护文化遗产提供内在动力。

---

[1] 任大鹏:《我国现阶段农民法律意识的调查与分析》,载《中国农村观察》1999年第3期,第61—65页。

第三节
中国文化遗产法律的
"支持性实施保障"及其缺失

一、"支持性实施保障"的基本构成

笔者认为,在整个文化遗产的法治保障中,尤其是对于其"主体性实施保障"来说,有一种"支持性"的要素或力量,可以叫做"支持性实施保障"。这一保障包括法治监督与法治文化。

在中国现行的制度、体制之下,广义而言,文化遗产的法治监督,主要由国家权力机关的监督、监察委员会的监督(过去行政监督机关的监督)、国家审计机关的监督、社会和新闻舆论的监督等方面组成。

国家权力机关的监督,主要是全国人大和全国人大常委会对文化遗产法治运行情况的监督。例如,全国人大常委会执法检查组对《文物保护法》相关实施情况进行全国范围内的检查。2012年4月至5月,全国人大常委会专门就《文物保护法》的实施情况,在全国范围开展了文物保护法执法检查,并完成了《全国人民代表大会常务委员会执法检查组关于检查〈中华人民共和国文物保护法〉实施情况的报告》。[①]这是全国人大常委会针对《文物保护法》实施状态进行的第一次执法检查。这次执法检查所形成的报告,指出了《文物保护法》实施过程中的四大问题,例如破坏文物的大案要案时有发生、文物执法能力不强等。报告又列举了七项建议,包括:切实依法保障文物安全、

[①] 路甬祥:《全国人民代表大会常务委员会执法检查组关于检查〈中华人民共和国文物保护法〉实施情况的报告》中国人大网2012年7月11日,http://www.npc.gov.cn/npc/xinwen/2012-07/11/content_1729564.htm.

加强文物执法队伍建设、健全文物流通监管等。同时,该报告还建议将《文物保护法》的修订列为全国人大常委会的立法规划,由此有了2013年对《文物保护法》进行的修改。可以说,国家权力机关的执法检查,是其监督、支持行政执法活动的主要方式。

行政监督机关的监督,主要由行政监察机关和国家审计机关构成监督主体。行政监察机关,即原监察部及下级监察厅等。2018年3月宪法修订后,监察部并入监察委员会。但鉴于监察委员会运作时间较短,所以这里仍就行政监察机关的监督来说。行政监察机关主要依法采用主动调查的方式或者接受行政相对人的申诉、控告、检举等方式,发现文化遗产行政执法人员的违法、违纪行为。对这类违法、违纪行为,行政监察机关一方面可以直接处分,另一方面可以建议主管行政机关进行处分。这种监督,无疑会强有力地制约文化遗产行政执法人员的执法活动,保障国家各相关行政机关切实执行法律,从而依法保护文化遗产。而作为行政监督的主体,国家审计机关主要是对各级人民政府及其职能部门有关文化遗产工作的财政预算或收支进行监督。

社会和新闻舆论的监督,主要是由普通公民和国家机关以外的其他组织构成监督主体。由于国家机关系统以外的公民、社会公益组织的监督范围广,形式多样,能够对国家权力机关履行保护文化遗产职责形成立体监督网络和外部监督压力,促使国家权力机关认真履行宪法和《文物保护法》等法律赋予的保护文化遗产职责。

如果说法治监督是通过检查、督促、追责等方式来促进、支持执法与司法的话,那么,法治文化则是从思想认识或文化观念上为"主体性实施保障"提供精神与理念的支持。执法、司法、守法的前提是学法、知法、懂法乃至于熟悉、精通法律。因此,从广义言之,法治文化建设涉及多个方面。第一,深入展开对文化遗产法律的理论研究,使执法者、司法者、守法者学习和把握文化遗产相关法律法规。第二,深入开展法治宣传教育,培育文化遗产方面的法治文化。当下的中国文化遗产法治文化建设的一大举措,就是通过各级文化和文物行政主管部门负责进行文化遗产相关的普法宣传活动,主要有两种途径,一种是在行政系统内部,自上而下的传达式普及和学习培训,其主要受众是各级文化遗产行政管理与执法人员；另一种是对普通大众的宣传和普及，主要采用大众传媒（广播、电视、报纸）、专题展览、流动宣传站（车）、普法讲座、专家咨询、知识竞赛等形式。同时，由于近年来移动互联网的兴起，一些文化遗产管理机关开设微信公众号、微博账号，通过新媒体微传播平台进行普法活动。此外，2005年，国务院落实了冯骥才、郑孝燮等人关于设立"文化遗产日"的提案与倡议，决定设立"文化遗产日"，即从2006年起，每年六月的第二个星期六为中国的"文化遗产日"。在举办"文化遗产日"的活动时，加大对优秀文化遗产内容和文化遗产保护知识的宣传。据此，国家文物局自2009年起每年选取一座城市举办"文化遗产日"主场城市活动。十年后，即2016年，国务院又决定，将"文化遗产日"调整为"文化与自然遗产日"，使这一节日的内涵更加丰富。自2006年起，每一年都有一个主题活动。①通过开展上述一系列的文化遗产法治宣讲和培训活动，逐步培养对法律保护文化遗产的自觉认同和共识，从而熟悉相关法律、法规，进而依法执法、懂法守法。

二、"支持性实施保障"的缺失

同"主体性实施保障"一样，"支持性实施保障"也存在一些缺失。下面从法治监督与法治文化两方面分别论之。

在法治监督上，主要是监督的成效性不足。前文已述，国家权力机关的监督、政府内部的行政监督和审计监督、监察委员会的监督、人民群众和新闻媒体的舆论监督，共同构成了中国当下的多点式法治监督网络。但是，总体上看，法治监督体系运作的成效尚有不足。正如有宪法学者指出的那样，当前中国监察体系存在的主要问题，是同体监督乏力、异体监督缺失、党纪

---

①2006年至2018年活动主题分别是：2006年："保护文化遗产，守护精神家园"；2007年："保护文化遗产，构建和谐社会"；2008年："文化遗产人人保护，保护成果人人共享"；2009年："保护文化遗产、促进科学发展"；2010年："文化遗产在我身边"、非物质文化遗产活动："非遗保护,人人参与"；2011年："文化遗产与美好生活"；2012年："文化遗产与文化繁荣"；2013年："文化遗产与全面小康"；2014年："让文化遗产活起来"；2015年："保护成果全民共享"2016年："让文化遗产融入现代生活"；2017年："文化遗产与'一带一路'"；2018年："多彩非遗,美好生活"。

国法断层、监察资源分散、对象难以周延等。[①]在文化遗产法律保护领域，影响法治监督成效的一个问题乃是体制机制不顺。在中国部分地区，已经建立了专门的文物监察机构，例如浙江省于2005年组建了"浙江省文物监察总队"，其职责包括：第一，负责查处文物违法行为；第二，实施文物安全督察；第三，指导与监督市、县两级的文物行政执法工作。但是，从该机构的实际职责构成来看，主要还是以行政执法为主，兼顾文物安全督察，并没有被授权监察政府和相关公职人员的文物违法行为，对于下一级的监督权限也只限于对下一级职能部门的文物行政执法行为，而下一级政府和公职人员的文物违法行为则不在其监督范围内。有些地区还组建了既执法又监察的机构，存在将执法和监察本应该分离的两项权力整合授权给一个机构的情况，如北京市的"文物监察执法总队"。另一问题在于，由于中国目前实行的是文物分级制行政管理，下级文物行政管理部门对上级文物行政管理部门负责，从文物行政管理制度设计上看，下级职能部门的许多工作需要主动向上级职能部门备案、报批、请示、上报等。如果缺乏有效的法治监督，下级职能部门则有可能因为害怕追责，出现隐瞒不报、擅自处置的问题。《国家文物局关于2017年度文物行政执法和安全监管工作情况的通报》中提到："'管理单位隐瞒不报、主管部门毫不知情现象'在许多地方依然存在。十三陵思陵文物被盗一年多，管理单位擅自处置，长期隐瞒不报。国家文物局执法监测发现的全国重点文物保护单位范围内违法行为，内蒙古、辽宁、江西等地文物管理使用单位和文物部门均未主动上报。"从中可以看出：一是下级职能部门发现问题欺瞒不报，从而使上级部门与监察机关无法对文物行政行为进行有效的监督。二是目前的执法监测（监督）存在滞后性，无法做到及时有效制止正在发生的违法行为，或对有可能发生的违法行为进行及时预警。三是缺乏常态化的有效监督，上述通报中就提到："许多地区对文物违法行为、文物安全隐患排查力度不够，对一些长期存在的案件和隐患视而不见，有法不依、执法不严、违法不究现象不同程度存在。"正是由于对文物违法行为和安全隐患

[①] 秦前红：《困境、改革与出路：从"三驾马车"到国家监察——我国监察体系的宪制思考》，载《中国法律评论》2017年第1期，第177页。

的长期漠视，形成熟视无睹的思维惯性，而一旦造成文物损毁，首先想到的是隐瞒不报、掩盖罪责、逃避追责。只有长期有效的法治监督才能及时发现文物行政保护和管理中存在的问题，及时纠正可能发生或正在发生的违法行为和安全隐患，最大限度降低违法行为和安全事故对文化遗产的侵害。此外，人民群众和新闻媒体对职能部门形成的舆论监督时虽声势高涨，但由于处理过程缺乏公开性和对单个事件缺乏持久关注，一旦舆论热点热度消退，许多问题就不知所终，渐渐消失在舆论声中。

从法治文化上看，文化遗产法律的宣传普及，也有不少空缺之处。长期以来，文化遗产法律的宣传普及，主要依靠各级文物行政部门分级负责进行，而这就必然依赖于文物行政部门的资源调动能力，即对普法活动所需物力、人力、财力等资源的支配和调动能力。显而易见，文物行政部门的资源调动能力是极其有限的，甚至是匮乏的。因此，限于文物行政部门极为有限的资源调动能力，目前的文化遗产法律普及的层次较低，宣传范围不甚广泛。其结果，在文物执法实践中，文物保护的法律意识往往被地方性知识、行政思维和行为习惯所替代。而在民间，多年来，文物保护法律的传达体系对民间社会的影响力较为有限，文物法律的执行机构也高度混同于其他行政机构，没有凸显出其培育文物法律意识、宣传文物法律知识的积极作用。[1]一个重要的问题是，文化遗产法治文化的构建，首先需要依赖于文化遗产保护认知的有效传达。但实际上，一些政府机构、法人与公民缺乏对文化遗产保护的基本认知。例如2006年某轻工机械厂擅自在县级文物保护单位范围内进行挖掘的案件。从文物行政执法人员的询问笔录可以看出，当事人对于所挖掘城墙的遗址性质完全不了解，不知道所破坏的对象是县级文物保护单位，为拆除水塔方便，自以为在老厂房旁边搬几个石头而已，显然当事人缺乏基本的文化遗产保护认知。[2]这种不知情的文化遗产违法事件，在中国的县以下行政区域时常发生。当事人首先不清楚哪些属于文化遗产，不了解保护文化遗产的重要性，也不清楚哪些行为会破坏文化遗产，更不知道其行为已构成文化遗

---

[1] 张伟明：《中国文物保护实现效果研究》，文物出版社2017年，第124页。
[2] 张伟明：《中国文物保护实现效果研究》，文物出版社2017年，第114—115页。

产违法犯罪。可以设想，如果当事人具备基本的文化遗产保护认知，知道这老厂房旁的石头堆（城墙）是文化遗产，是大家共同拥有的重要财富，并且理解保护文化遗产的重要性，明了擅自改变文化遗产原貌属于破坏文化遗产的违法行为，这些认知就会为即将发生的违法犯罪行为提供了一道思想上的防范屏障。

第五章

中国文化遗产法治保障的完善

在当代中国，不论对于"法治中国"建设来说，还是对文化遗产的保护而论，文化遗产的法治保障都是其重要的组成部分。也正因为如此，文化遗产的法治保障，既与整个法治体系相联系，也与文化遗产事业相关切。不过，本书主要落脚于文化遗产的法治保障这一专项法治问题，所以，笔者讨论其完善的方向与措施时，当然需要考虑到一般法治体系中的问题，但更主要是会着眼于文化遗产法治保障所存在的特殊问题。

第一节
完善文化遗产的"立法保障"

放眼世界,但凡文化遗产保护状况良好的国家,都具有完备的文化遗产法律、法规体系。这是因为,建立种类齐全、结构合理的文化遗产法律系统,是构造文化遗产法治保障的基础性工程。文化遗产的法治保障,要求在立法环节注重文化遗产保护的内在发展规律,紧密跟踪文化遗产保护理念的动态演进,及时对文化遗产保护实践保持有效反馈,不断优化、完善文化遗产法制系统,建立健全文化遗产法律、法规,为文化遗产管理体系提供层次分明、相互协同的法律、法规保障。

在当下中国,《文物保护法》和《非物质文化遗产法》仅仅是文化遗产法律体系的主干,要想文化遗产法律体系成为参天大树,就必须制定多层次、多维度的文化遗产法律体系。一方面,在纵向上形成宪法、部门法、地方性法规等多个清晰的文化遗产立法层次。另一方面,在横向上进一步理顺以《文物保护法》和《非物质文化遗产法》为主干,《刑法》《刑事诉讼法》《物权法》《消防法》《城乡规划法》《环境保护法》《公共文化服务保障法》《档案法》《拍卖法》《海关法》《森林法》《广告法》等其他法律深度配合的法律保护网。正如上一章所述,在此方面,我们已经具有良好的基础,同时也存在一些不足,需要加以补充。

针对中国目前文化遗产"立法保障"所存在的不足,以及世界范围内文化遗产法律保护的发展趋势,完善中国文化遗产"立法保障",主要可以从以下三个方面着手。

一、充实法律制度的内容

文化遗产保护的实践，随着人类对文化遗产本身的深化理解而不断发生着变化，一些新的文化遗产概念正逐渐在世界范围内被转译、接受、吸纳。例如，人们不断提出线性文化遗产、文化景观、农业文化遗产、工业文化遗产等新的概念。虽然目前文化遗产学界围绕部分概念还存有不少争论，但恰恰表明人类对文化遗产的认知正不断进行演化和修正，文化遗产的内涵和外延也在不断进化和扩大。这就要求，文化遗产领域的立法，必须处于一种动态而持续的跟踪状态。这并非意味着文化遗产立法的不稳定性和不确定性，而是要求文化遗产立法需要及时与文化遗产保护实践的步伐保持基本一致。

值得关注的是，不论是从国外文化遗产法治的发展趋势、国际性的相关公约与文件的最新精神来看，还是从中国已有的文化遗产保护立法及其理论研究来说，文化遗产的法律保护已不再是单纯依赖于以文物所有权为基石和核心的财产权保护模式，而是向知识产权保护与环境保护等多种法律保护的方向延展。例如在《非物质文化遗产法》以及相关地方性法规中，知识产权保护问题更加凸显出来。还有学者提出，文化遗产保护立法应注意构建自然与人的平等法律地位和内在价值，需要运用生态法价值理念确认文化的主体法律地位和内在价值。[①]在目前中国文化遗产法律框架下，将《文物保护法》和《非物质文化遗产法》合并为一部法律的概率就近期来看并不大。因此，根据宪法所规定的保护文化遗产的大原则，分别对物质文化遗产和非物质文化遗产的保护立法，以作为文化遗产保护的基本法律，再由相关法律、行政法规、部门规章和地方性法规等予以补充、完善，其实是较为妥善的解决方案。为此，必须根据社会、经济、文化的发展情势与文化遗产保护的客观需要，充实上述两部法律，尤其是将一些在行政法规、部门规章中设置的制度，提升到"法律"层面，以提高其法律位阶。基于这一考虑，笔者认为，较为重要的是在上述两部法律（或其中的某一部法律）中确立下列六种法律制度。

[①] 朱贵祥：《文化遗产保护立法基础理论研究——生态法范式的视角》，中央民族大学2006年博士论文，第54—55页。

第一，文化遗产普查制度。文化遗产普查制度是准确掌握境内文化遗产情况的最佳方式。只有定期掌握全国范围内文化遗产的实际数量、状态、本体特征以及保存情况等信息，才能全面建立文化遗产名录和档案，有针对性地制定保护规划，对文化遗产实施有效保护和管理。目前的制度设计是全国性的文物，包括不可移动和可移动文物的普查工作由国家文物局不定期部署实施。新中国成立后，对于不可移动文物，中国已经进行过三次全国性的普查：分别是1956年开始的第一次全国文物普查工作；1981年至1985年的第二次全国文物普查工作；以及2007年至2011年的第三次全国文物普查工作。对于可移动文物，2013年底至2016年，国家文物局启动并实施了第一次全国普查工作。《非物质文化遗产法》已经在第二章规定了"非物质文化遗产的调查"，包括规定其调查的主体；对非物质文化遗产的认定、记录、建档，以便建立、健全调查信息共享机制；以及建立非物质文化遗产档案及相关数据库等。而在现行的《文物保护法》中，还未将全国文化遗产普查制度作为文化遗产保护的法定前提予以规定。文化遗产普查制度的规范性和程序性还有待加强，其法律位阶也应予以提升。因此，基于文化遗产普查工作的重要性，在《文物保护法》中应加入有关定期开展全国文化遗产普查的规定，以加强该工作的法定地位，凸显文化遗产普查制度在文化遗产保护工作中的基石作用。

第二，世界文化遗产管理制度。在"法律"层面确认世界文化遗产管理制度，主要基于两个方面的考虑：一是中国已然成为世界遗产大国，截止2021年拥有56项世界遗产。比较来看，中国的"世界遗产"类别最为齐全，且"世界文化和自然双重遗产"亦为最多。虽然中国于1985年才加入《保护世界文化和自然遗产公约》，但经过30余年的不断发展，已然成为保护传承世界遗产、肩负守护人类共同文化财富和资源的重要旗手，在国际文化遗产保护实践中发挥日益重要的作用。这就要求，中国需要在相关的文化遗产保护法律中更好地与国际公约进行对接，更好地运用法律手段保护、管理和利用好世界文化遗产。二是30余年的不断追赶和学习，让中国的文化遗产保护概念发生了翻天覆地的变化，更加全面和科学的文化遗产保护理念正在形成。

在这个过程中，有关世界文化遗产的保护理念、方法，以及相关法律文件中的规定、工作指南，都起到了很好的引领和示范作用。因而，有必要让这些优秀成果惠及国内的不可移动文物保护和管理，让更多的不可移动文物能够拥有世界文化遗产保护、管理的理念和水准。总而言之，应当在《文物保护法》中加入有关世界文化遗产管理制度的条款。

第三，确认公民文化遗产权利和义务。1982年《宪法》第22、47条的规定，即国家发展文化事业、开展群众性文化活动、保护重要文化遗产以及尊重和保障公民从事文化、文学艺术等活动的自由，实际上确认了公民的文化权利，并规定了国家履行积极义务，从而为公民实现文化权利提供必要的物质设施、制度保障和精神鼓励。文化遗产权利，不是指文物所有权，而是指公民对文化遗产相关事务所拥有的参与、接触、欣赏、保护、合理利用等权利。文化遗产权利的提出与《经济、社会及文化权利国际公约》在世界范围内的逐步接受密切相关，是人类社会有关基本权利除公民和政治权利之外的有益扩充。文化遗产的保护和传承，有利于维护国家民族特性、保持文化多样性、把握历史方向、增强国家软实力、提高国民素养、提升国民精神生活品质。同时，由于中国的文化遗产数量极其庞大，通过长期的保护实践表明，单靠政府的行政管理，并不能有效保护管理好文化遗产，而是需要更多公众的参与介入。这也为文化遗产权利在《文物保护法》中得到确认提供了现实需求。在中国法学界，有关文化遗产权利的讨论，最早见于莫纪宏2003年发表的《论文化遗产权利的法律保护》一文。在最近十余年来，也不断有学者对文化遗产权利进行研究和解读，如杨婧2006年发表的《文化遗产权刍论》，2011年王云霞发表的《文化遗产权利》，胡姗辰2015年发表的《从财产权到人权：文化遗产权的理念变迁与范畴重构》等。这些研究者认为应当深入探索文化遗产权利与文化遗产法律之间的内在关联性，并在立法中反映这种关联性，这其实是期望文化遗产法律确认与保障文化遗产权利。同时，笔者也认为有权利就有义务，就"义务"层面来说，也应要求公民有保护文化遗产的义务。虽然《文物保护法》第7条已经规定人们有依法保护文物的义务，但还可以参考澳大利亚昆士兰州的《原住民文化遗产法》（*Aboriginal Cultural*

Heritage Act 2003）第 23 条对"法定关照义务"（Cultural Heritage Duty of Care）的规定，不仅要求公民自身要对侵害文化遗产的行为承担法律责任，还应要求因未能对他人破坏文化遗产的行为采取及时报警等有效保护措施的不作为承担相应的法律责任。[①]目前的《文物保护法》和《非物质文化遗产法》中，还没有条款对公民文化遗产权利和义务进行规定。对这一缺失，应当在未来修订《文物保护法》和《非物质文化遗产法》时予以补充。

第四，文化遗产专业审议机构制度。文化遗产保护是一个十分具体和专业的问题，需要经过保护规划、职能部门审批、保护方案实施、实施过程监督、保护结果评议、日常监测和维护等多个环节和程序步骤组成，缺少一个环节和步骤，都会影响最终保护效果。在这个过程中，专家的有效参与是绝对不可缺少的。显然，将文化遗产专业审议机构制度补入《文物保护法》等法律，有助于文化遗产保护事业朝着专业化方向发展，促使保护实践更加合理和更具科学性。文化遗产保护实践本身就具有很强的专业性，需要针对不同的文化遗产类型、针对文化遗产的不同状态，制定不同的保护规划和保护修复方案。经过勘察、评估、测试、修复、监测、巡查、保养等一系列科学过程，才能完成一项文化遗产的保护工作。事实上，因保护方式错误或修复技术不过关导致"保护性破坏"文化遗产的事件，在世界范围内时有发生。例如，有学者提到中国传统村镇中的多种保护性破坏现象，其中包括（1）规划造成的保护性破坏：新村（区）建设中的破坏、功能定位及发展模式雷同造成的破坏、保护区划及控制要求制定不适宜或不合理造成的破坏；（2）传统建筑的保护性破坏：保护工程的保护性破坏、改善工程的保护性破坏；（3）传统街巷（河道）的保护性破坏：街巷空间的保护性破坏、街巷功能的保护性破坏；（4）传统景观环境的保护性破坏：乡土自然植被的忽视、田园乡土景观的消失、"绿地广场"的蔓延；（5）基础设施改造中的保护性破坏："入

[①]陈伟：《国外不可移动文物保护立法与实践的可借鉴性分析》，载《中国文化遗产》2016年第6期，第75页。

地工程"的破坏、忽视传统基础设施工程的适用性。①以上这些"保护性破坏",涉及传统村落保护的方方面面,如果缺少文化遗产专业咨询机构和团队的介入,是很难厘清和发现这些看似保护、却实为破坏的行为。因此,有必要形成文化遗产审议机构制度,以法律授权的形式,依法对文化遗产保护规划、方案、工程行使专业的评估、审批、评定、检查及监督等方面的职权。此外在非物质文化遗产保护领域,《非物质文化遗产法》第22条就规定,对推荐或建议列入国家级非物质文化遗产代表性项目名录的非物质文化遗产项目,国务院文化主管部门应当组织专家评审小组进行初评,并组织专家评审委员会进行审议与提出审议意见。同时,在域外文化遗产法律保护中,也有不少可以参考的实例。例如,日本在文部科学省文化厅下专门成立了"文化审议会",专司日本文化领域重要事项审议之职。"文化审议会"之下有关文化遗产保护的组织,有两个"部会"和一个"分科会",即"世界文化遗产部会"和"无形遗产部会",以及"文化财分科会"。同时,按照日本《文化财保护法》的相关规定,都、道、府、县地方政府教育委员会之下也设"文化财"审议会,负责审议地方文化遗产重要事项。②又如韩国,根据该国《文化财保护法》第3条"为调查、审议有关文化财的保存、管理及利用事项,文化财厅中设立文化财委员会"之规定,组建了"文化财委员会",作为"文化财"保护领域的审议机构。③这些经验都可供我们借鉴。

第五,文化遗产合理利用制度。从本质上来看,一件物品如果对一个人的发展有积极的促进作用,出于本能,这个人会十分珍惜该物品,会小心保护该物品。但一旦物品对一个人无用,不再具备这个人所认为的积极促进作用,那么这个人就会遗弃该物品甚至毁掉该物品,再创作出其自身认为有积极促进作用的物品,来替代原有的被自身认为没有价值的物品。例如,建筑

---

① 高朝暄、梅静、李志新:《我国传统村镇中的保护性破坏现象探析》,载《建筑学报》2012年第6期,第28—30页。
② 康保成:《日本的文化遗产保护体制、保护意识及文化遗产学学科化问题》,载《文化遗产》2011年第2期,第9页。
③ 都重弼、潜伟:《韩国文化遗产保护政策现状及未来发展方向》,载《中国文物科学研究》2007年第2期,第89页。

对人来说是有使用价值的，可以挡风避雨，让人温暖舒适和有安全感。但是时间一长，日晒雨淋，开始变旧、变破，结果因其破旧或因存在安全隐患，对普通民众来说就丧失了使用价值，他就会选择拆毁它，再建造一个新的建筑来替代原有的破旧建筑。文化遗产，按照其本性与特质，是拥有多种价值属性的，但相关价值与当下民众的关联度和契合度往往不高。很多时候，民众认为文化遗产就是一些老东西，又破又旧，没有使用价值，基于这种思维，文化遗产显然很难受到民众的真正保护。有时候，在民众眼里，文化遗产保护就是政府要维续这些破旧的事物，而这些事物与他们的实际生活需求和改善并无多少关联，某种程度上站在了民众向往更好物质生活、改善生活空间的对立面。因此，许多时候文化遗产保护始终难以得到民众真正意义上的支持。为了解决这一问题，将文化遗产的合理利用写入法律，于法律上肯定同时在保护的前提下合理利用文化遗产，协调好改善民众生活与文化遗产保护之间的关系，亦即将文化遗产保护与提高民众物质、精神生活水平的迫切需求结合在一起，把文化遗产保护事业从民众生活要发展、要改善的对立面拉回到促进民众提高物质与精神生活质量的正面激励中来。建立文化遗产的合理利用制度，不仅是文化遗产保护实践的现实需要，也是国家文化遗产法律与制定政策的基本要求。

《文物保护法》第4条规定了中国文物工作的基本方针，即"保护为主、抢救第一、加强管理、合理利用"十六字方针。在《文物保护法》中，对"保护为主""抢救第一""加强管理"都有较为详细具体的条文规定，但唯独"合理利用"未有专门之规定。2016年国务院在其发布的《关于进一步加强文物工作的指导意见》第五章之中，专门论述了文化遗产的拓展利用，但也只是原则性的指导意见，难以成为规范与约束合理利用文化遗产各项工作的法律准则。至于《非物质文化遗产法》，则只在第37条规定国家、单位可以"合理利用非物质文化遗产代表性项目"。一些省、自治区实施《非物质文化遗产法》的地方性法规，则照搬了国务院2005年《关于加强文化遗产保护的通知》中所确定的非物质文化遗产要贯彻"保护为主、抢救第一、合理利用、传承发展"的方针，如《西藏自治区实施〈中华人民共和国非物质文化遗产法〉办法》（2014年）第4条、《湖南省实施〈中华人民共和国非物质文化遗产法〉办法》（2016年）第2条。这些地方性法规也遵从《非物质文化遗产法》的第37条，规定了对"非物质文化遗产代表性项目"的合理利用，但都未对如何"合理利用"作出界定。有鉴于合理利用对于文化遗产的保护关系甚为重大，《文物保护法》和《非物质文化遗产法》应专门（可列专章）规定"合理利用"的一系列规则，比如，规定合理利用的对象、条件、审批程序、参与各方的权利义务、禁止行为以及滥加利用的法律责任等。

第六，水下文化遗产保护制度。水下文化遗产保护相较于陆地上的文化遗产保护，实际操作更为复杂和困难。中国对于水下文化遗产的法律规定和约束，主要来源于国务院制定颁布的《水下文物保护管理条例》（1989年）。其中第2条规定了"水下文物"的定义，该定义并没有在《文物保护法》中予以衔接。同时，虽然联合国教科文组织于2001年正式通过了《保护水下文化遗产公约》，为保护全球水下文化遗产提供了国际法上的有力支撑。但由于国内法与其缺乏有效衔接，目前针对水下文化遗产保护和管理的具体制度安排，并没有在《文物保护法》中得到体现。我国自开辟"海上丝绸之路"以来，海上贸易、对外交流不断加强加快，历史上各个时期都在航线沿途留下众多历史印记和沉船遗骸，而这些遗存和其中金银器、瓷器和其他器物数量巨大，大部分因与世隔绝，保存状态较好，历史、艺术、科学价值极高。因此，《文物保护法》应将行政法规层级上的水下文化遗产保护制度，提升到"法律"层级，或者作专章规定，或者在其"考古发掘"章（第三章）中予以细化规定。

除以上六点外，在非物质文化遗产立法方面还应进一步健全代表性传承人制度。代表性传承人制度是非物质文化遗产法律保护在传承与传播环节的核心要件，但遗憾的是在《非物质文化遗产法》中只是较为笼统地规定了代表传承人的遴选要求和法定义务。在非物质文化遗产保护传承实践中，非物质文化遗产传承是一个较为复杂的运行体系，需要运用法律明确和调解传承过程中各主体间的权利和义务关系。

笔者认为，健全代表性传承人制度主要有以下三个方面：

第一，传承人制度的适用性需加以明确，由法律确认需要传承人制度的非物质文化遗产种类。由于《非物质文化遗产法》只在第29条规定：国家文化主管部门和省级文化主管部门对本级政府批准公布的非物质文化遗产代表性项目，可以认定代表性传承人，并未具体规定需要认定代表性传承人的非物质文化遗产种类。在非物质文化遗产保护传承实践中，并非所有的非物质文化遗产都需要传承人制度，需要予以区别对待。正如王鹤云等学者所言：非物质文化遗产的创作主体"其最原始的创作者可能是个人，但随着历史的推移，它逐步变成了某一地区、某一民族整体的作品，人们不断修改、完善，最后形成了一个群体性的智力成果，个人的作用被历史淹没，体现出来的是一个群体的风格、智慧、情感和艺术造诣"[1]。例如传统历法、节庆、礼仪、体育、游艺等都属于这类群体性的非物质文化遗产。这类非物质文化遗产都不宜认定代表性传承人。而根据传承人的定义：指在非物质文化遗产的传承过程中代表某项遗产深厚的民族或民间文化传统，掌握杰出的技术、技艺、技能，为社群、群体、族群所公认的有影响力的人物。[2]这些人在保护传承相应类型非物质文化遗产中起到核心作用，个人的努力与保护传承该项非物质文化遗产有紧密关系的，保护传承这类非物质文化遗产就需要认定代表性传承人，因此对于传统口头文学、美术、书法、音乐、舞蹈、戏剧、曲艺和杂技，以及传统技艺、医学等类别非物质文化遗产就有必要采取传承人制度。

第二，明确传承人的权利类别。首先，需要明确的是传承人并不是非物质文化遗产的所有人，对非物质文化遗产并不享有所有权。这是根据非物质文化遗产特性所决定的。正如前文所述，非物质文化遗产形成于漫漫历史长河中，最初的创造者已融汇其中，从现代著作权、知识产权角度来看，传承人并非相关艺术和技艺的首创者，而是持有者和掌握者，因此著作权和知识产权相关法律并非直接适用于非物质文化遗产传承活动的司法诉讼。在传承非物质文化遗产过程中，传承人究竟应享用哪些权利？从国内学者目前的观点看有以下几种代表观点。例如，李墨丝认为由精神权利和经济权利两类组

---

[1] 王鹤云、高绍云：《中国非物质文化遗产保护法律机制研究》，知识产权出版社2009年，第296页。
[2] 王鹤云、高绍云：《中国非物质文化遗产保护法律机制研究》，知识产权出版社2009年，第152页。

成，精神权利包括要求注明出处权、禁止歪曲和滥用权、公开和传播权；经济权利包括许可使用权和获得报酬权。权利期限为永久性。①黄小娟认为应由传承权、署名权、改编权、表演权、获得资助权组成。权利期限为永久性。②王吉林等认为由文化权利和经济权利两部分组成：文化权利包括非物质文化遗产的享有权、表达选择权、发展权；经济权利主张建立非物质文化遗产区分所有制度，即对于非物质文化遗产所蕴含的精神权利由主体群体共有，传承人享有独立的财产权利，以及基于所持有非物质文化遗产再创造成果的知识产权。③综合李墨丝和黄小娟的观点，笔者认为，传承人应享有两类权利：一类是精神权利，即传承权、署名权、禁止歪曲和滥用权；另一类为经济权利，即许可权、获取报酬权和获得帮助权。在精神权利方面，按照权利义务一致性原则，传承人在履行传承（公开和传播）义务的同时，享有传承（公开和传播）权利。传承人是非物质文化遗产传承活动的行为主体，特别是认定了传承人的非遗项目的，理当享有署名权，要求在其相关作品上注明姓名和相关信息。作为非物质文化遗产的传承人，为保障非物质文化遗产的原真性，有权对歪曲和滥用非物质文化遗产的行为提出反对，勒令终止其行为，并请求给予司法保障和救济。在经济权利方面，其他主体欲对传承人所持非物质文化遗产进行其他合法用途时，须经传承人许可，传承享有许可权。在授权许可其他主体使用非物质文化遗产的时候，传承人因出让了相关权益，因此需要得到相应的经济补偿和收益的权利。具体形式多种多样，可以直接是一笔相应金额的费用，也可以以实物或以技术支持方式，总之需要与传承人达成协议。同时，传承人在传承过程中遇到困难，享有获得帮助权。有权获得来自国家和社会的资金帮助和政策扶持，以期正常进行传承活动。笔者并不赞同将有关非物质文化遗产的主动改编和再创造归于非物质文化遗产传承范畴。诚然，在传承过程中，由于各种内外因素的综合影响，不可能做到

---

① 李墨丝：《非物质文化遗产保护法制研究——以国际条约和国内立法为中心》，华东政法大学2008年博士论文，第203—207页。
② 黄小娟：《浅析非物质文化遗产传承人的权利》，载《法制与经济》2012年第9期，第10—11页。
③ 王吉林、陈晋璋：《非物质文化遗产的权利主体研究》，载《天津大学学报(社会科学版)》2011年第7期，第325页。

前后传承的完全一致，但其主观意志是尽可能承接先辈流传的技艺，尽可能达成非物质文化遗产的完整传承，保持其原真性。传承者以其他身份，针对非物质文化遗产的主观改变或再创作，这个新的创造物可以适用著作权等知识产权法律予以保护。如果创作得到普遍认可，同时经受历史考验，那么这样的再创作活动很有可能是另一个非物质文化遗产的诞生，但这将作为再创造原型或基础的非物质文化遗产衍生物，其与原先的非物质文化遗产是完全两个不同事物存在。

第三，传承人制度内容亟待丰富。不可否认，代表性传承人是传承非物质文化遗产的核心力量，但并不意味着单纯依靠代表性传承人的力量就能够保护传承非物质文化遗产，这需要包括所有参与保护传承非物质文化遗产的人共同努力。正如韩国非物质文化遗产法律中有关传承人制度的规定，是一套严密的传承运行机制，应包括一般传承人、高级研修者、传承人助理、以及传承人在内的整套传承人体系，这都需要法律加以规范细化。同时鉴于传承人的特殊地位以及有可能掌握的大量社会和经济资源，如何构建法律法规体系，对代表性传承人进行有效而恰当的法律约束，既要防止代表性传承人因掌握大量社会和经济资源威胁和绑架非物质文化遗产保护和传承，同时也要保障代表性传承人的正当权益，有效调动代表性传承人的主观能动性，积极参与非物质文化遗产传承活动，严格按照法律规定促进非物质文化遗产的传承和传播。在规范代表性传承人行为的同时，法律还应规范除代表性传承人之外一般传承人的行为，并观照他们的合法权益。例如制定公平、公开、公正的一般传承人晋升制度、高级研修者的备案制度、高级研究者或传承人助理的经济补贴制度等。另外，目前法律还并未对传承团体这一主体进行相关规定。对于部分团体性非物质文化遗产，例如集体音乐、舞蹈和戏剧等需要多人协同，共同呈现的文化表现形式，认定传承团体是十分必要的。这既有效解决了各传承个体的传承人资质问题，平衡了相互之间的权益诉求，保证了该项非物质文化遗产的正常传播和传承。传承团体的认定规则也在日韩等国非物质文化遗产法律保护中得到了有效验证。总之，目前《非物质文化遗产法》的传承人制度只是解决了有无问题，其体系框架和规范内容还需进一步充实，有待法律后续规制。

二、加强相关法律、法规的衔接与协调

文化遗产法律保护需要集合相关法律协同配合，为文化遗产法律保护提供立体的法制屏障。前章已述，中国目前已有不少涉及文化遗产保护的相关法律，但存在衔接不确切、不紧密、不及时的问题。例如2011年《非物质文化遗产法》颁布后，与之关联紧密的《著作权法》和《知识产权法》并没有修正相关章节和条款来与《非物质文化遗产法》衔接，特别是针对非物质文化遗产技艺和传承人的保护，前两部法律并没有设置相应的积极义务来促进非物质文化遗产技艺的传承，保护传承人的权益，也没有设置相应的消极义务以避免对非物质文化遗产传承人权益的侵害。显然，在前两部法律中应加入有关非物质文化遗产技艺和传承人的著作权和知识产权方面的权利界定等条款。又如《消防法》中目前只有一项条款与文物保护直接相关，即只在第39条第5项作了规定。从中国近三年（2015—2017年）针对全国重点文物保护单位安全案件事故类别看，主要由盗掘（盗窃）和火灾两类案件事故构成。由于中国不可移动文物中相当数量为木质建筑，极易引发火灾，故而火灾隐患一直是文物保护单位主要的安全隐患之一。面对这种状况，《消防法》应加入针对文化遗产火灾预防、消防组织、灭火救援、监督检查等方面的相关规定，从而做好与《文物保护法》的衔接。再如，在目前的《个人所得税法》《增值税暂行条例》等税务法律和法规中，还没有文化遗产的相关衔接条款，没有针对文化遗产保护的税务减免的制度设计，因此是否可以增加，比如企业在经营过程中发现文化遗产并予以保护的，能够减免部分增值税；对于居住在历史文化街区、村镇内的居民因能自觉保护历史风貌，能够减免部分个人所得税等规定。利用税收法律杠杆，促进文化遗产的实质保护和合理利用，应当是一种可取的方案。此外，《非物质文化遗产法》颁布后，按照中国立法体系运作的惯例，国务院应制定《非物质文化遗产法实施条例》，但实际是该法施行已达十年之久，其行政法规性质的实施条例却一直未颁行。所以，亟需调动立法资源，完善非物质文化遗产法律体系，同时为地方非物质文化遗

产法律保护提供完整的法律依据。

三、增强法律、法规的可操作性

正如前章所述，中国文化遗产保护的法律文件特别是法规和规章，一方面因行政主导而具有较多的行政色彩，另一方面因其规范性不足而缺乏可操作性。比较突出的是法律、法规与规章中的政策性、工作性语言与表达较多，如大量使用"促进""加强""有利于""鼓励""支持"等词语。法律作为一种行为规范，必须有明确的权利义务、职权职责，有明确的行为界限与行为方式，也必须有明确的法律责任。这样，行为主体才能真正依法行为，包括严格执法。因此，文化遗产"立法保障"的完善，一个重要方面，就是减少政策性、工作性语言与表达，加强立法尤其是法规与规章的规范性，从而增强法律法规的可操作性。例如，非物质文化遗产保护法律保护，对非物质文化遗产的调查、登录（认定）、传承这三个环节尤为重要。因此，需要对以上三个环节进行较为详尽的程序设定和规则制定描述。这些规定都需要在全国层面上的实施条例中予以体现。例如对于非物质文化遗产调查的规定，在《非物质文化遗产法》中并未涉及具体的调查法定程序。例如对于采取什么样的调查方法和步骤、采集什么种类和多大数量的原始数据、形成什么格式和内容的调查报告，都需要进行进一步的规范。再如认定环节上，在《非物质文化遗产法》中只对省级代表性项目申报国家级项目需要的材料种类进行了规定，并简要规定了后续评审流程。但并未对评审的详细程序进行规定，也并未对评审过程中出现的特殊情况制定补救措施。例如专家评审委员会的选举产生办法、人员构成、仲裁协商机制都有进一步细化的空间。还有在非物质文化遗产传承环节，最为核心的是代表性传承人制度。在《非物质文化遗产法》中只是简要规定了代表性传承人应具备的条件，但对其如何产生、如何认定，以及围绕代表性传承人的传承人体系运行规则都没有具体的规定。以上方面的欠缺直接导致省级以下行政区域制定本地区非物质文化遗产保护法规时仍大量使用《非物质文化遗产法》的内容，很难更深入细致地去规范本地区的非物质文化遗产保护活动。

第二节
健全文化遗产法律的"主体性实施保障"

执法、司法与守法是践行法律的关键所在，如何将"良法"很好地执行和贯彻，是中国文化遗产法律保护实践的重要课题。针对中国目前文化遗产法律的"主体性实施保障"状况，建议从以下五个方面来健全这一保障。

一、建立新型文化遗产行政管理与执法体系

在中国文物所有权制度即政府主导文化遗产保护的体制之下，文化遗产保护的成效在很大程度上取决于政府的行为，特别是政府的执法行为。因而，统一和有效运转的行政管理与执法体制，就成为实现文化遗产法律保护的核心要件。在中国当下，文化遗产行政管理与执法处于"多头管理"与"多头执法"的状态。有时文物行政管理部门甚至只能委托由文化市场综合执法队伍或其他综合行政执法机构行使文物执法职能。而这些方式往往不利于保护文化遗产之法律的实施，因为部门间的不断协调、周旋和推诿，往往消解了共同执行文化遗产法律保护文化遗产的初衷。而要打破文化遗产管理与执法的多部门共管，又易于失之于不管的不利格局，应当建立以国家文物局为核心的统一行政管理与执法体系，在法律构架和政策指导层面由文化和旅游部负责，而国家文物局——主要肩负保护物质文化遗产的重任——可更名为"国家文化遗产总局"，由该机关整合当下文化和旅游部下属非物质文化遗产司的非物质文化遗产管理职责，并整合当下住房和城乡建设部下属的历史文化名城、名镇、名村管理职责和风景名胜规划管理职责。然后，在国家文化遗产总局下成立部委联络机构，专司有关文化遗产跨部委联合事务。同时，在国家文物遗产总局下设文化遗产保护审议委员会，由全国著名的相关学者、专家组成，负责全国文化遗产保护重要事务的审议。这就可以做到"术业有专攻"。各省、自治区、直辖市、自治州、市、市辖区、县、自治县，也相应整合目前其他部门的文化遗产行政管理职权，分别成立各级文化遗产局，同样下设联络机构、审议委员会，分级负责各地文化遗产事务，由各地各级人大授予相应的执法权，最终形成统一的文化遗产行政管理格局。整合、优化文化遗产行政管理资源配备，强化、提高文化遗产综合行政管理与执法能力，不仅契合中国文化遗产事业的现实需要，也是践行"降低行政成本，提高行政效率"这一国家机构改革目标的重要举措。

新型的文化遗产行政管理与执法体系，需要强化文化遗产行政管理部门的执法权。文物行政管理部门的执法效力羸弱已经是中国文化遗产法律保护实践的"老大难"问题。在现有行政体制之下，一个机构行政级别的高低、行政行为能力的大小、能够调动多少行政与社会资源，往往决定着行政管理和执法工作的实际成效。而在当下，各级文物行政管理部门属于低一级的行政级别配置。国家文物局属于副部级单位，由文化和旅游部（正部级）管理；省文物局是副厅级单位，由省文旅厅（正厅级）领导；市文物局是副处级单位，由市文广新局或文体旅游局（正处级）领导；县文物局是副科级单位，由县文广新局（正科级）领导。在文化遗产法律保护实践中，这个"矮半级"的差距就会被放大，不同程度上减弱文物行政部门的行政行为能力和行政执法能力。俞剑勤在《基层文物行政执法的问题和对策研究》（2013年）一文中，专门论述了这方面的问题。[①]所以，加强文化遗产行政管理部门的执法权，已经刻不容缓。如果无法在短时间内将各级文化遗产行政管理部门"升半级"，建议取消掉这"半级"所带来的职权落差，强化其执法权。虽然中国目前还不可能完全效仿意大利，成立由文化遗产行政管理部门直接领导的专门针对文化遗产违法行为的暴力执法机关，但可以由此加强文化遗产行政管理部门的执法授权力度和广度。总之，加强文化遗产行政管理部门的执法权，

[①] 俞剑勤：《基层文物行政执法的问题和对策研究》，载《中国文物科学研究》2013年第2期，第32页。

有利于整合这些原先分属于不同部门的文化遗产保护权责,从执法角度解决文化遗产行政管理多头负责又不完全负责的问题。

二、提高文化遗产行政执法队伍的执法能力

任何执法,都是由其队伍即具体的执法者来完成的。因而,执法队伍是否齐备、是否专业,其执法能力强弱,无疑决定了执法的水平与成效。同理,文化遗产领域的执法队伍及其执法能力,也是整个文化遗产法律保护实践的基石所在。对于此方面当前存在的问题,可以从以下三个方面加以解决。一是增加财政投入,扩大执法队伍规模。必要的财政经费投入,是遂行文化遗产管理、执法的必要条件。目前,还有许多基层地区没有专门的文化遗产执法队伍。如果没有必要的财政支持,即便有再优良的文化遗产法律体系设计和配备,由于缺乏足够人员予以执行和实施,也只能是纸上谈兵。二是提高执法人员的综合素质。在增加财政投入和充实人员的基础上,吸收更多具有文化遗产专业素养和技能的人才加入文化遗产执法队伍,或者对法律专业人员进行文化遗产保护的专业培训,以稳步提升文化遗产执法人员的法律水平、执法能力和专业水准。三是加强信息技术的运用力度。由于许多文化遗产所在地多远离城市,藏之于山林,日常监测和巡查极为不便,这些文化遗产所在地的执法人员数量更为缺乏。因此,可以加大信息技术在文化遗产执法过程中的运用广度和深度。如广泛使用卫星监控、无人机监控、视频监控、传感器监测等信息技术手段,积极升级改造文化遗产安防、消防、雷防、震防设施设备。由此,既能够为文化遗产安全、防范文化遗产违法行为提供强有力的技术支撑,也可以让城区中有较高执法能力的执法者在现代科学技术的加持下参与到更大范围的文化遗产保护执法行动之中。

三、强化对违法犯罪者法律责任的追究

在法律中设置法律责任,不仅是法律规范完整性的必然要求,也是法律真正具有权威性的体现与保障。如果一部法律中没有法律责任,或者没有在相关法律中设置其法律责任,那么能否称其为法律就成为一个问题。而法律

之所以要设置法律责任,显然是为了通过追究违法犯罪者的法律责任而迫使人们遵守法律,或者进行事后补救。因此,《文物保护法》与《非物质文化遗产法》等法律,也都设置了文化遗产领域违法犯罪所应承担的法律责任。如若法律责任的追究不及时、不到位,文化遗产的保护就会落空。所以,对文化遗产领域的违法犯罪行为,切实依法追究其法律责任,无疑是文化遗产法律"主体性实施保障"的一个关键环节。

在当下的文化遗产行政执法与司法实践中,由于诸多原因,不同程度上存在有法不依、执法不严、违法不究的现象,特别是时常以罚(罚款)代刑,并且处罚普遍较轻。有些行为已经触犯刑法,但并没有追究违法行为人的刑事责任。这就要求文化遗产行政执法人员严格执法、违法必究,达到刑事责任追诉标准的,依法移送司法机关。鉴于目前的《文物保护法》"法律责任"章中对行政处罚的相关规定存在普遍较轻的情况,文物行政执法者应以其上限实施处罚,提高违法的成本。特别值得重视的是,目前大量存在触犯文化遗产保护法律的法人单位——不局限于企业法人和一般单位,还包括部分涉公单位和职能部门——的违法犯罪案件。由于目前中国正处于经济发展与文化遗产保护两者矛盾冲突高发期,大量的文化遗产遭受破坏甚至毁灭。而目前的司法实践中,很少涉及追究负有责任的涉公主管人员刑事责任,至多是行政处分和纪律问责。这种做法,使得法人、涉公单位等可以不计违法成本,肆意破坏文化遗产,其结果非常不利于文化遗产保护法律的实施,甚至严重损伤文化遗产保护法律的权威。因此,应调动司法资源,强化对涉公单位文化遗产违法犯罪的追责力度,使司法成为震慑单位文化遗产违法甚至犯罪的有效方法。总之,对各类文化遗产违法犯罪行为,应切实追究法律责任,扩充处罚的形式和内容,运用综合的处罚方式,震慑文化遗产违法犯罪行为,从而提高文化遗产保护法律的权威性和威慑力。

四、实行文化遗产公益诉讼制度

文化遗产具有公共性,是国家民族和人类的共同财富。一旦文化遗产遭到非法破坏与毁灭,往往就会导致公共财富的消失,而非是某个人的损失。

这就从根本上决定了在文化遗产保护上实行公益诉讼的必要性与可行性。事实上，在2012年十一届全国人大常委会第二十六次会议审议《民事诉讼法修正案草案》时，任茂东等全国人大常委会委员就提出建议，在法律上应规定通过公益诉讼的方式来保护文化遗产，特别是建议将"人为破坏文化遗产"纳入公益诉讼范围。[①]2013年的两会期间，时任原文化部副部长、国家文物局局长的励小捷也在提案中建议，明确将损害国有文物的案件纳入公益诉讼受理范围。[②]此外，文化遗产公益诉讼在国外亦有先例，例如《葡萄牙共和国宪法》的第52条第3款，就赋予了"任何人"对损害公共卫生、恶化环境与生活素质、损害文化财务等方面的行为，以个人的名义或透过团体组织提起"公共诉讼"的权利，即可以向法院要求防止、禁止或追究损害上述公共利益的加害行为，以及请求给予受害人以相应的损害赔偿。其他国家，如印度，也由最高法院界定了公益诉讼的范围，其中就包括了文化遗产保护事项。[③]

根据我国《民事诉讼法》第55条的规定，针对破坏生态环境、食品药品安全领域侵害众多消费者合法权益等损害社会公共利益的行为，可由法定机关和有关组织向人民法院提起诉讼。人民检察院予以支持。如在没有机关和组织提起诉讼的情况下，人民检察院可以根据情况向人民法院提起诉讼。此外，在《行政诉讼法》第25条中规定行政机关违法行使职权或不作为，导致国家利益或社会公共利益受到侵害的，人民检察院应向行政机关提出检察建议，督促其依法行政。行政机关如不依法履职，人民检察院可向人民法院提起诉讼。虽然在这两个法条中并未直接列举出"文化遗产"事项，但显而易见的是，"文化遗产"所具有的"国家利益"或者"社会公共利益"属性，并不比生态环境和资源保护、食品药品安全、国有财产保护、国有土地使用权弱。这里的关键在于公益诉讼的根本出发点是保护"国家利益"和"社会公共利益"。再者，上述两条从立法技术上看，并非详尽列举，而是在列举几项

[①] 新华网：《全国人大常委会委员建议将"破坏文物"纳入公益诉讼》，中国人大网2012年4月27日，http://www.npc.gov.cn/npc/xinwen/lfgz/2012-04/28/content_1720139.htm.
[②] 国家文物局：《励小捷委员：完善制度修订法律加强文物保护》，中国政府网2013年3月6日，http://www.gov.cn/2013lh/content_2347092.htm.
[③] 励小捷：《文物保护法修订研究（一）》，文物出版社2016年，第326页。

之后用"等"字来隐含未予列举的事项。由此可见，上述两条的规定，已经为实行文化遗产的公益诉讼制度提供了法律依据。在未来的立法中，应当在《民事诉讼法》与《行政诉讼法》的上述条款中将"文化遗产"明确予以列举，以利于文化遗产公益诉讼制度的建立与推行。

五、推动各方主体的自觉守法

"全民守法"不仅已经成为广泛流行的话语，而且是建设"法治中国"这一系统工程中的一个基础性环节。从世界范围内法治建设及其发展的经验来看，在一个法治国家或法治社会，实行法治和护卫法治的最大力量，无疑是各种行为主体的自觉守法。一个国家或社会，仅仅靠惩罚或强力，是无法建成且保持其法治的。正因为如此，1982年《宪法》将遵守宪法和法律规定为所有主体——一切国家机关、社会组织和公民——的基本义务。相应地，《文物保护法》与《非物质文化遗产法》也要求各方主体自觉遵守保护文化遗产的各种法律。

从文化遗产法治保障的层面来说，所谓"全民守法"主要在于：第一，要求文化行政管理与执法部门的公职人员带头守法，带头遵守国家制定的文化遗产法律、法规，并严格依照法律法规的规定行使自己手中的权力。第二，要求法人遵守法律。文化遗产的保护，涉及许多文化、文物及非物质文化遗产单位或组织的活动，这些单位或组织的守法，往往对相关法律的实施起到举足轻重的作用。第三，公民守法，人人都要成为文化遗产法律的践行者、示范者和传播者。而这三个方面，既与严格执法和公正司法有关，即良好的执法和司法必将带动人们对法律的尊重与服从，同时也关乎法治文化的提升。

第三节
强化文化遗产法律的"支持性实施保障"

一、加强文化遗产的法治监督

前文已述,在中国当下的法治体系中,法治监督乃是不可或缺的重要组成部分。正是凭借对宪法和法律实施的全过程(执法、司法与守法)进行监督,来保证法律文本中的规则与制度,使之真正变成人们生活和工作的行为规范。而法治监督的重中之重,在于通过法律与制度上的建设,形成科学、有效的权力运行的制约和监督体系。回顾历史可以看到,不受监督的权力,不仅是容易腐败的权力,而且是容易视法律为无物乃至凌驾于法律之上的权力,因而也是危险的权力。所以,法治监督将重点放在对权力运行之上,制约权力的行使过程,纠察权力的过失与违法,恰好是其真正的本质之所在。

文化遗产法律保护的过程,也必然伴随着权力的行使或运行。首先,各级文化遗产行政管理部门要对文化遗产各项事业行使管理权,包括规划、组织、审批等各项权力。其次,这些部门还拥有执法权,尤其是行政处罚权。最后,司法机关行使有关文化遗产案件起诉与审判的权力。因而,文化遗产领域的法治监督,重点也在于监督文化遗产法律各实施主体依法行使上述管理权、执法权与司法权。

从当前法治监督的体制及其问题出发,强化文化遗产的法治监督切实可行的举措,就是加快国家监察制度在文化遗产法律保护实践中的运行。根据党中央的部署,为解决目前的法治监督困境,积极促进监察体制改革,整合监督资源,形成独立监察、扩大覆面、法纪衔接的整体监督格局,国家设立了专门的监督机构——国家监察委员会,行使监察权。这使得原先的一府两院的宪制结构,变成了一府三院的宪制结构,从而在权力结构以及监察体系上发生了根本变化。而《监察法》(2018年)的公布实施,为国家监察制度在文化遗产法律保护领域的有效运用提供了基本的法律依据。根据《监察法》的规定,中央、省、自治区、直辖市、自治州、市、市辖区、县、自治县都会设立相应级别的监察委员会,对各级人大、政府、检察院、法院实施监察权。这样的监察权设置,有利于监察权行使的下沉,同时由于独立于一府两院,能够更有效地行使监察权。这样一来,从国务院相关部门到各级地方政府,其文化遗产管理与执法行为,都被纳入监察范围。例如,对公职人员在文化遗产行政管理和执法过程中的依法办事情况进行监督检查;对在文化遗产保护工作中涉嫌贪污贿赂、滥用职权、玩忽职守、徇私舞弊,造成国家保护的珍贵文物损毁或者流失的行为,进行调查;对在文化遗产行政管理和执法过程中违法的公职人员依法作出行政处分决定;对在执行文化遗产法律上履行职责不力、失职失责的领导人员进行纪律与法律上的问责;还有,对涉嫌文化遗产职务犯罪的,将调查结果移送人民检察院依法审查或者提起公诉。所有这些,都需要在文化遗产法治监督的过程中加以落实。

二、建设保护文化遗产的法治文化

"文化"是一个相当多义的概念。有学者认为,所谓文化,是一种群体意识的认同。例如法律文化,即法律中的文化,是历史进程中积累下来并不断创新的有关法和法律的群体性认知、评价、心态和行为模式的总汇。[1]笔者认为,广义上言之,法治文化不仅仅是指关于法治的观念、评价、心理态度,而且包括法治的价值观、理想等。甚至可以说,关于法治的理论、学说或知识,也会成为其文化的要素。但无论人们怎么定义和解释法治文化,有一点是毋庸置疑的,这就是法治文化对于法治建设尤其是法律的"主体性实施保障"来说,具有基础性、支持性的功用。故而,在一个国家建设法治、实行

---

[1] 张文显:《法律文化的结构及功能分析》,载《法律科学》1992年第5期,第3页。

法治的历程中，总是强调需要不断增强执法者、司法者与守法者的法治文化培育。

就强化文化遗产领域的法治文化而论，当前最为急迫的是拓展文化遗产法治宣传的范围与空间。在文化遗产法治宣传与普法教育上，建立覆盖全时空与全领域的立体普法宣传矩阵。第一，在公众方面，目前随着中国国力进一步的提升，社会主要矛盾的转变，民众的需求重心，更多地向精神层面需求转移。根据《文化和旅游部2019年文化和旅游发展统计公报》显示，全国文物机构全年接待观众134215万人次，其中未成年人31654万人次，占比23.5%。全国各类文物机构共举办陈列展览30728个。全国共举办3200多项大中型非物质文化遗产宣传展示活动；全国各类非物质文化遗产保护机构举办演出71903场，举办民俗活动16987次，举办展览19584场。[1]以上数据，说明民众对文化遗产的关注正在与日俱增。这为文化遗产法治文化的进一步宣传普及，提供了广泛的民众基础。例如，可以充分利用文物保管机构、非物质文化遗产保护传承机构直接面向公众的优势，让文化遗产法治宣传普及活动走进文化遗产地、博物馆、非物质文化遗产传承地，让每个喜爱文化遗产的普通公众成为文化遗产法治宣传员和普法员。第二，在政府方面，根据国家文物局2017年印发《国家文物事业发展"十三五"规划》的要求，开展文物系统"七五"普法工作。此外，各级文物行政部门遵循"谁执法谁普法"的工作机制，开展文化遗产普法宣传工作，也就是文物行政执法部门及其公职人员，既为文物执法人员，又充当普法宣传员。第三，在媒体方面，充分发挥移动互联网的技术优势，利用微传播平台（微信、微博、短视频）等公众，特别是年轻人易于接收的信息传播形态，把枯燥的法律、法规条文变成易于接受的有趣文字或影像短片，用趣味化的传播形式普及文化遗产法律保护常识。第四，在学术研究方面，加强高校、文博、政府、社会四个领域的文化遗产法律研究机构的交流和互鉴。文化遗产法治研究是一个专业性很强的法学研究领域，需要将文物保护理论与法学理论有机结合，针对文化遗产

---

[1] 中华人民共和国文化和旅游部：《中华人民共和国文化和旅游部2019年文化和旅游发展统计公报》，2020年6月20日 https://www.mct.gov.cn/whzx/ggtz/202006/t20200620_872735.htm.

保护实践，进行有针对性的法治理论建构，从而逐步建立文化遗产法学。第五，在教育方面，一方面在学校教育中将文化遗产普法教育和法治宣传进一步下沉至中小学教育阶段，让每位公民从小就自觉树立保护文化遗产的正确观念和应有的守法意识；另一方面，落实国务院2016年提出的将《文物保护法》的学习"纳入各级党校和行政学院教学内容"的要求。同时将《非物质文化遗产法》也应纳入其教学内容，成为各级党政领导的"必修课"。第六，利用文化遗产领域的相关节日，如"国际博物馆日"和"文化与自然遗产日"进行普法教育与法治宣传。在节日的浓郁气氛与民众高度关注的情景中，通过举办一系列鲜活生动的主题活动，宣传文化遗产的价值及其相关法律的内容与意义，无疑会起到事半功倍的效果。

结　语

结　语

从理论上研究文化遗产的法治保障，当然有许多不同的角度、层面乃至学科的视野。这既表明对这一问题的探讨已经富有学术成果，又在一定程度上成为笔者选择研究主题与重点的障碍。面对难以计数的法律文本及其实践，以及已有的种种研究成果，在遵循专业要求与发挥工作所长的前提下，笔者只能按照现在已经呈现出来的分析框架，完成对其理论的探析。因此，上文有创新之处与不可避免的不足，它们都由此而生。

对各国文化遗产法治保障历史变迁的重视，绝非发思古之幽情，而是借此把握其发展大势，包括一系列概念的形成、变化的轨迹，文化遗产保护理念与方向的创新，以及各自法律制度的生长与彼此借鉴。关注联合国在文化遗产保护上所作出的种种努力，特别是理念与法律上的贡献，则可以让我们放开眼界，观察和理解保护文化遗产的世界性潮流，以为推进国内文化遗产法治保障的助力。

关于中国近代以来的文化遗产法律保护，笔者亦倾力考察。我们会发现，因各种原因，这部历史中的各要素，一边破坏毁灭，一边加强保护，一直纠缠在一起。而且一些相关概念与保护思路、法律制度，也具有自身的历史连续性。我们可以在过去中看到现在的部分历史渊源。当然，不容否认，当代中国文化遗产的法治建构，一直是国家文化遗产事业中的"重头戏"。

更重要的是，在理论上如何分析文化遗产的法治保障问题。笔者认为法治保障有别于一般意义上的法律保护。文化遗产法治保障意在将整个文化遗产保护事业纳入法律保护的范围之中，将立法、执法、司法、守法、法治监督和法治文化六个环节纳入统一视野，使其形成紧密协同、稳定有序的法律实施系统，从而保障文化遗产保护事业健康稳定的运行。在此问题上，笔者尝试提出并应用"立法保障""主体性实施保障"与"支持性实施保障"这一分析框架。这让我们可以在宏观的层次，对文化遗产的法治保障有一种整体性或体系性的把握。部门法学更多注重具体法律制度与规则的阐述，而理论法学则难以做到面面俱到。在这一框架下，不仅需要描述已有架构，也要分析其存在的各种问题，更要探寻其解决之法或完善之道。但抓住真问题不易，寻找有针对性且切实可行的解决办法也不易。凡研究现实问题者，大抵都是如此。

参考文献

［1］中华人民共和国文化和旅游部：《中华人民共和国文化和旅游部2019年文化和旅游发展统计公报》2020年6月20日，https：//www.mct.gov.cn/whzx/ggtz/202006/t20200620_872735.htm.

［2］阎文儒：《中国考古学史》，广西师范大学出版社2004年，第126—131页。

［3］张润武：《济南老火车站拆除有感》，载《设计艺术》2000年第2期，第9页。

［4］刘佳、胡晓英：《济南老火车站重建调查》，载《决策探索》2013年第11期，第24—25页。

［5］叶秋华、孙德超：《文化遗产法律保护中的几个问题》，载《法学家》2008年第5期，第38—39页。

［6］国家文物局：《国家文物局关于河南省汝州市望嵩文化广场项目汉墓群遭破坏案调查处理情况的通报》2017年1月26日，http：//www.sach.gov.cn/art/2017/1/26/art_722_136954.html.

［7］谢辰生：《当前文物工作的四种错误倾向——在全国人大常委会纪念〈文物保护法〉颁布30周年座谈会上的发言》，载《城市规划》2013年第3期，第38页。

［8］顾军、苑利：《文化遗产报告——世界文化遗产保护运动的理论与实践》，社会科学文献出版社2005年，第163页、第162—175页。

［9］杨明：《非物质文化遗产的法律保护》，北京大学出版社2014年，第161—162页。

［10］张千帆：《宪法学讲义》，北京大学出版社2011年，第52页。

［11］〔法〕勒内·达维德：《当代世界重要法律体系》，漆竹生译，上海译文出版社1984年，第7页。

［12］李其瑞：《法学研究与方法论》，山东人民出版社2005年，第250—255页。

［13］沈宗灵：《比较法研究》，北京大学出版社1998年，第42—44页。

［14］〔德〕马克思：《路易·波拿巴的雾月十八日》，中共中央马克思恩

格斯列宁斯大林著作编译局译，人民出版社2015年，第9页。

［15］彭大均、凌云：《系统方法论和唯物辩证法》，载《上海大学学报（社科版）》1995年第5期，第80页。

［16］（明）来知德：《周易集注》，九州出版社2004年，第316页。

［17］毛慧君：《中国历史词源中的"文化"述说》，载《云南师范大学学报（对外汉语教学与研究版）》2005年第3期，第66页。

［18］（汉）刘向：《说苑全译》，王锳、王天海译注，贵州人民出版社1992年第650页。

［19］《辞海》第6版彩图本，上海辞书出版社2009年，第2379页、第2705页。

［20］《汉语大词典（第6卷）》，汉语大词典出版社1990年，第1208页。

［21］宋启军、鲁克园、刘绍忠：《"Culture"的词源学视野及其启示》，载《柳州师专学报》2011年第6期，第41页。

［22］〔英〕雷蒙·威廉斯：《关键词——文化与社会的词汇》，刘建基译，生活·读书·新知三联书店2016年，第152—153页。

［23］王云霞：《文化遗产法教程》，商务印书馆2012年，第2页。

［24］胡适等编著：《中国的文艺复兴》，外语教学与研究出版社2001年，第79页、第181页。

［25］嵇希宗：《万里长城——中国古代文化遗产之一》，载《新人周刊》1935年第35期，第708—709页。

［26］黄峰：《怎样接受文化遗产》，载《自修大学》1937年第1期，第670—672页。

［27］《发刊辞》，《中国文化季刊》1944年第1期，第1页。

［28］国家文物局：《中国文化遗产事业法规文件汇编》，文物出版社2009年，第1页、第3页、第30页。

［29］复旦大学文物与博物馆学系：《文化遗产研究集刊（2）》，上海古籍出版社2001年，第1—2页。

［30］励小捷：《文化保护法修订研究（一）》文物出版社2016年，第25

页、第28页、第29页、第326页。

[31] 王萍:《西班牙文化遗产的保护及其启示》,载《山东图书馆学刊》2013年第6期,第53页。

[32] 程恩富:《文化经济学通论》,上海财经大学出版社1999年,第37页。

[33] 中华人民共和国国务院:《国务院关于加强文化遗产保护的通知》,中国政府网2006年1月1日, http://www.gov.cn/gongbao/content/2006/content_185117.htm。

[34] 梁彗星:《民法解释学》,中国政法大学出版社1995年,第99页。

[35]《中文大辞典》第六册,(台北)中国文化研究所1968年,第2281页。

[36] 郑子良:《"古物"概念之辨析》,载《中国文物科学研究》2015年第2期,第35—36页。

[37] 夏征农:《辞海(缩印本)》,上海辞书出版社1980年,第1534页。

[38]《中国大百科全书·文物博物馆卷》,中国大百科全书出版社1993年,第1—2页。

[39] 李晓东:《文物保护理论与方法》,故宫出版社2012年,第25页。

[40] 李晓东:《民国时期的"古迹"、"古物"与"文物"概念述评》,载《中国文物科学研究》2008年第1期,第55页。

[41] 王云霞:《论文化遗产权》,载《中国人民大学学报》2011年第2期,第20—21页。

[42] 胡姗辰:《文化权利视野下的文化遗产权初探》,载《沈阳工业大学学报(社会科学版)》2014年第1期,第25页、第27页。

[43] 周军:《论文化遗产权》,武汉大学2011年博士论文第3册,第64—65页、第52—57页、第85页。

[44] 莫纪宏:《论文化权利的宪法保护》,载《法学论坛》2012年第1期,第20页、第21页。

[45] 齐延平:《人权与法治》,山东人民出版社2003年第13页、第24

页、第25页。

［46］何海岚：《〈经济、社会和文化权利国际条约〉实施问题研究》，载《政法论坛》2012年第1期，第68页。

［47］魏晓阳等：《日本文化法治》，社会科学文献出版社2016年，第24—25页、第30—33页。

［48］王锴：《论文化宪法》，载《首都师范大学学报（社会科学版）》2013年第2期，第44页。

［49］〔韩〕孙汉基：《论文化国原理——以韩国宪法中文化国原理对中国的借鉴为中心》。载《东疆学刊》2018年第1期，第108页。

［50］胡姗辰：《从财产权到人权——文化遗产权的理念变迁与范畴重构》，载《政法论坛》2015年第4期，第69页。

［51］黄明涛：《文化宪法建构中的"国家与文化之关系"》载《人大法律评论》2017年第1期，第278页。

［52］沈寿文：《"文化宪法"的逻辑》，载《法学论坛》2016年第4期，第49页、第50页。

［53］沈寿文：《认真对待文化权利中的政治权利内容和消极权利性质》，载《人大法律评论》2014年第2期，第270页。

［54］张慰：《"文化国"的秩序理念和体系——以国家目标条款带动的整合视角》，载《南京大学法律评论》2015年第1期，第34页。

［55］邢鸿飞、杨婧：《文化遗产权利的公益透视》，载《河北法学》2005年第4期，第71—72页。

［56］杨婧：《文化遗产权刍论》，河海大学2006年博士论文第3册，第20—22页。

［57］韩小兵：《非物质文化遗产权——一种超越知识产权的新型民事权利》，载《法学杂志》2011年第1期，第38页。

［58］赖继、张舫：《传承人诉讼与权利入市：推动非物质文化遗产权利保护的私法基石》，载《社会科学研究》2016年第1期，第118页。

［59］夏勇：《权利哲学的基本问题》，载《法学研究》2004年第3期，

第5页。

［60］秦前红、涂云新：《经济、社会、文化权利的可司法性研究——从比较宪法的视角介入》，载《法学评论》2012年第4期，第9页。

［61］〔墨〕豪尔赫·A.桑切斯·科尔德罗：《文化遗产保护要案》，常世儒等译，文物出版社2016年，第155页。

［62］栗劲：《秦律通论》，山东人民出版社1985年，第476页。

［63］薛梅卿：《宋刑统》，法律出版社1999年，第6页、第10页。

［64］上海大学学院、上海市政法管理干部学院：《大清律例》，天津古籍出版社1993年，第420—423页。

［65］陈文海：《世界文化遗产导论》，长春出版社2013年，第34—35页。

［66］江嘉玮：《夏约院史——法国遗产保护的过去与当下》，载《时代建筑》2016年第5期，第156页。

［67］夏勇：《法治是什么——渊源、规诫与价值》，载《中国社会科学》1994年第4期，第118—122页、第127—133页。

［68］张文显：《法治与国家治理现代化》，载《中国法学》2014年第4期，第6页。

［69］莫纪宏：《"全面推进依法治国"笔谈之一全民守法与法治社会建设》，载《改革》2014年第9期，第6页。

［70］龚延泰：《法治文化的认同、概念、意义、机理和路径》，载《法制与社会发展》2014年第4期，第42页。

［71］吴卫星：《环境权入宪之实证研究》，载《法学评论》2008年第1期，第81页。

［72］张斌：《略论宪法之结构及其比较》，载《法学评论》1998年第1期，第76页。

［73］苑利：《韩国文化遗产保护运动的历史与基本特征》，载《民间文化论坛》2004年第6期，第68—69页、第64页、第68页、第68—69页、第69页。

［74］勒平川：《对意大利文物警察体制之扬弃》，载《中国文物科学研

究》2011年第3期，第92页、第93页、第94页。

［75］朱晓明：《意大利中央政府层面文化遗产保护的体制分析》，载《世界建筑》2009年第6期，第115页、117页。

［76］陈伟：《国外不可移动文物保护立法与实践的可借鉴性分析》，载《中国文化遗产》2016年第6期，第74页、第75页。

［77］蔡忠原、李晶：《来自华沙的历史文化遗产保护经验》，载《建筑与文化》2015年第11期，第24页。

［78］王玉珏、黄晓蕙、陈洁：《法国国家档案馆的公共文化服务体系建设》，载《山西档案》2017年第4期，第27页。

［79］叶秋华、孔德超：《论法国文化遗产的法律保护及其对中国的借鉴意义》，载《中国人民大学学报》2011年第2期，第13页、14页。

［80］何洁玉、常春颜、唐小涛：《意大利文化遗产保护概述》，载《中南林业科技大学学报（社会科学版）》2011年第5期，第150页。

［81］张广汉：《欧洲历史文化古城保护》，载《国外城市规划》2002年第4期，第36页。

［82］李静雨、张国超：《意大利文物行政执法的经验与启示》，载《中国文物科学研究》2017年第1期，第94页、第93页。

［83］朱兵：《意大利文化遗产的管理模式、执法机构及几点思考》，载《中国文物报》2008年3月28日，第3版。

［84］奚雪松、俞孔坚、李海龙：《美国国家遗产区域管理规划评述》，载《国际城市规划》2009年第4期，第96页。

［85］王红军：《美国建筑遗产保护历程研究——对四个主题事件及其相关性的剖析》，同济大学2016年博士论文，第116页。

［86］王星光：《美国如何保护历史文化遗产》载《学习时报》2016年2月25日，第2版。

［87］张函：《美国文化财产保护法律制度研究——兼论1970年UNESCO公约中"保有方案"之弊》，载《武大国际法评论》2010年第12期，第53页。

［88］沈海虹：《美国文化遗产保护领域中的税费激励政策》，载《建筑学

报》2006年第6期，第17页。

［89］沈海虹：《美国文化遗产保护领域中的地役权制度》，载《中外建筑》2006年第2期，第52—53页。

［90］苑利：《日本文化遗产保护运动的历史和今天》载《西北民族研究》2004年第2期，第133页、第132—133页、第133—134页。

［91］康保成：《日本的文化遗产保护体制、保护意识及文化遗产学学科化问题》，载《文化遗产》2011年第2期，第6页。

［92］卓民：《他山之石——日本的文化财保护制度》，载《美术观察》2018年第10期，第23页。

［93］王晔、龚滢：《日本建筑遗产保护法令制度的设立与更新》，载《人民论坛》2014年第12期，第245页。

［94］周超：《日本对非物质文化遗产的法律保护》，载《广西民族大学学报（哲学社会科学版）》2008年第4期，第48页。

［95］周超：《日本的文化遗产指定、认定、选定与登录制度》，载《学海》2008年第6期，第174页。

［96］周超：《日本"文化景观"法律保护制度研究》，载《广西民族大学学报（哲学社会科学版）》2016年第1期，第180—181页。

［97］周星、周超：《日本文化遗产保护的举国体制》载《文化遗产》2008年第1期，第135页。

［98］周超：《日本的"庙会法"及其相关问题》，载《民俗研究》2012年第4期，第15页、第17页。

［99］李贞娥：《日帝强占期（1910—1945）韩国建筑遗产保护原则与修缮案例研究》，载《世界建筑》2016年第3期，第120页。

［100］都重弼、潜伟：《韩国文化遗产保护政策现状及未来发展方向》，载《中国文物科学研究》2007年第2期，第89页。

［101］张毅、徐晨曦：《韩国历史文化遗产保护概述》，载《长沙大学学报》2012年第3期，第19页。

［102］［韩］许庚寅：《韩国〈文化财保护法〉的架构探讨》，载《文化遗

产》2011年第4期，58—59页。

［103］张世均：《韩国民族文化遗产保护与利用及其对我国的启示》，载《西华大学学报（哲学社会科学版）》2011年第4期，第23页。

［104］［韩］田耕旭：《韩国非物质文化遗产的保护与传承》，载《浙江艺术职业学院学报》2016年第3期，第133页、第134页。

［105］胡秀娟：《论武装冲突中文化财产保护的国际条约体》，载《江南大学学报（人文社会科学版）》2008年第4期，第54—55页、第55—56页。

［106］张贵洪：《联合国与新型国际关系》，载《当代世界与社会主义》2015年第5期，第103页。

［107］徐苏斌：《近代中国文化遗产保护史纲（1906—1936）》，载《中国紫禁城学会论文集（第七辑）2012年，第27页。

［108］李建：《我国文物保护法制化的发端——论清末〈保存古迹推广办法〉及其历史作用》载《山东大学学报（哲学社会科学版）》2015年第6期，第157页、第154页。

［109］刘守柔：《清末民国文化遗产保护的兴起与演进研究》，复旦大学2014年博士论文，第42页。

［110］李晓东：《民国文物法规史评》，文物出版社2013年，第13页、第9页。

［111］鲜乔蓥：《民国初期的文物保护政策与措施》，载《西华大学学报（哲学社会科学版）》2008年第2期，第46页、第49页。

［112］任博韬：《民国初期河南文博事业概述》，载《中原文物》2015年第3期，第113页。

［113］鲜乔蓥：《民国初期的文物保护政策与措施》，载《西华大学学报（哲学社会科学版）》2008年第2期，第49页。

［114］刘建美：《民主革命时期中国共产党文物保护工作的历史考察》，载《党史研究与教学》2009年第1期，第58页。

［115］李军：《中国历史文化名城保护法律制度研究》，重庆大学2005年博士论文，第3页。

[116] 周超：《中国文化遗产保护法制体系的形成与问题——以〈非物质文化遗产法〉为中心》，载《青海社会科学》2012年第4期，122.

[117] 政府法制办公室：《国务院法制办就文物保护法修订草案（送审稿）征求意见》，中国政府网2015年12月28日，http://www.gov.cn/xinwen/2015-12/28/content_5028604.htm.

[118] 国务院：《国务院关于进一步加强文物工作的指导意见》，中国政府网2016年3月8日，http://www.gov.cn/zhengce/content/2016-03/08/content_5050721.htm.

[119] 苑利：《台湾地区文化遗产的保护》，载《中国社会科学院院报》2005年第3期。

[120] 李东方：《我国台湾地区文化资产保护制度基本问题研究》，载《经济法论坛》2008年第1期，第532页

[121] 车如山：《社会教育的历史考察》，载《继续教育研究》2009年第1期，第68页。

[122] 王运良：《中国"文物保护单位"制度研究》，复旦大学2009年博士论文，第19页。

[123] 柏贵喜：《"名录"制度与非物质文化遗产保护》，载《贵州民族研究》2007年第4期，第65页。

[124] 祁庆富：《论非物质文化遗产保护中的传承及传承人》，载《西北民族研究》2006年第3期，第120页。

[125] 李墨丝：《非物质文化遗产保护法制研究——以国际条约和国内立法为中心》，华东政法大学2008年，第125页。

[126] 浙江省文化厅：《浙江省文物监察总队》，2018年4月24日，http://www.zjwh.gov.cn/stgk/contnet_30_457.htm.

[127] 中国文物报社：《中华人民共和国文物保护法——以案说法》，文物出版社2003年，第172—175页、第182—184页。

[128] 国家文物局：《国家文物局通报2016年度文物行政执法与安全监管工作情况》，2017年4月27日，http://www.sach.gov.cn/art/2017/4/27/art_

722_140231.html.

［129］张伟明：《中国文物保护实现效果研究》，文物出版社2017年，第83页、第124页、第114—115页。

［130］国家文物局：《国家文物局通报2017年度文物行政执法和安全监管工作情况》，浙江省文物局2018年4月17日，http：//www.zjww.gov.cn/news/2018-04-17/1231737990.shtml.

［131］任大鹏：《我国现阶段农民法律意识的调查与分析》，载《中国农村观察》1999年第3期，第61—65页。

［132］路甬祥：《全国人民代表大会常务委员会执法检查组关于检查〈中华人民共和国文物保护法〉实施情况的报告》中国人大网2012年7月11日，http：//www.npc.gov.cn/npc/xinwen/2012-07/11/content_1729564.htm.

［133］秦前红：《困境、改革与出路：从"三驾马车"到国家监察——我国监察体系的宪制思考》，载《中国法律评论》2017年第1期，第177页。

［134］朱贵祥：《文化遗产保护立法基础理论研究——生态法范式的视角》，中央民族大学2006年博士论文，第54—55页。

［135］高朝暄、梅静、李志新：《我国传统村镇中的保护性破坏现象探析》，载《建筑学报》2012年第6期，第28—30页。

［136］康保成：《日本的文化遗产保护体制、保护意识及文化遗产学学科化问题》，载《文化遗产》2011年第2期，第9页。

［137］都重弼、潜伟：《韩国文化遗产保护政策现状及未来发展方向》，载《中国文物科学研究》2007年第2期，第89页。

［138］王鹤云、高绍云：《中国非物质文化遗产保护法律机制研究》，知识产权出版社2009年，第296页、第152页。

［139］李墨丝：《非物质文化遗产保护法制研究——以国际条约和国内立法为中心》，华东政法大学2008年博士论文，第203—207页。

［140］黄小娟：《浅析非物质文化遗产传承人的权利》，载《法制与经济》2012年第9期，第10—11页。

［141］王吉林、陈晋璋：《非物质文化遗产的权利主体研究》，载《天津

大学学报（社会科学版）》2011年第7期，第325页。

［142］俞剑勤：《基层文物行政执法的问题和对策研究》，载《中国文物科学研究》2013年第2期，第32页。

［143］新华网：《全国人大常委会委员建议将"破坏文物"纳入公益诉讼》，中国人大网2012年4月27，http：//www.npc.gov.cn/npc/xinwen/lfgz/2012-04/28/content_1720139.htm.

［144］国家文物局：《励小捷委员：完善制度修订法律加强文物保护》，中国政府网2013年3月6日，http：//www.gov.cn/2013lh/content_2347092.htm.

［145］张文显：《法律文化的结构及功能分析》，载《法律科学》1992年第5期，第3页。

［146］都重弼、潜伟：《韩国文化遗产保护政策现状及未来发展方向》，载《中国文物科学研究》2007年第2期，第89页。

［147］International Committee of the Red Cross. *On Military Authority over Hostile Territory-art*. 8.ICRC：2017-02-10. https：//ihl-databases.icrc.org/applic/ihl/ihl.nsf/ART/135-70008? OpenDocument.

［148］International Committee of the Red Cross. *Convention（II）with Respect to the Laws and Customs of War on Land and its Annex*. ICRC：2017-02-10. https：//ihl-databases. icrc. org/applic/ihl/ihl. nsf/ART/150-110062? OpenDocument.

［149］International Committee of the Red Cross. *Convention（IV）respecting the Laws and Customs of War on Land and its Annex*. ICRC：2017-02-10. https：//ihl-databases.icrc.org/applic/ihl/ihl.nsf/ART/195-200066? OpenDocument .

［150］University of Minnesota. *Treaty on the Protection of Artistic and Scientific Institutions and Historic Monuments（Roerich Pact）*，167 L. N. T. S. 289，entered into force Aug. 26，1935. University of Minnesota：2017-02-10. http：//hrlibrary.umn.edu/instree/1935a.htm.

［151］UNESCO. *UNESCO Constitution*. UNESCO：2017-02-10. http：//portal. unesco. org/en/ev. php-URL_ID=15244&URL_DO=DO_TOPIC&URL_

SECTION=201.html.

[152] Council of Europe. *Framework Convention on the Value of Cultural Heritage for Society*. 2019.08.21, https://www.parlament.gv.at/PAKT/VHG/XXV/I/I_00200/imfname_355315.pdf.

[153] Fribourg Group. *Cultural Rights, Fribourg Declaration*. 2019.08.21, https://www.docin.com/p-1434441684.html.

[154] Mo Jihong. "Legal Protection for Rights to Cultural Heritage", *Social Sciences in China*, 2003 (1): 138-139.

[155] la Direction de l'information légale et administrative, *1789-1830: Invention de la notion de patrimoine*, www.vie-publique.fr: 2014-03-10. http://www.vie-publique.fr/politiques-publiques/politique-patrimoine/chronologie/.

[156] Committee on Interior and Insular Affairs, *US House Report 101-877*, 1990: 8.

[157] Morrow, J. E. *The National stolen Property Act and the Return of Stolen Cultural Property to its Rightful Foreign Owners*, Boston College International and Comparative Law Review, 2007, 30: 249.

[158] Francioni, F, *Public and Private in the International Protection of Global Cultural Goods*, European Journal of International Law, 2012, (23): 719.

[159] Nafziger, J. A. R., Paterson, R. K, .Renteln, A. D., *Cultural Law: International, Comparative, and Indigenous*, New York: Cambridge University Press, 2010: 66.

[160] Francioni, F., Lenzerini, F., *The Destruction of the Buddhas of Bamiyan and International Law*, European Journal of International Law, 2003, (14): 619, 650, 651.

[161] Meskell, L., *UNESCO's World Heritage Convention at 40 Challenging the Economic and Political Order of International Heritage Conservation*, Current Anthropology, 2013, (54): 484.

[162] Lixinski, L., *Selecting Heritage: The Interplay of Art, Politics and Identity*, European Journal of International Law, 2011, (22): 84.

[163] Francioni, F., *Public and Private in the International Protection of Global Cultural Goods*, European Journal of International Law, 2012, (23): 720-721.

[164] John, H., M., *The public interest in cultural property*, Calif. L. Rev., 1989, 77: 349.

[165] Prosper, W., *De l'exercise du droit au patrimoine culturel*, Cultural heritage: scenarios 2015-2017 (Sapere l'Europa, sapered'Europa 4), Venezia: Edizioni Ca' Foscari, 2017: 53.

[166] Janet, B., *International Cultural Heritage Law*, Oxford: OUP Oxford, first edition, 2015: 2.

[167] Vecco, M., *A definition of cultural heritage: From the tangible to the intangible*, Journal of Cultural Heritage, 2010, 11: 321.

[168] Mathilde, R., *Centenary of the French Law on historic monuments*, Art Antiquity & L., 2014, 19: 327.

[169] Pellerin, F., *Conseil des ministres du 8 juillet 2015. Liberté de la création, architecture et patrimoine*, www.vie-publique.fr: 2015-07-08. https://www.vie-publique.fr/discours/195389-conseil-des-ministres-du-8-juillet-2015-liberte-de-la-creation-archite.

[170] Pierre-Alain, C. et al, *The enhancement of immovable cultural heritage by urban planning law: The French experience*, Santander Art and Culture Law Review, 2020, 6.2: 355-357.

[171] Halina, N., *Legislative Models of Protection of Cultural Property*, Hastings LJ, 1975, 27: 1093.

[172] Barbara, C., *Patrimonio culturale, diritto e storia*, Patrimonio culturale: profili giuridici e tecniche di tutela, Roma: Roma Tre-press, 2017: 11.

[173] Luca, Z., Sara, B., B., Christopher, G., *Cultural heritage between centralisation and decentralisation: Insights from the Italian context*, International journal of cultural policy, 2007, 13.1: 57.

[174] Annalisa, C., Settis S., *Italia Spa. L'assalto al patrimonio culturale*, Economia della Cultura, 2003, 13.1: 146.

[175] Roberta, L., *Historical centres: changing definitions*, Italian Journal of Planning Practice, 2014, 1.1: 78.

[176] Adam, G., *Reaffirming McClain: The National Stolen Property Act and the Abiding Trade in Looted Cultural Objects*, UCLA L. Rev., 2005, 53: 1037-1039, 1042.

[177] United States v. McClain, 551 F.2d 52, (5th Cir. 1977), 545 F.2d 988 (5th Cir. 1977), 593 F.2d 658 (5th Cir. 1979), cert. denied, 44 U.S. 918 (1979).

[178] Patty, G., *Schultz and Barakat: universal recognition of national ownership of antiquities*, Art Antiquity & L., 2009, 14: 26-27.

[179] Chang-Gyoo, K., *A Safeguarding System for Cultural Heritage in Korea: Focused on the Activities of Restoration, Transmission and Protection of Designated Cultural Properties*, Gwacheon: Ministry of Strategy and Finance, Republic of Korea, 2012: 47-59.

[180] Ho-Young, S., *International Legal Instruments and New Judicial Principles for Restitution of Illegally Exported Cultural Properties*, Penn St. JL & Int'l Aff., 2016, 4: 735, 737.

[181] Melissa, K., *Repatriation of Korean Cultural Property Looted by Japan-Can a Sincere Apology Resolve the Centuries-Old Korea/Japan Disputes?*, Cardozo J. Conflict Resol., 2014, 16: 625-626.

[182] Amanda, K.M., *Safeguarding China's cultural history: proposed amendments to the 2002 Law on the Protection of Cultural Relics*, afeguaRim L. &Pol'y J., 2009, 18: 410.

［183］Folarin, S., *Private Law Beyond Markets for Goods and Services: The Example of Cultural Objects*, rivate Law Beyond Markets for Go.

［184］青柳憲昌，岩月典之，藤岡洋保，文化財保護法制定後の国宝建造物指定方針と戦後の「国宝」概念の形成，日本建築学会計画系論文集，2012，77.678：1997-2002.

［185］村上忍一，新しい文化財登録制度による文化財保護，農業土木学会誌，1997，65.11：1063.

［186］上林陽治，文化財保護法及び地方教育行政の組織及び運営に関する法律の一部を改正する法律（平成30年6月8日法律第42号），研究所資料，2019，128.1：275，296，297.

［187］史学委員会博物館・美術館等の組織運営に関する分科会，博物館法改正へ向けての更なる提言，学術の動向，2020，25.10：116，117.

［188］金井健，近現代建造物の文化財保存理念の展開に関する基礎的研究（その1）：文化財保護法下における「文化財」概念の創出と変容，日本建築学会計画系論文集，2021，86.784：1804，1807.

附录
世界各国现行宪法"文化遗产保护"相关条款一览表

附录 世界各国现行宪法"文化遗产保护"相关条款一览表

一、亚洲各国现行宪法"文化遗产保护"相关条款制定情况

宪法名称	"文化遗产保护"相关条款内容	条款分布
中华人民共和国宪法(1982年12月4日第五届全国人民代表大会第五次会议通过,1982年12月4日全国人民代表大会公告公布施行,根据1988年4月12日第七届全国人民代表大会第一次会议通过的《中华人民共和国宪法修正案》、1993年3月29日第八届全国人民代表大会第一次会议通过的《中华人民共和国宪法修正案》、1999年3月15日第九届全国人民代表大会第二次会议通过的《中华人民共和国宪法修正案》、2004年3月14日第十届全国人民代表大会第二次会议通过的《中华人民共和国宪法修正案》和2018年3月11日第十三届全国人民代表大会第一次会议通过的《中华人民共和国宪法修正案》修正)	中国是世界上历史最悠久的国家之一。中国各族人民共同创造了光辉灿烂的文化,具有光荣的革命传统。 第22条 国家发展为人民服务、为社会主义服务的文学艺术事业、新闻广播电视事业、出版发行事业、图书馆博物馆文化馆和其他文化事业,开展群众性的文化活动。 国家保护名胜古迹、珍贵文物和其他重要历史文化遗产。 第47条 中华人民共和国公民有进行科学研究、文学艺术创作和其他文化活动的自由。国家对于从事教育、科学、技术、文学、艺术和其他文化事业的公民的有益于人民的创造性工作,给以鼓励和帮助。 第70条 全国人民代表大会设立民族委员会、法律委员会、财政经济委员会、教育科学文化卫生委员会、外事委员会、华侨委员会和其他需要设立的专门委员会。在全国人民代表大会闭会期间,各专门委员会受全国人民代表大会常务委员会的领导。 …… 第89条 国务院行使下列职权: (七)领导和管理教育、科学、文化、卫生、体育和计划生育工作。 第107条 县级以上地方各级人民政府依照法律规定的权限,管理本行政区域内的经济、教育、科学、文化、卫生、体育事业、城乡建设事业和财政、民政、公安、民族事务、司法行政、监察、计划生育等行政工作,发布决定和命令,任免、培训、考核和奖惩行政工作人员。 …… 第119条 民族自治地方的自治机关自主地管理本地方的教育、科学、文化、卫生、体育事业,保护和整理民族的文化遗产,发展和繁荣文化遗产。	序言 第一章 总纲 第二章 公民的基本权利和义务 第三章 国家机构 第一节 全国人民代表大会 第三章 国家机构 第三节 国务院 第三章 国家机构 第五节 地方各级人民代表大会和地方各级人民政府 第三章 国家机构 第六节 民族自治地方的自治机关

271

续表

宪法名称	"文化遗产保护"相关条款内容	条款分布
阿富汗伊斯兰共和国宪法（2004年1月4日大支尔格国民议会通过，2004年1月26日生效）	第9条 矿藏以及其他一切地下资源为国家财产。上述公共财产的保护、利用、管理及其利用方法，由法律规定。 第47条 国家必须制定有效的计划以促进科学、文化、文学以及艺术的发展。 国家依法保护作者、发明者和发现者的权利，鼓励并支持各领域的科学研究，促进其成果的有效应用。 第90条 国会享有以下权利 2.批准经济、社会、文化和科技的发展计划。	第一章　国家 第二章　公民的基本权利和义务 第五章　国会
阿拉伯联合酋长国宪法（1971年7月18日联邦最高酋长院通过，1971年12月3日生效）	第121条 在与上一条不冲突的情况下，联邦在以下事务中单独享有立法权： ……对文化、技术及工业产权和版权的保护；……	第七章　联邦和酋长国之间立法权、行政权和国际权利的分配
阿曼苏丹国国家基本法（1996年11月6日苏丹诏令颁布实施）	第11条　经济原则 …… 公共财产不受侵犯，国家应对其进行保护，公民及居住者也应对其进行保护。 …… 第13条　文化原则 …… 国家关心与保护民族遗产，鼓励科学、艺术、文学和学术研究，并帮助其普及。	第二章　国家的政治原则

附录　世界各国现行宪法"文化遗产保护"相关条款一览表

续表

宪法名称	"文化遗产保护"相关条款内容	条款分布
阿塞拜疆共和国宪法（1995年11月12日以全民公决形式通过，1995年12月27日生效）	第16条　社会发展和国家 2.阿塞拜疆共和国促进文化、教育、卫生保健、科学、艺术的发展，保护自然，保护人民的历史遗产、物质遗产和精神遗产。 第30条　知识产权 1.每个人都享有知识产权。 2.著作权、发明权以及其他种类的知识产权，受法律保护。 第40条　文化权 1.每个人都有参加文化生活、利用文化设施和欣赏文化珍品的权利。 2.每个人都应当爱护历史遗产、文化遗产和精神遗产，关心上述遗产，保护历史文化古迹。 第77条　保护历史文化古迹 保护历史文化古迹是每个人的职责。	第一编　总则 第二章　国家的基本原则 第二编　基本权利、自由和义务 第三章　人和公民的基本权利和自由 第二编　基本权利、自由和义务 第四章　公民的基本义务
巴基斯坦伊斯兰共和国宪法（1973年4月10日巴基斯坦国民大会通过，1973年8月1日生效）	第172条　无主财产 第1款　任何没有合法所有人的财产，如果在省内则归属于省政府，在其他情况下则归属于联邦政府。 第2款　所有土地、矿产和其他大陆架内或巴基斯坦临海[外]的海底里有价值的物品，属于联邦政府。 联邦立法清单第一部分 第15条　图书馆、博物馆和联邦控制或财政支持的相似机构。	第六编　财政、财产、合同和诉讼 第三章　财产、合同、债务和诉讼 附则四　立法清单（第70条4款）
巴林王国宪法（2002年2月14日国王哈马德·本·伊萨·阿勒哈利法批准并颁布）	第6条 国家保护阿拉伯和伊斯兰遗产，为人类文明的进程作出贡献，致力于加强伊斯兰国家间的关系，实现阿拉伯民族团结和进步的愿望。 第7条 1.国家重视科学、人文科学和艺术，鼓励学术研究，同时保证为公民提供教育服务和文化服务。……	第一章　国家

273

续表

宪法名称	"文化遗产保护"相关条款内容	条款分布
不丹王国宪法（2008年7月18日不丹王国吉格梅·基沙尔·旺楚克国王批准生效）	第1款 国家应努力保存、保护和提升国家的文化遗产以丰富社会和公民的文化生活，其中包括具有艺术或历史价值的古迹、地点和物质、城堡、寺庙、僧人社区、神圣宝藏、朝圣地语言、文学、音乐、视觉艺术和宗教。 第2款 国家承认文化是不断发展的动力，应努力加强和促进传统价值和制度的不断演进。作为进步社会，它们是可持续的。 第3款 国家保护和鼓励地方艺术、风俗、知识和文化的研究。 第4款 议会可制定必要的法律，推动不丹社会文化的发展。 第13款 不丹的任何人均有权从其撰写或创作的科学、文学或艺术作品中获得物质利益。 第23款 国家鼓励自由地参加社区文化生活，促进艺术和科学发展，并扶植科技创新。	第4条　文化 第7条　基本权利 第9条　国家政策的原则
朝鲜民主主义人民共和国社会主义宪法（1972年12月27日朝鲜民主主义人民共和国第五届最高人民会议第一次会议通过并生效）	第41条 …… 国家在建设社会主义民族文化建设中，反对帝国主义的文化渗透和复古主义倾向，保护并根据社会主义现实继承和发展民族文化遗产。 第74条 公民有从事科学技术及文学艺术活动的自由。 ……	第三章　文化 第五章　公民的基本权利和义务

续表

宪法名称	"文化遗产保护"相关条款内容	条款分布
东帝汶民主共和国宪法（2002年3月22日东帝汶制宪议会通过，2002年5月20日实施）	第59条　教育与文化 5.人人拥有文化享受和文学创作的权利,并有义务维持、保护和尊重文化遗产。	第三章　经济、社会、文化权利与义务
菲律宾共和国1987年宪法（1987年2月2日全民公决通过，1987年2月11日颁布施行）	第14款 　　国家应在于多样性和统一的原则基础上,在自由艺术与文化表达的气氛中,促进菲律宾文化的保存、丰富和蓬勃发展。 第15款 　　国家应对文学艺术予以支持。国家应保护、促进和普及菲律宾的民族历史和文化遗产和资源以及艺术创作。 第16款 　　国家的全部艺术和历史财富都是国家的文化财富,应受国家保护,其处分由国家负责管理。 第17款 　　国家应承认、尊重和保护土著文化社区,保存和发展其文化、传统、习惯的权利。在制定国家规划和政策时应考虑这些权利。 第18款 　　(1)国家应通过建立教育制度、公立和私立的文化组织,设立奖学金、助学金和其他奖励,设立社区文化中心及其他公共场所,确保人民有接受文化的平等机会。 　　(2)国家鼓励并支持艺术和文化的研究。	第14条　教育、科学和技术、艺术、文化和体育艺术与文化

续表

宪法名称	"文化遗产保护"相关条款内容	条款分布
格鲁吉亚宪法（1995年8月24日通过）	第34条 1.国家促进文化事业的发展，创造条件以使公民不受限制地参加文化生活，促进特色文化的展示和提高，促使民族价值和人类价值得到承认，促进国际文化联系的加强。 2.每个格鲁吉亚公民有义务关心文化遗产的保护和收藏。 第37条 3.所有人都有在有利于健康的环境中生活，享受自然和文化环境的权利。所有人都有保护自然和文化环境的义务。	第二章　格鲁吉亚国籍、人的基本权利和自由
哈萨克斯坦共和国宪法（1995年8月30日以哈萨克斯坦共和国全民公决形式通过，2007年5月21日修改和补充）	第37条 哈萨克斯坦共和国公民有关心保护历史文化遗产，爱护历史文化古迹的义务。	第二章　人和公民
大韩民国宪法（1948年12月7日通过，1987年10月29日全面修改并经全民投票通过，1988年2月25日生效）	第9条 国家要致力于传统文化的继承、发展和民族文化的繁荣。 第22条 ①国民享有学术和艺术的自由。 ②著作权人、发明家、科技工作者和艺术家的权利由法律保障。	第一章　总纲 第二章　公民的权利和义务
吉尔吉斯斯坦共和国宪法（2010年6月27日全民公决形式通过）	第49条 1.保障每个人享有从事文学、艺术、科学、技术创造以及其他种类创造以及教学的自由。 2.每个人都有参加文化生活和欣赏文化珍品的权利。国家保证保护历史文物和其他的文化遗产客体。 3.知识产权受法律保护。	第二编　人和公民的权利和自由 第二章　人的权利和自由

续表

宪法名称	"文化遗产保护"相关条款内容	条款分布
柬埔寨王国宪法（1993年9月21日制宪会议通过，1993年9月24日国王诺若敦·西哈努克陛下颁布生效）	第69条 国家应保护和推广民族文化。 国家应采取必要措施保护和发扬高棉语。 国家应保护名胜古迹和文物，修复历史圣地。 第70条 任何危及文化艺术遗产的违法犯罪行为都应当受到严厉的惩罚。 第71条 国家遗产胜地以及被列为世界保护遗产范围的地区均为中立地带，不得有任何军事活动。	第六章 教育、文化、社会事务
卡塔尔国永久宪法（2003年4月29日全民公投通过，2005年6月7日生效）	第24条 国家关心和保护科学、人文科学、艺术和国家文化遗产，并推动其传播。国家鼓励科学研究。	第二章 社会的基本原则
科威特国宪法（1962年11月12日阿卜杜拉·萨利姆·萨巴赫颁布，1963年1月29日生效）	第12条 国家保护伊斯兰和阿拉伯遗产，并为人类文明的发展作出贡献。 第14条 国家关注科学、文学和艺术的发展，鼓励科学研究。	第二章 科威特社会的基本要素

续表

宪法名称	"文化遗产保护"相关条款内容	条款分布
老挝人民民主共和国宪法（1991年8月15日老挝最高人民议会第二届第六次会议通过并生效）	第23条 国家保护代表国家及各民族人民优秀传统的、借鉴吸收其他国家先进文化的民族文化。 国家促进文化活动、艺术和发明，管理和保护文化、历史和自然遗产，维护文物古迹。 国家积极促进和推动为国家安全与发展服务的大众媒体活动。 一切文化和大众媒体活动均不得损害国家利益、优秀传统文化和人民尊严。 第30条 国家、社会推动和发展文化旅游、历史旅游和生态旅游。发展旅游不得损害民族文化，不得损害老挝人民民主共和国法律、法规。	第二章 社会经济制度
黎巴嫩共和国宪法（1926年5月23日颁布）	前言 7.文化、社会及经济领域的均衡发展是国家统一和制度稳定的基本支柱之一。	第一章 基本条款
马尔代夫共和国宪法（2008年8月7日由总统加尧姆批准并生效）	第39条 参加文化生活的权利 第1款 人人享有参与国家的文化生活，并从文学与艺术活动中受益的权利。 第2款 国家应当在其资源限度内促进教育、文化、文学和艺术。	第二章 基本权利与自由
马来西亚联邦宪法（1957年7月11日联邦议会通过，1957年8月31日生效）	第13条 教育，包括： (b)图书馆；博物馆；古代和历史纪念馆和档案；考古场地和遗物。 第12A条 联邦法律规定以外的图书馆、博物馆、古代和历史纪念馆和档案、考古地点和遗留物等。	附件九 立法事务表 第一表 联邦事务表 第二表 州事务表

续表

宪法名称	"文化遗产保护"相关条款内容	条款分布
蒙古国宪法（1992年1月13日蒙古人民共和国大人民呼拉尔通过，1992年2月12日生效）	第7条 1.蒙古人民的文化、历史、科学和知识遗产受国家保护。 2.公民创作的知识成果是创作者的财富，是蒙古国的民族财富。 第16条 蒙古国公民下列基本权利和自由受保护： （8）有权从事文化、艺术和科学研究的创造性工作并从中受惠。著作权和专利权受法律保护。	第一章 蒙古国主权 第二章 人权、自由
孟加拉人民共和国宪法（1972年11月4日孟加拉国制宪大会通过，1972年12月16日生效）	第23条 国家文化 国家应采取有效措施保护人民的文化传统和文化遗产和促进提高民族语言、文学、艺术，使各阶层人们能够有机会为丰富民族文化做出贡献并参与其中。 第23-1条 部落、少数群体、少数民族的文化 国家应当逐步采取措施保护和发展部落、少数群体、少数民族独有的文化。 第24条 国家历史文物 国家应当采取有效措施保护所有具有特殊艺术价值和历史意义的纪念碑、物品和场所免受破坏、损害或移动。 第143条 国家财产 （1）除法律规定为国家所有的土地和财产外，下列资源应当属于国家所有： C.孟加拉国境内的无主财产。	第二章 国家政策的基本原则 第十一章 其他规定

续表

宪法名称	"文化遗产保护"相关条款内容	条款分布
缅甸联邦共和国宪法（2008年5月29日全民公决通过，2011年1月31日生效）	第22条 国家应支持—— (i)发展各民族的语言、文学、优秀艺术和文化。 第27条 国家应帮助、加强和保护民族文化。 第365条 　　每一个公民都有权依法自由发展他们热爱的文学、文化、艺术、习惯和传统。在行使其权利的同时，他们应避免采取有害于国家团结的行为。同时，任何可能对其他民族的利益产生不利影响的行为应在与利害关系民族协调并取得其谅解之后才能进行。 第390条 公民都有责任协助联邦执行下列事务： (i)维护和保护文化遗产； 9.社会部分 (s)以下由联邦管理的： (i)古文化与历史遗址、建筑、纪念碑、记录、石刻铭文、墨迹碑文、棕榈叶手稿、笔迹、手工品、无生命物体以及考古工作； (ii)博物馆与图书馆； (t)文学、戏曲、音乐、传统艺术与技艺、电影胶卷与视频。	第一章　联邦基本原则 基本原则 第八章　公民、公民的基本权利和义务 附录一　联邦立法目录（适用于第96条）
尼泊尔临时宪法2063（2007）（2007年1月15日由制宪会议颁布）	第17条　教育和文化权利 (3)任何居住在尼泊尔的族群有权保留和完善自己的语言、文字、文化、文化礼仪和遗产。 第35条　国家政策 (4)国家在调动使用有益于国家利益的有用的自然资源和国家遗产时，应采取优先当地人民的政策。	第三章　基本权利 第四章　国家义务、指导原则和政策

续表

宪法名称	"文化遗产保护"相关条款内容	条款分布
日本国宪法（昭和宪法）（1946年10月7日帝国议会通过，10月29日经天皇裁可，11月3日天皇正式公布，1947年5月3日正式实施）	第25条　生存权、国家社会性使命 ①全体国民都有享有健康和文化的最低限度的生活的权利。	第三章　国民的权利和义务
沙特阿拉伯王国治国基本法（1992年3月1日法赫德·阿卜杜勒·阿齐兹国王颁布并施行）	第14条 　　真主所赐予的财富，无论是在地下、地上、境内水域里，还是在领土、领海范围内，均依法为国有财产。为了国家利益、安全和经济，法律明确规定对其利用、保护和开发的方式。 　　第15条 　　非依据法律，不得许可对国家公共资源予以开发。 　　第16条 　　公共财产神圣不可侵犯。国家有义务保护它，公民应当保护它。 　　第29条 　　国家关心科学、文学和文化发展，鼓励科学研究，保护伊斯兰和阿拉伯遗产，为阿拉伯、伊斯兰和人类文明作贡献。	第四章　经济原则 第五章　权利和义务

281

续表

宪法名称	"文化遗产保护"相关条款内容	条款分布
斯里兰卡民主社会主义共和国宪法(1978年8月16日斯里兰卡国会批准,1978年9月7日生效)	第14条 言论、集会、结社和游行自由 (f)单独和集体的享受和促进自己的文化和使用自己语言的自由。 第27条 国家政策的指导原则 (10)国家坚持促进人民文化和语言的发展。 国家档案及任何国会法令认为对国家很重要的考古活动和古迹、遗址 这应当包括： 任何国会法令认为对国家很重要的古代和历史上的遗迹和记录及考古的遗址、遗迹。 列表1和列表3所未涉及的所有事务与职能： (l)由政府完全赞助或部分赞助的机构,如,博物馆和战争纪念碑,这是国会法律规定的对国家很重要的机构； (m)对斯里兰卡的调查；地质学、植物学、动物学、人类学和气象机构； 34.除国会法律规定的特别重要的遗址外,其他的古迹、遗址。	第三章 基本权利 第六章 国家政策的指导和基本义务 附录九 列表2保留表单 附录九 列表3并行表单
塔吉克斯坦共和国宪法(1994年11月6日以全民公决形式通过,1999年9月26日和2003年6月22日先后以全民公决形式予以修正和补充)	第40条 每个人都有自由地参加社会文化生活的权利,自由地参加艺术、科学和技术创造以及享用艺术、科学和技术创造成果的权利。 文化和精神财富受国家保护。 知识产权受法律保护。 第44条 保护自然,保护历史和文化古迹,是每个人的义务。	第二章 人和公民的权利、自由与基本义务

续表

宪法名称	"文化遗产保护"相关条款内容	条款分布
泰王国宪法(2007年8月19日全民公决通过,2007年8月24日实施)	第42条 不动产不得被征收,除非依据法律特别规定的用于公共事务的如下情形:公用设施、必要的国家防务、国家资源开采、城乡规划、环境质量的改善和保护、农业或工业的发展、土地改革、古迹或具有历史价值或其他公共利益资源的保护。所有人和其他因征收不动产遭受损失的权利人有权依法获得及时的、公正的赔偿。 第80条 社会事务、公共卫生、教育和文化事务政策应符合以下指导原则: (5)促进和支持各种科学研究与学习,传播研究成果与信息以及国家资助的研究工作。 (6)促进和支持亲情与知识,关注和传播民族艺术、文化、传统和习俗,包括传统和地方知识。 第289条 地方政府有权利和义务保护艺术、习俗、地方知识和地方优秀文化。 地方政府有权根据地方特点和需要提供教育和职业培训,参与提供国家的教育和培训,并考虑与国家教育标准和制度相一致。 在提供第2款规定的地方教育和培训中,地方政府应考虑保护艺术、习俗、地方知识和地方优秀文化。	第三章 泰国人民的权利和自由 第五节 财产权 第四章 泰国人民的义务 第四节 宗教、社会事务、公共卫生、教育和文化事务的政策指导原则 第十四章 地方政府

续表

宪法名称	"文化遗产保护"相关条款内容	条款分布
1982年土耳其共和国宪法（1982年1月7日全民公投通过，1982年12月9日生效）	第63条 国家保护历史、文物、自然资源和珍品，并为此采取各种支持和鼓励措施。 对私人所有的此类资源和珍品规定的限制以及因此限制而给予其的补偿和豁免均由法律规定。 第64条 国家应当保护艺术活动和艺术家。国家应当采取必要的措施保护、促进和支持艺术作品和艺术家，推进对艺术的重视。 第134条 兹成立"阿塔图尔克文化、语言和历史高等研究院"公法人，受总统的监督和支持，隶属于总理府，由阿塔图尔克研究中心，土耳其语言学会、土耳其历史学会和阿塔图尔克文化中心组成，其宗旨为在阿塔图尔克精神的庇护下，对阿塔图尔克的思想、原则和改革，对土耳其文化、土耳其历史和土耳其语言进行科学研究、出版和传播。 阿塔图尔克遗赠给土耳其语言学会和土耳其历史学会的财政收入应予保留，并拨划上述两个学会分别所有。 阿塔图尔克文化、语言和历史最高学会的建立、机构、工作程序和人事工作，以及下属的权利由法律规定。	第二编　基本权利和义务 第三章　社会、经济权利和义务 十一、保护历史、文物和自然资源 第二编　基本权利和义务 第三章　社会、经济权利和义务 十二、艺术和艺术家的保护 第三编　共和国的主要机关 第二章　行政机关 四、行政机关 （七）阿塔图尔克文化、语言和历史高等研究院

附录 世界各国现行宪法"文化遗产保护"相关条款一览表

续表

宪法名称	"文化遗产保护"相关条款内容	条款分布
土库曼斯坦宪法（2008年10月8日公布）	第11条 国家有责任保护民族的历史文化遗产和自然环境,保障各社会共同体和民族共同体之间的平等。国家鼓励科学和艺术创造积极成果的推广。国家促进科学、文化、培养体育、体育运动领域和旅游领域国际联系的发展。 第39条 土库曼斯坦公民有艺术创作自由、科学和技术创造自由的权利。公民在科学和技术创造,艺术、文学和文化活动领域的著作权和利益,受法律的保护。 国家促进科学、文化、艺术、民间创作、体育运动和旅游事业的发展。 第40条 …… 在土库曼斯坦境内定居或逗留的每一个人,都有遵守土库曼斯坦的宪法和法律,尊重土库曼斯坦民族传统的义务。	第一编 土库曼斯坦宪政制度的原则 第二编 土库曼斯坦人和公民的基本权利、自由和义务
乌兹别克斯坦共和国宪法（1992年12月8日乌兹别克斯坦共和国第二十届最高苏维埃第十一次会议通过）	第42条 保障每个人都有从事科学技术创造的自由,有利用文化成果的权利。 国家关心社会文化、科学和技术的发展。 第49条 公民有保护乌兹别克斯坦人民历史遗产、精神遗产和文化遗产的义务。 文化古迹受国家保护。	第二编 人和公民的基本权利、自由与义务 第九章 经济和社会权利 第二编 人和公民的基本权利、自由与义务 第十一章 公民的义务

285

续表

宪法名称	"文化遗产保护"相关条款内容	条款分布
阿拉伯叙利亚共和国宪法（2012年2月15日签署，2012年2月27日全民公投通过并生效）	第31条 国家全力支持学术研究，保证科学、文学、艺术和文化创新的自由，提供实现上述创新的条件，国家为科学和艺术的进步提供一切帮助，国家鼓励科技发明，鼓励具有创新性的才能和天赋，保护法名成果。 第32条 国家保护古迹和遗址，保护具有艺术、历史和文化价值的事物。	第一章　基本原则 第四节　教育和文化纲领
亚美尼亚共和国宪法（1995年7月5日全民公决通过）	第11条 历史文化古迹以及其他的文化珍品，受国家的监管和保护。 亚美尼亚共和国在国际法原则和准则的框架内，协助加强与侨居外国的亚美尼亚人的联系，促进位于他国的亚美尼亚历史文化古迹的维护，协助亚美尼亚教育和文化生活的发展。 第40条 每个人都有自由从事文学创作、艺术创作、科学和技术创造的权利，都有利用科学成果和参加社会文化生活的权利。 第41条 每个人都有保留其民族和种族特色的权利。 属于少数民族的人有维护和发展其传统、宗教、语言和文化的权利。	第一章　宪政制度的原则 第二章　人和公民的基本权利与自由

续表

宪法名称	"文化遗产保护"相关条款内容	条款分布
也门共和国宪法（1991年5月全民公投通过）	第27条 国家保证学术研究的自由和宪法精神、目的相吻合的文学及艺术作品，并提供该目的的条件，国家为科学和艺术的发展提供一切帮助。国家鼓励科学和艺术创造，鼓励艺术创新，并保护其成果。 第34条 国家和所有社会个人均应保护和维护历史遗迹和建筑，所有对其的损害和侵害都被视作对社会的毁坏和破坏，所有违反或出售古迹的人都应根据法律受到惩罚。	第一章 国家基础 第三节 社会和文化基础
伊拉克共和国宪法（2005年10月15日全民公投通过）	第35条 国家应重视与伊拉克文明和文化历史相适应的文化机构和活动，且珍视伊拉克的本源文化。	第二章 权利与自由 第二分节 经济、社会及文化权利

续表

宪法名称	"文化遗产保护"相关条款内容	条款分布
印度共和国宪法（1949年11月26日制宪会议通过，1950年1月26日生效）	第49条 国家保护的重要遗址以及场所和物品 国家有义务保护"议会所宣告的或者根据议会的法律宣告的"国家的重要的有艺术或者历史价值的场所或者物品，根据具体情况而使其免受掠夺、损毁、破坏、搬迁、出卖或者出口。	第四编 国家政策指导原则
	第51-1条 基本义务 所有印度公民均有义务—— （6）尊重和维护我们多元文化的宝贵遗产；	第四编之一 基本义务
	62.在本宪法施行时称为国家图书馆、印度博物馆、帝国战争博物馆、维多利亚纪念馆、印度战争纪念馆的各个机构，以及其他全部或者部分由印度政府资助且为议会以法律宣告其为具有国家重要性的类似机构。 67.议会以法律宣布其具有国家重要性的古代和历史遗迹和文献，考古学的遗址和遗迹。	附件七 （第246条）清单1联邦清单
	12.邦所管理或资助的图书馆、博物馆及其他类似机构；除为议会以法律宣布其具有国家重要性的古代和历史的遗迹和文献之外的古代和历史的遗迹和文献。	附件七 清单2邦清单
	40.具有国家意义的考古遗址与遗物，但不包括议会法律宣布的具有国家意义的考古遗址与遗物。	附件七 清单3共享清单
约旦哈希姆王国宪法（1952年1月1日国王塔拉勒一世批准签署，1952年1月8日颁布）	第15条 2.国家保证学术研究、文学创新、艺术、文化和体育的自由，但不得违反法律的规定、公共秩序或道德。	第二章 约旦人民的权利和义务

续表

宪法名称	"文化遗产保护"相关条款内容	条款分布
越南社会主义共和国宪法（1992年4月15日越南社会主义共和国第八届国会第十一次会议通过）	第32条 　文学、艺术为培养越南人民高尚美好的品格和精神服务。 　国家投资发展文化、文学和艺术，创造条件使人民享受有价值的文学、艺术作品，支持文学、艺术的创新性人才。 　国家发展多样的文学、艺术活动，鼓励开展群众性文学、艺术活动。 第34条 　国家和社会保存和发展民族文化遗产，重视典藏和博物馆工作，修复和保养历史遗迹、革命文物、文化遗产、艺术作品和名胜古迹，并发挥其最佳效果。 　禁止一切破坏历史遗迹、革命文物、艺术作品和名胜古迹的行为。 第60条 　公民有权从事科学和技术研究、发明和发现，创新技术，使生产合理化，进行文学、艺术创作和批评，以及参加其他文化活动。国家保护著作权和工业产权。	第二章　经济制度 第五章　公民的基本权利和义务

二、非洲各国现行宪法"文化遗产保护"相关条款制定情况

宪法名称	"文化遗产保护"相关条款内容	条款分布
阿尔及利亚民主人民共和国宪法(1996年11月28日全民公决通过,1996年12月7日第96-438号总统令颁布)	第38条 保护公民的智力、艺术、科学创造的自由。著作的权利由法律保护。 除非通过司法命令,不得没收任何出版物、档案或其他通信和信息形式。 第62条 …… 同时国家还有义务推进治史修史,并促进青年一代的历史教育。 第122条 国会在本宪法所划定的下列领域内制定法律: 21.文化与历史遗产的保护和捍卫;	第一章 阿尔及利亚社会的普遍原则 第四节 权利和自由 第一章 阿尔及利亚社会的普遍原则 第五节 义务 第二章 权力机构 第二节 立法权
埃塞俄比亚联邦民族共和国宪法(1994年12月8日埃塞俄比亚制宪会议批准通过,1995年8月22日正式生效)	第41条 经济、社会和文化权利 9.国家有责任保护并保留历史和文化遗产。有责任发展艺术和体育事业。 第51条 联邦政府的权利与职能 3.为公共卫生、教育、科学和技术,为保护和保留文化和历史遗产而制定和实施国家标准及基础政策标准。 5.制定土地和其他自然资源、历史遗迹和文物的使用和保护的法律。 第91条 文化目标 1.政府应有责任在平等的基础上,支持发展与丰富那些与基本权利、人类尊严、民主规范与理念以及宪法规定相一致的文化与传统。 2.政府与所有埃塞俄比亚公民均有责任保护国家的自然条件、历史遗迹和文物。 3.在资源允许的情况下,政府有责任支持艺术、科学和技术的发展。	第三章 基本权利和自由 第二部分 民主权利 第五章 权利的结构与分配 第十章 国家政策的原则与目标

续表

宪法名称	"文化遗产保护"相关条款内容	条款分布
安哥拉共和国宪法（2010年1月21日由安哥拉国民大会制宪会议通过）	本宪法致力于为后代提供丰富的文化遗产以及自主行使国家主权的权利。 第21条　国家基本任务 安哥拉共和国基本任务是： (m)促进国家领土和谐和可持续发展,保护环境、自然资源和国家历史、文化和艺术遗产。 (n)保护、重视和尊重起源于非洲的安哥拉语言,并作为文化遗产的一部分,促进其健康发展,使国家形象更为生动。 第42条　知识产权 1. 保障知识、艺术、政治、科学和通信活动的自由,不受任何审查或许可限制。 依据法律规定,应保: (a)在文化、教育、政治和体育活动中,应保护集体作品、个人形象和声音复制中的个人参与; 第43条　文化自由和科学创造 1. 知识、艺术和科学创造不受限制。 2. 前款之自由应包括科学、文学和艺术作品的发明、制作和出版的权利,并应包括法律保护的版权。 第87条　历史、文化和艺术遗产 1. 公民和社区的文化、语言和艺术身份有权受尊重、欣赏和保存。 2. 国家依法促进和鼓励对安哥拉人民历史、文化和艺术遗产的保护和欣赏。	序言 第一章　基本原则 第二章　基本权利和义务 第二节　基本权利、自由和保障 第一部分　个人和集体权利和自由 第二章　基本权利和义务 第三节　经济、社会和文化权利和义务
贝宁共和国宪法（1990年12月2日由全民公决通过）	第10条 人人享有文化权。国家有义务保护和促进物质和精神性的民族文化价值,以及文化传统。	第二章　人民的权利和义务

续表

宪法名称	"文化遗产保护"相关条款内容	条款分布
布基纳法索宪法（1991年6月2日由公民投票表决通过，并于1991年6月11日颁布）	第30条 所有公民对于以下行为均有权发起行动或集体参加行动提出请愿： ——损害公共财产的行为； ——损害社会共同体利益的行为； 破坏环境或文化、历史遗产的行为。 第101条 下列事项的基本原则由法律予以规定： ——民族文化价值的整合；	第一章　基本权利和义务 第四节　社会与文化权利和义务 第五章　议会
布隆迪共和国后过渡时期宪法（2005年2月28日经全民公决批准，以2005年3月18日第1/010号法律颁布并生效）	第58条 每个人有权就其作为作者的科学、文学或艺术作品的精神和物质利益获得保护。	第二章　任何公民的基本权利和义务宪章 第一节　人和公民的基本权利
赤道几内亚共和国基本法（1982年6月由公民投票通过）	第6条 国家鼓励和促进文化艺术创造和科学技术研究，并确保能够保护自然、文化遗产、国家艺术财富和历史财富。	第一编　国家的基本原则
多哥第四共和国宪法（1992年9月27日经全民公决通过并于同年10月14日颁布）	第40条 国家有保障和促进国家文化遗产的义务。 第84条 立法确定的事项为： ——国家文化价值的整合；	第二章　公民权利、自由和义务 第一节　权利和自由 第五章　政府与议会之关系

续表

宪法名称	"文化遗产保护"相关条款内容	条款分布
厄立特里亚国宪法（1997年5月23日制宪议会通过并颁布实施）	第11条 国家文化 （1）国家有责任为丰富民族文化创造和保持必要条件，这是厄立特里亚人民的民族认同感、团结和进步的需要。 （3）国家应推动艺术、体育和科技发展，并为个人创造有利条件，使之在一个自由的氛围下工作，体现他们的创造力和创新。 第21条 经济、社会和文化权利与责任 （4）如有必要，国家和社会有责任确定、保护、开发和遗赠后代子孙的历史和文化遗产，并为艺术、体育、科学和技术的发展奠定必要的基础，应鼓励公民参加这种努力。	第二章 国家目标与指导原则 第三章 基本权利、自由和义务
佛得角共和国宪法（1992年8月5日由国会批准，并于9月4日颁布）	第7条 国家的任务 国家应履行下列根本任务： （h）开展教育、文化、科学研究、新技术的宣传和利用，以及佛得角文化在世界范围内传播； （k）保护景观、自然、自然资源和环境，以及历史、文化和艺术方面的国家遗产。 第79条 文化权 1. 每个公民都有权享受文化遗产，同时有责任保存、保护文化遗产并提升其价值。 2. 为保障文化权，国家机关应与其他文化机构合作，推动、鼓励并确保所有公民能享受文化遗产。 3. 为保障文化权，国家应特别负责： （a）调节不平衡发展并促进该国不同地区之间有效获得文化产品的机会平等； （b）支持鼓励个人和集体创造、作品流通和优秀文化产品的举措； （c）推动文化、历史和建筑遗产的保护和增值； （g）鼓励和支持推广文化的组织和与文化相关的产业。 第85条 对民族和共同体的义务 （i）保护并推进健康，捍卫环境和文化遗产。	第一部分 基本原则 第一编 共和国 第二部 分公民的权利和义务 第三编 经济、社会和文化的权利与义务 第二部分 公民的权利和义务 第四编 义务

293

续表

宪法名称	"文化遗产保护"相关条款内容	条款分布
冈比亚共和国宪法（1996年8月8日经全民公决通过）	第193条 （9）冈比亚传统文化的发扬； 第218条 国家和全体公民都应当努力保护冈比亚的民族语言、历史古迹和自然的、文化的、艺术的遗产。	第十五章 地方政府和传统规则 第二十章 国家政策的指导原则
刚果(布)共和国宪法（2002年1月20日经全民公决批准，并由共和国总统颁布）	第22条 每一公民的文化权应予以保障，其文化认同应受尊重。 第111条 下列事项属于法律领域： ——文化、艺术和体育；	第二章 基本权利和自由 第六章 立法权

续表

宪法名称	"文化遗产保护"相关条款内容	条款分布
刚果金民主共和国宪法（2005年12月18日全民公决通过，2006年2月18日颁布）	第46条 在尊重法律、公共秩序和善良风俗的前提下，保障文化权利、智力和艺术创作自由、科学技术研究的自由。 法律保障和保护作者的权利和知识产权。 国家在履行职责的过程中重视国家文化的多样化。 国家保护和促进国家文化遗产。	第二编　人权、基本自由、公民和国家的义务 第二章　经济、社会和文化权利
	第59条 所有刚果人均有权享有人类共同遗产。国家有义务使其更便利地享有人类共同遗产。	第二编　人权、基本自由、公民和国家的义务 第三章　集体权利
	第123条 在不损害宪法其他规定的前提下，法律确定有关下列事项的基本原则： 12.文化和艺术；	第三编　权利的组织和行使 第一章　共和国各机关 第三节　行政权和立法权的关系
	第202条 在不损害本宪法其他规定的前提下，下述事项属于中央政府的排他性职能： 19.文学、艺术、工业和专利的产权； 28.历史遗产、公共纪念建筑和国家公园； 36.涉及下列事项的立法： g.有关艺术和手工业的立法。 第203条 在不损害本宪法其他规定的前提下，下列事项属于中央政府和各省的共享职能： 9.科学技术研究、保护和鼓励学习和研究的奖学金； 18.维护和保护环境和自然风景区； 23.国际经济、文化、科学和社会合作的计划、项目和协议的创议。 第204条 在不损害本宪法其他规定的前提下，下列各事项属于各省的排他性职能： 23.省和地方的旅游、历史遗产、公共纪念建筑和公园。	第三编　权利的组织和行使 第二章　各省 第二节　中央政府与各省之间的职权配置

续表

宪法名称	"文化遗产保护"相关条款内容	条款分布
几内亚共和国宪法（2010年4月19日由国家过渡委员会通过，2010年5月7日颁布）	第21条 …… 几内亚人民享有国家财富的权利不得剥夺。这些财富应该让所有的几内亚人民公平地受益。 几内亚人民享有保护遗产、文化和环境的权利。 第72条 除本宪法第51条保留外，只有国民议会有权通过法律，并监督政府的活动。法律对以下事项予以规定： ——文化的发展和遗产、自然环境的保护。	第二章 自由、基本权利和义务 第五章 国民议会与总统的关系
几内亚比绍共和国宪法（1984年5月16日经全国人民议会批准生效施行）	第17条 1.创造条件并鼓励维护文化认同作为国家一项基础且必要的工作，从而维护民族良知和尊严，促进社会的和谐发展。对于服务社会进步和维护人类尊严的文化遗产，国家应加以保存和保护。 2.应创造条件使所有公民享受文化成果，并应积极鼓励公民参与文化的创造和传播。 第42条 在不与社会进步相冲突的前提下，智力、艺术和科学创造性活动可以自由开展。作者的权利应受到法律的保护。	第一章 基本原则 关于国家的性质和基础 第二章 基本权利、自由、保障和义务

续表

宪法名称	"文化遗产保护"相关条款内容	条款分布
加纳共和国宪法（1992年4月26日全民公决通过，1993年1月7日起生效）	第39条 文化目标 （1）除本条第（2）款的规定外，国家应当采取措施，通过正规和非正规教育以及将文化特性积极纳入国家计划的方式，鼓励适当的传统价值融入国家生活。 （2）国家应当确保适当的传统和文化价值适应和发展成为整个社会不断增长的需求的一部分，尤其是应当废除损害人民健康和福祉的传统习惯。 （3）国家应当促进加纳语言的发展和加纳文化的自豪感。 （4）国家应当尽力保存和保护具有历史价值的场所和文物。	第六章 国家政策指导原则
加蓬共和国宪法（1991年3月26日第3/91号法律公布）	第47条 除本宪法规定的情形以外，法律还确立关于下列事项的规则： ——艺术、文化和历史遗产的保护；	第四章 行政权与立法权之间的关系
科特迪瓦共和国宪法（2000年7月23日至24日经全民公决通过，2000年8月1日第2000-513号宪法性法律颁布并生效）	第7条 人人均享有发展权及在物质、知识和精神层面全面发展其个性之权利。 国家保障所有公民平等接受医疗、教育、文化、信息、职业培训及平等就业。 国家有义务捍卫和促进国家文明价值以及不违背法律及良善之文化传统。	第一章 自由、权利和义务 第一节 自由和权利

续表

宪法名称	"文化遗产保护"相关条款内容	条款分布
肯尼亚宪法（2010年8月4日全民公决通过，2010年8月27日生效实施）	第11条 文化 （1）本宪法确认文化为立国之基，是肯尼亚人民与国家历史积累的产物。 （2）国家应当—— （a）促进所有民族文化表现形式的发展，这些民族文化表现为文学、艺术、传统风俗、科学、沟通形式、信息、大众传媒、出版物、图书馆或者其他文化遗产； 以及 （3）国会应当进行立法以—— （a）确保公众因对其文化和文化遗产的使用而获得补偿和使用费；以及 第25条 国家重要的古代和历史的纪念物。 第4条 文化活动、公共娱乐与公共娱乐设施，包括—— （f）图书馆； （g）博物馆；	第二章 共和国 附件四 中央政府与县政府的职权分配（第185条2款，第186条第1款，第187条第2款） 第一节 中央政府 附件四 中央政府与县政府的职权分配（第185条2款，第186条第1款，第187条第2款） 第二节 县政府
莱索托王国宪法（1993年制定）	第35条 参与文化活动 （1）莱索托致力于保证所有公民有机会自由参与社会文化生活，分享科学发展一起利用带来的利益。 （2）索莱托推行各种政策以保护公民在科学、文化、艺术创作方面的各种利益。 第36条 环境保护 索莱托推行各种政策为当代人以及未来世代而保护和推进索莱托的自然和人文环境，且致力于为所有公民的健康和安乐提供良好和安全的环境。	第三章 国家政策原则

续表

宪法名称	"文化遗产保护"相关条款内容	条款分布
利比亚宪法(1969年12月11日颁布并实施)	第6条 国家致力于实现社会主义,实施社会公正,禁止任何形式的剥削,国家致力于通过建立社会主义关系实现生产上的自给自足和分配上的平等,和平地消除社会阶层的差距,实现社会繁荣。在社会主义的实践中注重阿拉伯伊斯兰文化遗产、人性价值观和利比亚的社会情况。	第一章 国家
卢旺达共和国宪法(2003年5月26日卢旺达全民公决通过,2003年6月4日总统签发同意令)	第50条 任何公民有权从事促进国家文化发展的活动。 创设一所卢旺达语言和文化学院。 法律确定该学院的权限、组织和运行。 第51条 国家有义务通过不违反人权、公共秩序和善良风俗的措施维护和促进国家传统价值和文化。国家还有义务监督维护国家文化的热爱和针对图西族的种族灭绝的纪念。	第二章 公民的权利和义务
马达加斯加共和国宪法(2010年11月22日全民公决通过,以2010-994号命令颁布)	第26条 一切个人均有权参与社会的文化生活、参与科学进步和享受科学进步带来的成果。 国家确保与地方分权团体合作,促进和保护民族文化遗产并保护科学、文学和艺术作品。	第二编 公民的自由、权利和义务 第二章 经济、社会和文化权利与义务
马拉维共和国宪法(1994年5月18日颁布生效)	第26条 文化和语言 每个人都有使用语言的权利以及参加其所选择的文化生活的权利。	第四章 基本人权

续表

宪法名称	"文化遗产保护"相关条款内容	条款分布
马里共和国宪法（1992年1月12日全民公决通过，1992年2月25日第92-073P-CTSP号法令颁布）	——确保改善生活质量、保护环境和文化遗产； 第8条 确认和保障艺术和文学创作的自由。在法律规定条件下，行使这种自由。 第70条 国民议会已简单多数表决通过法律。 但是，由宪法赋予组织法特征的法律按照下列条件表决通过： ——教育和研究； ——文化和考古遗产的保护；	序言 第一章 人的权利和义务 第六章 政府和国民议会的关系
毛里塔尼亚伊斯兰共和国宪法（1991年7月12日通过，1991年7月20日生效）	第10条 国家保障所有公民的公共自由和个人自由，特别是： ——从事知识、艺术和科学创造的自由。 第57条 下列事项由予以规定： ——对历史和文化遗产的保护和维护。	第一章 总则和基本原则 第四章 立法权和行政权的关系
摩洛哥王国宪法（2011年7月2日全民公决通过，2011年7月29日穆罕默德六世国王以第1-11-91号诏令颁布）	第25条 …… 保障创作、出版、文学和艺术展览以及科学技术研究的自由。 第26条 公权力通过适当措施支持文化与艺术创作和科学技术的发展，并促进体育的发展。公权力支持上述领域独立地且基于民主和职业基础而发展和组织。	第二编 基本自由与权力

续表

宪法名称	"文化遗产保护"相关条款内容	条款分布
莫桑比克共和国宪法（2004年11月16日由共和国议会批准）	第9条　民族语言 国家应当把民族语言作为文化和教育的遗产来尊重,应当促进其发展,并越来越多地使用民族语言来促进民族认同。 第94条　文化创作的自由 1.所有公民享有科学、技术、文学和艺术创作自由的权利。 2.国家依法保护知识产权(包括著作权相关的权利),并促进文学和艺术的实践和传播。 第98条　国家财产和公共领域 3.国家的公共领域应包括： c.考古遗址； 第115条　文化 1.国家应促进民族文化和国民的认同,并保证传统和价值观的自由传达。 2.国家应促进文化传播,并采取措施让人民受益于其他民族的优秀文化成果。	第一编　基本原则 第一章　共和国 第三编　基本权利、义务和自由 第五章　经济、社会、文化权利和义务 第四编　经济、社会、金融和财政组织 第一章　一般原则 第四编　经济、社会、金融和财政组织 第三章　社会机构
纳米比亚共和国宪法（1990年3月21日生效）	第19条 公民有权享受、实践、宣称、维护和促进本宪法及本条款保护的任何文化、语言、传统或宗教,但不得侵犯他人的权利和国家利益。	第三章　基本人权和自由

续表

宪法名称	"文化遗产保护"相关条款内容	条款分布
南非共和国宪法（1996年通过新宪法并于1997年生效）	第30条　语言与文化 每一个人皆有权使用自己选择的语言及参与自己选择的文化生活，但是任何人不得以不符合本权利法案中任何条款的方式实施这些权利。 第31条　文化、宗教、语言社群 属于文化的、宗教的或语言的社群的任何人皆可以： （1）享受社群的文化，从事社群的宗教活动及使用社群的语言； （2）组织、加入及维持文化的、宗教的及语言的结社及公民社会的任何其他机构。 第1款中权利的实施不得违反本权利法案任何条款。 第185条　委员会的职能 文化、宗教、语言社区权力促进及保护委员会的基本目标是： （1）促进对文化、宗教及语言社区权利的尊重； （2）在平等、非歧视及自由结社的基础上促进及发展文化、宗教以及不同语言群体之间的和平、友谊、人性、宽容及民族团结； （3）建议建立或依照法律予以承认南非社区的文化或其他委员会。 委员会拥有达成其基本目标的必要权利，包括监督、调查研究、教育、游说、建议以及公告文化、宗教及语言社区权利的议题的权力。 委员会就其权力及职能范围的事项向人权委员会报告请求调查。 委员会拥有国家立法规定的其他权力与职能。 第一部分 国家档案以外的档案 国家图书馆以外的图书馆 国家博物馆以外的博物馆	第二章　权利法案 第九章　支持宪政民主的国家机构 第三节　文化、宗教及语言社区权力促进和保护委员会 附录五　省立法排他权力的功能领域

续表

宪法名称	"文化遗产保护"相关条款内容	条款分布
南苏丹共和国过渡宪法（2011）（2011年7月9日南苏丹共和国首任总统签署）	第38条 教育、科技、艺术和文化 （e）保护文化遗产、历史遗迹和很重要的民族、历史或宗教场所，使其免受破坏、亵渎和非法拆除或非法出口；以及 （f）保护、维护和促进那些能够增强个人尊严并且与本章基本目标和指导原则一致的文化。 联邦政府应当享有下列专属联邦的立法权和行政权： 第28条 国家博物馆和国家遗址。 州应当享有以下专属于州的立法权和行政权： 第29条 州内文化和遗迹、图书馆、博物馆和其他历史古迹； 第34条 州档案、古迹和纪念馆。	第三编 基本目标和指导原则 第一章 目标和原则 附件A 联邦权力 附件B 州权力
尼日尔第七共和国宪法（2010年10月31日全民公决通过，2010年11月25日以第2010-754/POSPD号法令颁布并生效）	第100条 法律确定下列事项的基本原则： ——文化财产的保护。	第五章 行政权与立法权的关系
尼日利亚联邦共和国1999年宪法（1999年5月5日颁布，5月29日正式实施）	第21条 尼日利亚文化建设目标 国家应当： （a）保护、维护和促进尼日利亚文化，提升人类尊严； （b）鼓励和发展科学技术研究，加强文化价值观。	第二章 国家政策的根本目标和指导原则

303

续表

宪法名称	"文化遗产保护"相关条款内容	条款分布
塞拉利昂宪法(1991年10月1日颁布施行)	第12条　加强民族文化 政府应当： a.促进塞拉利昂文化发展，如与国家发展兼容的音乐、艺术、舞蹈、科学、哲学、教育和传统医学等； b.认可与国家发展一致的塞拉利昂的社会传统机构； c.保护和弘扬塞拉利昂的各色文化； d.为塞拉利昂文化发展提供经费。	第二章　国家政策的基本原则
塞舌尔共和国宪法(1993年6月21日由共和国总统颁布并实施)	第39条 (一)国家承认人人享有参与文化生活的权利，有权传授、提高、享受并保护塞舌尔人民的传统文化价值观，但是，该权利应受到由法律规定且为民主社会所必要的下列限制： 1.保护公共秩序、公共道德以及公共健康； 2.防治犯罪； 3.保护他人的权利和自由。 (二)国家应采取合理步骤以确保塞舌尔人民文化遗产和价值的维持。	第三章 第一节　塞舌尔基本人权和自由宪章

续表

宪法名称	"文化遗产保护"相关条款内容	条款分布
圣多美和普林西比民主共和国宪法(2002年12月6日国民议会通过,2003年1月25日总统颁布)	第10条 国家的初期目标 国家的初期目标如下: b.促进尊重并保障公民的个人、经济、社会、文化和政治权利; c.促进并保障民主及经济、社会和文化结构的进步; 第28条 文化创作自由 学术研究、艺术和科学创作自由。 第56条 文化和体育 1.创造条件使所有公民拥有文化,鼓励他们积极参与文化的创造和传播; 2.国家保持、保护和增强圣多美和普林西比人民的文化底蕴; 3.国家鼓励和促进运动和体育文化的实践和传播。	第一部分 基础和目标 第二部分 基本权利和社会秩序 第二章 个人权利 第二部 分基本权利和社会秩序 第三章 社会权利和经济、社会和文化秩序
斯威士兰王国宪法(2005年)(2005年7月26日通过,2006年2月8日生效)	第60条 社会目标 (11)国家应尽力保留和保护名胜古迹、文物遗迹相关环境。	第五章 国家政策的指导原则和公民的责任
2005年苏丹共和国临时宪法(2005年7月巴希尔总统签署了成立苏丹民族团结政府过渡时期宪法)	国家级专属立法权和行政权如下: (31)国家博物馆和国家遗产。 苏丹各州的行政和立法权如下: (9)州内的文化事务; (33)州文化、文物古迹、州图书馆、州博物馆和其他历史遗迹; (38)州档案馆、文物、纪念碑。	附件A 国家权力 附件C 各州权利

续表

宪法名称	"文化遗产保护"相关条款内容	条款分布
乌干达共和国宪法（1995年9月22日制宪议会通过，1995年10月8日正式颁布实施）	二十四、文化目标 发展符合基本权利和自由、人的尊严、民主和本宪法的文化和习俗的价值，并将其融入乌干达人民的生活。 国家应当—— （1）推广和维护能增进乌干达人尊严和福祉的各种文化价值和实践； （2）鼓励所有乌干达语言的发展、维护和丰富； 二十五、公共财产与遗产的保护 国家和公民应当致力于维护和保护并推进对公共财产和乌干达遗产的保护意识。 第37条 文化权及相关权利 每个人都有权与他人在社区中参与、享受、实践、信奉、维护和促进任何文化、文化机构、语言、传统、教义或者宗教。 第8条 对宪法附件五的修改 3.大区议会的委员会 （2）文化利益的代表组成文化事务常设委员会。 （3）文化事务常设委员会相对于其大区议会的其他议员有对大区文化事务的排他管辖权。 （4）本目中的"文化事务"包括以下事务—— （d）宗族、传统和习俗事务； （e）与文化丧葬仪式、文化继承和习俗继承人有关的事务； （f）文化或者传统土地、场所、宗庙和设施； （g）宗族土地、场所、宗庙和设施； （h）符合本宪法的传统、习俗和文化活动。 9.大区政府的职责和服务 大区政府承担的职责和服务如下—— （f）文化； （g）文化和传统土地； （h）方言、手艺和古迹的促进。 13.国家遗产地 国会应当以法律—— （a）在政府公报上宣布国家文化遗产地；并（b）规定本款（a）项规定的文化地的所有权和管理。	国家目标与国家政策指导原则 文化目标 第四章 基本权利、其他人权与自由的保护和推进总则 2005年宪法（修改）法（2号）（2005年9月21日签署，9月30日生效）

续表

宪法名称	"文化遗产保护"相关条款内容	条款分布
乍得共和国宪法（1996年3月31日通过，4月14日以第186/PR/96号法令颁布并生效）	第34条 所有公民均有创造、保护、享有其知识成果和艺术成果的权利。 国家促进和保护国家文化遗产以及文学和艺术作品。 第121条 法律由国民议会投票通过。 法律规定以下内容的规则： …… ——文化、艺术和体育； ……	第二章 自由、基本权利和义务 第一节 基本权利和自由 第五章 行政权和立法权的关系
中非共和国宪法（2004年12月5日全民公决通过，同年12月27日生效）	第14条 …… 个人财产以及国家遗产不受侵犯。国家和地方单位以及所有公民得保护上述财产。 第61条 由法律规定之事项为： 2.下列领域相关的规则： …… ——教育、文化、科学研究、技术、工艺和职业培训； ……	第一章 社会根本基础 第四章 立法权 第三节 国民议会的权力

三、欧洲各国现行宪法"文化遗产保护"相关条款制定情况

宪法名称	"文化遗产保护"相关条款内容	条款分布
阿尔巴尼亚共和国宪法（1998年10月21日阿尔巴尼亚议会通过，1998年11月22日全民公决批准，1998年11月28日公布）	第58条 一、保障所有的艺术创作和科学研究的自由与应用以及成果收益。 第59条 一、国家在其宪法权及其支配的各种措施之内对私人的自主和责任予以辅助，其目标为： （十）保护民族文化遗产并特别保护阿尔巴尼亚语。	第二章 基本人权和自由 第四节 经济、社会、文化权利自由 第二章 基本人权和自由 第五节 社会目标
爱尔兰宪法（1937年7月1日由人民通过，1937年12月29日生效）	第2条 ……此外，爱尔兰民族珍视与具有爱尔兰血统的在国外生活而共享爱尔兰文化的特质和遗产的人们之间的特有关系。	第一章 民族
爱沙尼亚共和国宪法（1992年6月28日全民公决通过，1992年7月3日生效）	第38条 应当给科学、艺术和教育以自由。 ……	第二章 基本权利、自由和义务
安道尔公国宪法（1993年2月2日议会通过，1993年3月14日安道尔全民公决批准，1993年4月28日安道尔两大公批准生效）	第34条 国家保证对安道尔的历史、文化和艺术遗产进行保护、发展和推动。	第二编 权利和自由 第五章 权利与经济、社会与文化原则

续表

宪法名称	"文化遗产保护"相关条款内容	条款分布
奥地利联邦宪法(1920年10月1日由奥地利共和国制宪国民议会通过,1920年10月5日以国家法律公报第450号予以公布,1920年11月10日益联邦法律公报第1号予以重申,1920年11月10日生效)	第8条 二、共和国(联邦、各州和各市镇)承认在原住民中形成和体现的语言与文化多样性。这些群体的语言和文化、存在和维护应当受到尊重、保护和支持。 第10条 一、有关下列事项的立法权和执行权均属于联邦： (十三)出于科学和专业技术目的的档案和图书馆服务;有关联邦艺术、科学收藏与设施的事务;有关联邦剧院的事务,但不包括建筑物问题;文物古迹的保护;宗教事务;……	第一章　总则和欧盟 第一节　总则
白俄罗斯共和国宪法(1994年3月15日以卢卡申科总统为首的制宪委员会通过,1994年3月24日生效)	第15条 国家有责任保护历史文化遗产和精神遗产,保证居住在白俄罗斯共和国境内的各民族共同体文化的自由发展。 第44条 …… 只有为了公共利益的需要并且根据法院的裁决,在遵守法律规定的条件和程序,及时和全部的补偿被征收财产价值的情况下,才能对财产实行征收。 财产权的行使,不得损害公共利益和威胁公共安全,不得破坏自然环境和损坏历史文化珍品,不得损害他人的权利以及受法律保护的利益。 第51条 每个人都有参加文化生活的权利。 参加文化生活的权利,主要通过对列入国家和社会宝库中的本国文化和世界文化价值的普及、发展文化教育机构的网络系统的途径予以保障。 保障艺术、科学、技术创作的自由和教学自由。 知识产权受法律保护。 国家为了公共利益的需要,促进文化和科学技术研究的发展。 第54条 每个人都有保护历史文化遗产和精神遗产以及国家其他文化珍品的义务。	第一编　宪政制度的原则 第二编　个人、社会和国家

续表

宪法名称	"文化遗产保护"相关条款内容	条款分布
保加尼亚共和国宪法（1991年7月12日大国民议会通过，1991年7月13日生效）	第18条 一、国家享有地下资源、海滩和国家的交通要道、水域、森林和具有全国重要性的公园以及法律规定的自然保护区和考古保护区专属所有权。 第23条 国家应当创造促进科学、教育和艺术自由发展的条件并协助其发展。国家应当组织对所有历史和文化民族遗产的保护。 第54条 一、每个人都有权享用民族的和人类的普遍文化价值，并依照其民族的自我认同发展自己的文化，这项权利应当得到法律的承认和保障。 二、艺术、科学和技术创新应当得到法律的承认和保障。	第一章　基本原则 第二章　公民的基本权利和义务
比利时联邦宪法（1994年1月20日众议院通过，1994年2月3日参议院通过，1994年2月17日《比利时官方公报》公布生效）	第23条 人人均有权有尊严地生活。 为此，在考虑到相应义务的情况下，法律、法令或第134条规定的规则保障经济、社会和文化权利，并确定行使这些权利的条件。 这些权利特别包括： （五）文化和社会繁荣的权利。	第二编　比利时人及其权利

附录 世界各国现行宪法"文化遗产保护"相关条款一览表

续表

宪法名称	"文化遗产保护"相关条款内容	条款分布
波兰共和国宪法（1997年4月2日国民大会通过，1997年5月25日波兰全民公投批准，1997年7月16日总统签署，1997年10月17日生效）	第5条 波兰共和国保卫其领土的独立和完整，确保公民的自由、权利和安全，保护国家传统，并确保根据可持续发展原则保护自然环境。 第6条 一、波兰共和国提供条件，让人民平等享有作为民族身份、民族延续性和民族发展象征的文化产品。 二、波兰共和国帮助居住在国外的波兰人保持与本民族文化遗产的联系。 第73条 人人均享有艺术创作和科学研究以及传播其成果的自由，享有传播和享受文化产品的自由。	第一章 波兰共和国 第二章 人和公民的自由、权利和义务
德意志联邦共和国基本法（1949年5月23日由国会颁布并生效）	第5条 3.艺术和科学以及研究和教学是自由的。教学自由不得脱离对宪法的忠诚。 第72条 3.如果联邦行使立法权，各州可以通过法律对下列事项作出不同的规定： （2）自然保护和风景维护（不包括自然保护的一般原则、物种保护法和海洋自然保护法）。 第73条 1.联邦就下列事项享有专属立法权： （5a）保护德国的文化财产不流失国外；	第一章 基本权利 第七章 联邦立法

续表

宪法名称	"文化遗产保护"相关条款内容	条款分布
俄罗斯联邦宪法（1993年12月12日以全民公决形式通过，1993年12月25日公布并生效）	第44条 1. 保障每个人都有从事文学艺术创作、科学技术创造的自由，从事其他类别创作的自由，以及从事教学活动的自由。知识产权受法律保护。 2. 每个人都有参加文化生活、利用文化设施和欣赏文化珍品的权利。 3. 每个人都有义务关心保护历史文化遗产，珍惜历史文物。 第71条 俄罗斯联邦的管辖的对象包括： (6) 确定俄罗斯联邦在国家发展、经济发展、生态发展、社会发展、文化发展和民族发展方面的联邦政策和联邦规划的基本原则； 第72条 1. 俄罗斯联邦和俄罗斯联邦主体的共同管辖的对象包括： (5) 自然资源的利用；保护环境和保障生态安全；专门自然保护区；保护历史文物； 第74条 2. 为了保障安全，捍卫人的生命和健康，保护自然和文化珍品的需要，也可以依照联邦法律的规定，对商品和劳务的流动予以限制。	第二章 人和公民的权利与自由 第三章 联邦结构
芬兰共和国宪法（1999年6月11日芬兰议会通过，2000年3月1日生效）	第20条 保护环境的责任 保护大自然及其多样性，保护环境和文化遗产，人人有责。 ……	第二章 基本权利

附录 世界各国现行宪法"文化遗产保护"相关条款一览表

续表

宪法名称	"文化遗产保护"相关条款内容	条款分布
荷兰王国宪法（1814年3月16日荷兰北部省份55名代表组成的总议会通过，1814年3月29日公布，1815年8月24日生效）	第22条 （3）政府应促进社会、文化的发展以及娱乐活动。	第一章 基本权利
黑山共和国宪法（2007年10月19日黑山共和国立宪会议通过，2007年10月22日颁布并生效）	第77条 科学、文化和艺术 国家应鼓励支持教育、科学、文化、艺术、体育、物质和技术文化发展。 国家应保护有科学、文化、艺术和历史价值的东西。 第78条 自然和文化遗产的保护 人人均有义务保护具有总体利益的自然和文化遗产。国家应保护民族和文化遗产。 第79条 同一性的保护 属于少数民族和其他少数民族群体的人单独或与他人共同行使的如下权利和自由应得到保障： （十二）除黑山之外，和他们有共同的民族和种族背景、文化和历史遗产，以及宗教信仰的公民和社团建立和保持联系的权利。	第二部分 人权和自由 4.经济、社会和文化权利与自由 第二部分 人权和自由 5.特殊的——少数人的权利

313

续表

宪法名称	"文化遗产保护"相关条款内容	条款分布
克罗地亚共和国宪法（1990年12月22日克罗地亚议会颁布）	第2条 …… 克罗地亚议会和人民直接地、独立地依据宪法和法律决定： ——自然和文化财富的利用和保护。 第52条 海洋、海岸和岛屿、水域、空域、矿藏和其他自然资源，法律规定的涉及克罗地亚共和国利益的土地、森林、动植物及自然界的其他部分，以及具有特殊的文化、历史、经济或生态意义的不动产和物品，受共和国的特别保护。 第69条 保障科学、文化和艺术创造的自由。 国家推动和帮助发展科学、文化和艺术。 国家保护具有民族精神价值的科学、文化和艺术财产。 来自科学、文化、艺术、智力和其他创造活动的精神与物质权利应当受到保护。 ……	第二章 基本条款 第三章 保护人权和基本自由 第三节 经济、社会和文化权利
拉脱维亚共和国宪法（1922年6月20日制宪会议通过，1922年11月7日生效）	第113条 国家承认科学研究、艺术创作和其他创造性活动的自由，并保护著作权和专利权。 第114条 少数民族成员有保留和发展其语言、民族和文化习俗的权利。	第八章 人的基本权利

续表

宪法名称	"文化遗产保护"相关条款内容	条款分布
立陶宛共和国宪法（1992年10月25日全民公决通过，1992年11月2日生效）	第42条 文化、科学、研究和教学可以自由进行。 国家支持科学和文化的发展，注重保护立陶宛的历史和艺术文物，以及其他具有文化价值的古迹。 与科学技术创造和文化艺术作品相关的作者的精神和物质利益，受法律的捍卫和保护。 第47条 地下矿藏，内水，森林，公园，道路，国家级的历史客体、考古客体和文化客体，均属于立陶宛共和国专有。 ……	第三章　社会和国家 第四章　国民经济和劳动
罗马尼亚宪法（1991年11月21日国民代表大会接受此宪法，1991年12月8日国民投票批准生效）	第33条　文化权利 (1) 文化权利依法受到保障。 (2) 个人的心灵自由发展，接受民族或世界文化之价值的自由不受限制。 (3) 国家须确保精神身份的保存，向民族文化的继承和发展、艺术的繁荣、文化遗产的保护和保存、当代创作的发展提供必要的支持，并在全世界推广罗马尼亚的文化和艺术价值。	第二编　基本权利、自由和义务 第二章　基本权利和自由

续表

宪法名称	"文化遗产保护"相关条款内容	条款分布
马耳他共和国宪法（1964年9月21日国会颁布生效）	第8条　促进文化等 国家促进文化和科学技术研究的发展。 第9条　保护自然风貌及历史、艺术遗产 国家应当保护本国的自然风貌、历史及艺术遗产。 第37条　未经补偿不得剥夺财产的保护 二、本条的规定不影响有关下列任何事由而征用或接管财产的法律规定的制定和执行： （十）根据有关诉讼时效、获取权利、无主土地、被发现的宝藏、永久管业权、继承王位权等的法律规定。 三、本条的规定不影响有关马耳他地下矿藏、水源或古物的所有权属于马耳他政府的法律的制定和实施。	第二章　原则宣言 第四章　个人的基本权利和自由
马其顿共和国宪法（1991年11月17日共和国议会通过，1991年11月20日生效）	第47条 学术、艺术及其他形式创作的自由受保障。 由学术、艺术及其他智力创作所衍生的权利受保障。 国家激励、支持和保护学术、艺术和文化的发展。 国家鼓励和支持科学技术发展。 国家鼓励和支持技术教育和体育。 第48条 各民族成员有权自由表现、促进和发展其个性和民族特性。 国家保护各民族的种族、文化语言和宗教的特性。 各民族成员有权为表现、促进和发展其特性而建立文化和艺术机构及其学术和其他团体。 ……	第二章　个人和公民的基本自由和权利 第二节　经济的、社会的和文化的权利

附录 世界各国现行宪法"文化遗产保护"相关条款一览表

续表

宪法名称	"文化遗产保护"相关条款内容	条款分布
摩尔多瓦共和国宪法（1994年7月29日通过，1994年8月18日公布，1994年8月27日生效）	第33条 创作自由 1.艺术创作和科学创造的自由受保障。创作和创造活动不受检查。 2.公民的知识产权，以及各种知识产权创作产生的物质和精神，受法律的保护。 3.国家促进本国的和世界的文化科学成果的保存、发展和传播。 第59条 环境和文物的保护 保护环境，保存和保护历史文物，是每个公民的义务。	第二编 基本权利、自由和义务 第二章 基本权利和自由 第二编 基本权利、自由和义务 第三章 基本义务

续表

宪法名称	"文化遗产保护"相关条款内容	条款分布
葡萄牙共和国宪法（1976年4月2日制宪会议通过，1976年4月26日生效）	第9条（国家的基本任务） (5)保护并发扬葡萄牙人民的文化传统，保护自然、环境和自然资源，确保实行正确的城镇和国家规划； 第42条（文化创作自由） 1.智力、艺术和科学创作自由； 2.这种自由包括对科学、文学和艺术作品的发明、制造和发表的权利，其中包括对著作给予法律保护。 第52条（请愿权和集体诉讼的权利） 3.任何人均有权在法定情形下依据法律规定，亲自或通过维护其有关利益的团体提起集体诉讼，包括有权要求对受损害方给予适当赔偿。当出于以下目的时，应尤其确保这一权利的行使： (1)对有关公众健康、消费者权利、生活质量、环境与文化遗产保护的犯罪行为进行预防、阻止和提起诉讼； (2)保护国家、自治区和地方机关财产。 第66条（生活环境和生活质量） 2.为确保在可持续发展的总框架下享有环境权，国家应当通过适当组织，并依靠公众参与，履行以下职责： (3)设立并开发自然风光观光保护区和公园，对景观和地区进行分类保护，以此保护自然景观和具有历史文化价值的名胜古迹； (5)与地方政府合作，提高农村定居区和城市生活的环境质量，尤其是建筑质量，并注重对有历史价值的地区的保护； 第73条（教育、文化与科学） 1.任何人都享有教育和文化权利。 3.国家应在媒体、文化协会和基金会、文化娱乐团体、文化遗产保护团体、居民协会及其他文化机构的配合下，鼓励并确保全体公民享受文化成果，以此促进文化的民主化。	基本原则 第二章　权利、自由及其保障 第一节　人身权、自由及其保障 第二章　权利、自由及其保障 第二节　参政的权利、自由及其保障 第三章　经济、社会与文化权利和义务 第二节　社会权利和义务 第三章　经济、社会与文化权利和义务 第三节　文化权利和义务

续表

宪法名称	"文化遗产保护"相关条款内容	条款分布
葡萄牙共和国宪法（1976年4月2日制宪会议通过，1976年4月26日生效）	第78条（文化享受与文化创作） 1.任何人都有文化享受和创作的权利，并负有保存、保护与完善文化遗产的义务； 2.国家在所有文化机构的配合下，负有以下之职责： （1）鼓励并确保全体公民使用与文化活动有关的媒介和设施，并调整国内在这方面存在的不平衡现象； （2）支持能够激发个人和集体创造力的各种表现形式的活动，使优秀文化作品得到更广泛的传播； （3）推动对文化遗产的保护与完善，使之起到激发文化认同感的作用； （4）发展同各国人民，特别是葡萄牙语国家人民的文化联系，并且是保障葡萄牙文化在国外得到保护和发扬； （5）使文化政策同其他行业政策互相衔接配合。	
瑞士联邦宪法（1999年4月18日经由公民投票通过，2000年1月1日生效）	第78条 （1）各州负责对自然和文化遗产的保护。 （2）联邦在实行其任务时要考虑对自然和文化遗产保护的目标。联邦对风景、地方风貌、历史名胜及自然和文化遗迹作出安排。联邦基于公共利益的需要而保持其完整性。 （3）联邦对保护自然和文化遗产的努力给予支持，并且通过合同或征收的方式来获得和保护关系到国家利益的标的物。 （4）联邦立法保护动物和植物遗迹保持自然界的多样性。联邦保护濒危物种。	第三编 联邦、州、市镇 第二章 （联邦、州的）权限 第四节 环境与领土整治

319

续表

宪法名称	"文化遗产保护"相关条款内容	条款分布
塞尔维亚共和国宪法（2006年9月30日国民大会特别会议通过，10月28日、29日交由全民公决，2006年11月8日生效）	第73条　科学和艺术创新自由 科学和艺术创新应不受限制。 根据法律，科学和艺术作品的作者的精神和物质权利应得到保障。 塞尔维亚共和国应扶助和促进科学、文化和艺术的发展。 第89条　遗产的保护 根据法律，每一个人均有义务保护自然稀有物品和科学、文化及历史遗产，以及满足公共利益的物品。 塞尔维亚共和国、自治省和地方自治单位应尤其对遗产的保护负责。	第二章　人权和少数人权利、自由 第二节　人权和自由 第三章　经济体系和公共财政 第一节　经济体系
斯洛伐克共和国宪法（1992年9月1日斯洛伐克共和国国民议会通过，1992年10月1日生效）	第43条 一、科学的研究与艺术的自由受到保障。对于创造性智力成果的权利受法律保护。 二、获得文化遗产的权利根据法律规定的条件受到保障。 第44条 二、每个人均有义务保护并改善环境和文化遗产。 三、任何人均不得超出法律允许的程度危害或破坏环境、自然资源或文化遗址。	第二章　基本权利与自由 第五节　经济、社会与文化权利 第二章　基本权利与自由 第六节　保护环境和文化遗产的权利

附录 世界各国现行宪法"文化遗产保护"相关条款一览表

续表

宪法名称	"文化遗产保护"相关条款内容	条款分布
斯洛文尼亚共和国宪法(1991年12月23日国民议会公布生效)	第59条 科学和艺术自由 国家保障科学创造和艺术创造的自由。 第60条 知识产权 国家保障对著作权及源于艺术、科学、研究和发明活动的其他权利的保护。 第61条 表达民族身份 每个人均有权自由表达他的民族或所归属的民族共同体，培育和展现本民族的文化，使用本民族的语言文字。 第73条 保护自然和文化遗产 每个人均有义务依据法律保护自然名胜、罕见自然景观和文物古迹。 国家和地方应促进对自然遗产和文化遗产的保护。	第二章 人权及基本自由 第三章 经济关系和社会关系
乌克兰宪法(1996年6月28日乌克兰最高拉达第五次会议通过)	第54条 保障公民享有文学创作、艺术创作和科学艺术创作的自由。 国家保障公民享有知识产权的保护，享有对其从事各种智力活动所产生的著作权、精神利益和物质利益的保护。 每个公民均享有获得其智力活动、创作活动所产生成果的权利。非经本人同意，任何人均不得利用或者传播上述成果。但是，法律另有规定的除外。 国家促进科学的发展，促进乌克兰和国际社会建立科学联系。 文化遗产受法律保护。 国家保障对历史文物和具有文化价值的其他客体的保护，采取措施以使在乌克兰境外的民族文化珍品归还乌克兰。	第二章 任何公民的权利、自由和义务

321

续表

宪法名称	"文化遗产保护"相关条款内容	条款分布
西班牙王国宪法（1978年10月31日国会两院通过，1978年12月6日西班牙公民投票通过，1978年12月27日由国王在国会签署，1978年12月29日生效）	第20条表达自由 3.文学艺术创作和科学技术发明的权利。 4.学术自由的权利。 第44条接触文化 第1款政府当局应关注和促进所有公民均有权享有的接触文化的机会。 第46条保护艺术遗产 政府当局应保存并丰富西班牙各族人民的历史、文化和艺术遗产以及由此构成的财产，而不计其法律地位及所有权的归属。违反此规定的犯罪行为应由刑法予以制裁。 第149条国家专属职权国家文化服务 第1款国家对以下事项享有排他的专属权： 28.保护西班牙的文化、艺术遗产和文物，不准出口和掠夺；属于国家所有的博物馆、图书馆和档案室，但不得损害自治区的管理。	第一章　基本权利和义务 第二节　权利和自由 第一分节　基本权利和公共自由 第一章　基本权利和义务 第三节　经济社会政策的政府原则 第八章　国家的地区组织 第三节　自治区
希腊宪法（希腊第五次宪法修正议会投票通过，1975年6月11日公布生效）	第16条 一、国家有义务发展和促进艺术和科学、研究和教学自由。学术自由和教学自由不应免除人恶化人忠于宪法的义务。 第24条 一、自然和文化环境保护构成国家的一项职责和每一个人的一项权利。国家为保持环境有义务在可持续发展原则的背景下采取特别的预防性和约束性措施。 六、具有纪念意义及历史意义的区域和元素应当受到国家保护。法律应当规定出于保护的需要限制私人所有此类区域的措施，以及向所有者支付补偿的种类和方式。	第二部分　个人权利和社会权利

续表

宪法名称	"文化遗产保护"相关条款内容	条款分布
匈牙利根本法（2011年4月18日匈牙利国会通过，2011年4月25日总统签署，2012年1月1日生效）	…… 我们自豪于匈牙利人民杰出的文化成就。 …… 我们致力于对我国的传统、我们的特有语言、匈牙利文化、居住于匈牙利的各民族的语言和文化以及喀尔巴阡盆地所有文化和自然遗产的发展和保护。我们肩负着后代的责任，我们将审慎利用我们的物质、文化和自然资源，以保护未来世代子孙生存的条件。 …… 第P条 　　所有自然资源，特别是农地、森林和饮用水供给、生物多样化——尤其野生动植物——和文化遗产构成了国家的共同遗产，对它们的保护、保持和保存是国家和所有人对后代的责任。 第X条 　　(1)匈牙利保障科学研究和艺术创作的自由，为获取更多知识而学习的自由，以及在法律规定的框架下教学的自由。 　　(2)国家无权决定科学真理问题，科学家有评价科学研究的排他性权利。 　　(3)匈牙利保护匈牙利科学院和匈牙利艺术研究院的科学研究和艺术自由。所有高等教育机构在研究内容、研究和教学方法上自治，其组织和财政管理由特别法律规定之。	国家宣言 第一章　宪法基础 第二章　自由和责任

续表

宪法名称	"文化遗产保护"相关条款内容	条款分布
意大利共和国宪法（1947年12月22日制宪会议通过，1948年1月1日生效）	第9条 共和国促进文化的发展和科学技术的研究。 共和国保护国家的自然风光和历史艺术遗产。 第33条 艺术和科学是自由的，其传授也是自由的。 第117条 在遵守宪法以及欧盟规范和国际义务所引申出的有关限制的前提下，立法权由国家和各大区分别行使。 国家在以下领域内享有专属立法权： s) 环境、生态系统和文化遗产的保护。 以下内容为共同立法领域： ……文化财产和环境资源的开发利用及对文化活动的倡导和组织；……	基本原则 第一编 公民权利和义务 第二章 伦理和社会关系 第二编 共和国机构 第五章 大区、省、市

四、美洲和大洋洲各国现行宪法"文化遗产保护"相关条款制定情况

宪法名称	"文化遗产保护"相关条款内容	条款分布
阿根廷国家宪法（1853年经制宪国民大会批准并生效）	第41条 …… 权力机关应提倡保护此项权利，理性使用自然资源，保护自然和文化遗产以及生物多样性，加强环保宣传和教育。 ……	第一部分 第二章　新的权利和保障
巴拉圭共和国宪法（1992年6月20日制宪大会通过并颁布）	第63条关于民族认同 法律承认保障印第安人在其居住地保存和发展其民族特征的权利。他们有权自由决定其在政治、社会经济、文化和宗教组织制度，并可自觉服从其习惯法则。…… 第65条关于印第安原住民的参与权 国家保障印第安人原住民依据其习惯法、本宪法及本国法律规章参与国家经济、社会、政治、文化的权利。 第66条关于印第安原住民的教育与援助 国家尊重印第安人原住民固有的教育体制及文化特性。依照其请求，国家保护其人口免于减少，环境免受破坏污染，经济免受压榨剥削及文化免受异化。 第81条关于国家文化资产 1. 国家将会采取措施保存、维护、修复、重建、拯救、赎回国家所有的文化资产，包括历史文件、物品，具有历史、考古、艺术、科学价值的建筑或古迹废墟，及其所附属的相关土地或其他物体。 2. 国家将制定现存国内的国家级文物资产登记办法，必要时也会通过对外交涉拯救和赎回留滞海外的文物。相关负责部门有义务担负无文字记载文物的保存责任，并充分与社会各界合作。禁止国家文化资产的滥用、破坏、盗取及买卖等商业性交易行为。	第一部分　基本原则、权利、义务和保障 第二编　权利、义务和保障 第五章　关于印第安人 第一部分　基本原则、权利、义务和保障 第二编　权利、义务和保障 第七章　关于教育与文化

续表

宪法名称	"文化遗产保护"相关条款内容	条款分布
巴拿马共和国政治宪法（1972年10月11日由制宪会议通过并生效）	第80条 国家承认全体人类参与文化的权利，鼓励共和国全体居民参与民族文化。 第81条 民族文化由巴拿马人历经世代创造的艺术、哲学和科学成果组成。国家推动、发展和保护文化遗产。 第85条 见证巴拿马历史的古代遗址和文物、文件、历史遗迹以及其他动产和不动产，都是国家的历史遗产。国家可颁布法令征收个人手中的历史遗产。法律将作出有关规定保护这些遗产，对商业、旅游、工业和技术项目采取必要的防范措施。 第90条 国家承认和尊重土著村社的人文，将实施发展其每种文化的物质、社会和精神价值的计划，并建立研究、保护和传播他们的文化和语言并促进这些人群全面发展的机构。 第257条 如下列属于国家所有： 7.历史遗迹、文物及其他见证民族历史的财产。如果上述财产以某种名义被私人占有，其归还国家的程序由法律规定。 8.古迹文物，其开发、研究和恢复由法律规定。 第260条 国家的艺术和历史财富属民族文化遗产，受国家保护。国家禁止对其破坏、出口或转让。	第三章　个人和社会的权利和义务 第四节　民族文化 第九章　国家财产 第一节　国家财产和权益

续表

宪法名称	"文化遗产保护"相关条款内容	条款分布
巴西联邦共和国宪法（1988年9月22日制宪会议通过，1988年10月5日公布实施）	第5条 法律面前人人平等，不因任何理由而有所差别。本宪法依照下列条款，保障所有巴西公民和居住在巴西的国外公民的生命、自由、平等、安全和财产权利不受侵犯： 73.除非被证明是恶意的，任何公民提出民众诉讼，以废止有害于公共财产或国家参与其中的法律实体的财产，或者有害于行政秩序、环境和历史文化遗产的行为，原告免交诉讼费，并无须支付因败诉产生的费用。 第20条 下列属于联邦财产： 10.地下天然洞穴以及考古和史前遗迹； 11.传统上由印第安人占有的土地。 第23条 联邦、州、联邦特区和市共同拥有下列权力： 3.保护具有历史、艺术和文化价值的文献、著作和其他资产，保护历史遗迹、著名自然景观和考古遗址； 4.防止艺术作品以及其他具有历史、艺术和文化价值的物品丢失、损坏或者被改变其艺术特性； 5.提供接近文化、教育和科学的途径； 第24条 联邦、州和联邦特区拥有下列领域的竞合立法权： 7.历史、文化、艺术、旅游和自然景观资产保护； 8.损毁环境，损害消费者，破坏具有艺术、美学、历史、游览和景观价值的财产与权力的赔偿责任； 第215条 国家应保障公民文化权利的充分行使，有获得国家文化资源的渠道，并支持和鼓励文化表达的欣赏和传播。 §1.国家应对普通大众、土著、非裔巴西人的文化表达，以及国家文明进程中的其他参与群体的文化表达，予以保护。 §2.法律应规定为国家各族群设立高度显著的纪念日。	第二编　基本权利和保障 第一章　个人、集体的权利和义务 第三编　国家组织 第二章　联邦 第八编　社会秩序 第三章　教育、文化和体育 第二节　文化

327

续表

宪法名称	"文化遗产保护"相关条款内容	条款分布
巴西联邦共和国宪法（1988年9月22日制宪会议通过，1988年10月5日公布实施）	§3.法律应规定为期多年的国家文化纲要，以追求国家文化的发展及以下公共行为活动的融合： 1.维护巴西文化遗产的稳定； 2.生产、促进和传播文化产品； 3.为多个层面的文化管理而组建具备资格的人事体系； 4.获得文化产品的民主化； 5.保持民族和地区的多样化。 第216条 巴西文化遗产包括物质和非物质的遗产，只要其独自或作为一个整体，能体现构成巴西整个社会各个群体的特征、行为和记忆： 1.以表现的形式； 2.以创造、制作和居住的方式； 3.进行科学、艺术和技术的创作； 4.作品、物体、文献资料、建筑及其他用于展示文化艺术的空间； 5.城市综合体及具有历史、风景、艺术、建筑、古生物研究、生态或科技价值的地方。 §1.在社区的协作下，政府应通过编列详细清单、登记、监察、制定历史遗迹法令、没收及其他形式的预防和保护措施，并鼓励并保护巴西文化遗产。 §2.按照法律规定，公共机关有责任保护政府的文化资料，采取相应措施使有需要进行查询的人能够查阅。 §3.对具有文化特质和价值的产品及知识，法律应规定给予鼓励。 §4.根据法律规定，对文化遗产的破坏和威胁进行处罚。 §5.所有文件及唤起对过去逃亡奴隶隐匿处历史回忆的场所，应被视作历史遗迹。 §6.州及联邦特区可作为一个整体，以其来自国家资金中净税收收入的0.5%用于文化发展，对文化项目和工程进行经济支持，但这些资金不可用于支持： 1.人事开支或工资支出； 2.借款服务； 3.其他任何与受支持的投资或股票不直接相关的日常开支。	

续表

宪法名称	"文化遗产保护"相关条款内容	条款分布
巴西联邦共和国宪法（1988年9月22日制宪会议通过，1988年10月5日公布实施）	第231条 印第安人的社会组织、风俗、语言、信仰和传统得到承认，并确保传统上被其占领的土地所有权。联邦有责任规划这些土地，并对印第安人的所有资产予以保护和尊重。 §1.传统上被印第安人占领的土地，是指根据土地的用途、习惯和传统，作为其永久居住，用于其生产活动，为保护其赖以生存的环境资源而不可缺少，再造其物质和文化必需的土地。	第八编 社会秩序 第八章 印第安人
秘鲁共和国宪法（1993年10月31日由公民投票通过，1993年12月29日由民主立宪大会批准，1993年12月31日生效）	第2条 所有人均有以下权利： 8.进行思想、艺术、科学和技术创作的自由，并对这些创作拥有所有权和从中获得利益的权利。国家应拓展获取文化的渠道并鼓励文化的发展和传播。 第21条 已明确宣布或理应是文化资产的遗址、遗迹、建筑、古迹、名胜、文献资料、档案、艺术物品、具有历史价值的文物等，不管是国家或私人拥有，都是国家的文化遗产，受到国家的保护。 法律保障这些文化遗产的所有权。依据法律规定，鼓励私人参与保护、维修、展出、宣传这些文化遗产，再被非法运出国时也鼓励私人将其送返国内。	第一章 人和社会 第一节 人的基本权利 第一章 人和社会 第二节 社会和经济权利

续表

宪法名称	"文化遗产保护"相关条款内容	条款分布
玻利维亚共和国宪法(2009年1月25日全民公决通过)	第9条 以下目标和基本功能作为宪法和法律的补充： （3）重申和巩固民族团结，维护历史文化遗产和人类多样性。 第30条 1.在早期西班牙殖民者入侵土著民族之前，土著民族就存在对自身文化、语言、历史传统、制度、领土和世界观的集体认同。 2.在国家统一框架下且与本宪法相符的条件下，少数民族及土著民族享有以下权利： （9）对其常识和传统知识、传统医药、语言、仪式、特征符号及服饰的保留、尊重和推广； （12）在整个教育系统中推行跨文化、自身文化、外部文化和多语种教学； 第98条 1.文化多样性是多民族国家的基石，多元文化有助于实现国家和民族间的和谐稳定与平衡，多元文化应尊重差异性，坚持平等原则。 2.国家承担弘扬土著文化的责任，确保其知识、技能、价值观、精神和世界观的存续。 3.维护、保护、发展和传播现有文化是国家的基本责任。 第99条 1.玻利维亚人民的文化遗产是不可分割、不可撤销且无时效性的。法律促进经济资源的优先保护、保存和推广。 2.依据法律规定，国家应确保登记、保护、修复、恢复、振兴、充实和促进文化遗产的传播。 3.依据宪法规定，自然财富、考古、古生物学、历史、纪录片、宗教和民间传说均是玻利维亚人民的文化财产。 第100条 1.神话、口述历史、舞蹈艺术、文化知识和传统技术是国家和土著民族的文化遗产，这种遗产组成了国家身份表达的一部分。 2.国家应通过注册知识产权来保护知识技能，维护国家、土著民族和非裔玻利维亚社区的非物质财产。	第一部分　国家基础、权利、义务和保障 第一章　国家基础 第二节　国家原则、价值观和目标 第一部分　国家基础、权利、义务和保障 第二章　基本权利和保障 第四节　少数民族及土著民族的权利 第一部分　国家基础、权利、义务和保障 第二章　基本权利和保障 第六节　教育和文化权利 第三分　节文化

附录 世界各国现行宪法"文化遗产保护"相关条款一览表

续表

宪法名称	"文化遗产保护"相关条款内容	条款分布
玻利维亚共和国宪法（2009年1月25日全民公决通过）	第101条 艺术和流行产业的无形资产应受到国家的特殊保护。同样人类文化遗产和人类文化古迹，包括有形的和无形的，也应受到国家的特殊保护。 第102条 根据法律规定，国家注册和保护知识产权，保护个人和集体作品及作品的作者、表演者、作曲家、发明家和科学家。 第108条 玻利维亚人民的义务包括： (14)保护和捍卫玻利维亚自然、经济和文化遗产； 第298条 1.以下是中央政府的特有职权： (13)管理国家多民族遗产和中央级别的公共实体遗产； 2.以下是中央政府的专属职权： (25)促进文化和国家利益下的有形和无形的文化遗产、历史遗产、艺术遗产、纪念性遗产、建筑、考古、古生物学、科学遗产的保护； (27)信息和文献中心、档案馆、图书馆、博物馆、期刊和其他国家利益产物； 第300条 1.以下是自治区政府管辖范围内的专属职权： (19)促进和保护自治区文化、历史、艺术、纪念物、建筑、考古、古生物学、科学、有形和无形的遗产； 第302条 以下是自治市政府管辖范围内的职权： (15)保持和管理当地的自然遗产； (16)保持和管理当地文化、历史、艺术、纪念物、建筑、考古、古生物学、科学、有形和无形的遗产； (17)规划当地旅游政策； 第304条 1.土族民族自治区可行驶以下专有职权： (10)保护和促进有形的和无形的文化遗产，推广其文化、艺术、身份、考古遗址、宗教场所和博物馆；	第一部分 国家基础、权利、义务和保障 第三章 义务 第三部分 国家领土结构和组织 国家的领土组成 第八节 职权分配

续表

宪法名称	"文化遗产保护"相关条款内容	条款分布
多米尼加共和国宪法（2010年1月26日由国民大会通过并生效）	第52条　知识产权 在法律规定的形式和限制内，承认和保护科学、文学、艺术、发明和创新，商号、商标、标识等作品和其他人类智慧的产物的排他性所有权。 第64条　文化权利 人人都有权参与并在国家的文化生活中活动，自由和不受审查地充分接触和享受文化产品和服务，科学进步、艺术和文学作品。国家保护作者和发明家享有其作品带来的精神利益和物质利益。因此： （1）制定政策、促进和鼓励在国家和国际范围内，各种多米尼加文化的科学、艺术和流行表现形式，鼓励和支持个人、机构和社区为文化活动和计划的发展作出的努力。 （3）通过对科学研究和文化生产的支持与传播，认识到个人和集体的文化认同价值，对于整体和可持续发展、经济增长、创新和人类福利的重要性。保护文化工作者的尊严和完整性。 （4）国家有形和无形的文化遗产，均处于国家的保护之下，确保得到保护、丰富、保存、修复和增强。国家的文化遗产，无论是国有或已被国家收购，都是不可剥夺和不可扣押的，这种产权是不可剥夺的。同等保护私人手中的文化遗产和水下文化遗产，不得非法出口和掠夺。 法律作出对其收购的规定。	第二部分　基本权利、保障和义务 第一章　基本权利 第二节　经济和社会权利 第二部分　基本权利、保障和义务 第一章　基本权利 第三节　文化和体育权
	第66条　集体权利和扩散性权利 国家承认集体的和扩散性的权利和利益，其行使受法律规定的条件和限制制约。因此—— （3）保护文化遗产、历史遗产、城市遗产、艺术遗产、艺术遗产、建筑遗产和考古文物遗产。	第二部分　基本权利、保障和义务 第一章　基本权利 第三节　集体和环境权利
	第75条　基本义务 （11）发展和传播多米尼亚文化，保护国家自然资源，确保对干净健康环境的保护。 （12）强化民主，保障民主质量，尊重公共财产，透明地行使公共职权。	第二部分　基本权利、保障和义务 第四章　基本义务

续表

宪法名称	"文化遗产保护"相关条款内容	条款分布
厄瓜多尔共和国宪法（2008年7月经制宪大会通过，2008年9月经全民公决后于2008年10月20日生效）	第22条 所有人均有权培养其创造能力，有权有尊严并持续地进行文化和艺术活动，并有权因其科学、文学或艺术作品而从对精神权利和遗产权利的保护中受益。 第25条 所有人均有权从科学进步和祖先智慧中受益，并将其应用。	第二编 权利 第二章 与生活相关的权利 第四节 文化及科学
	第57条 根据宪法及各有关人权的国际公约、宣言以及其他国际法，承认并确保各土著群居区、社区、民族和种族享有以下集体权利： 1.自由维持、发展及加强身份认同、归属感、祖先的传统以及各种社会组织。 13.保存、恢复、保护、发展并保留其文化和历史遗产，将其作为厄瓜多尔文化遗产不可分割的一部分。国家应为其提供更多的所需资源。	第二编 权利 第四章 社区、民族和种族的权利
	第264条 除法律规定外，市政府还有以下的专属管辖权： 8.保存、维护并促进该市的建筑、自然和文化遗产，并为此目的建立公共空间。	第五编 国家的领土划分 第四章 管辖权制度
	第276条 发展方针具有以下目标： 7.保护并促进文化多样性，尊重其延续及交流的空间，恢复、维护并加强社会和文化遗产。	第六编 发展方针 第一章 一般原则
	第377条 全国文化体系的目的是强化民族身份；保护和促进文化的多元化；刺激艺术的自由创作；刺激文化财富的出品、传播和发行；保护社会记忆和文化遗产；保障文化权利的充分行使。 第378条 全国文化体系由文化界所有接受公共资金的机构和自愿加入这一体系的集体和个人组成。 接受公共资金的文化单位必须接受监管，并承担责任。	第七编 良好生活的体制 第一章 包容与平等 第五节 文化

333

续表

宪法名称	"文化遗产保护"相关条款内容	条款分布
厄瓜多尔共和国宪法(2008年7月经制宪大会通过,2008年9月经全民公决后于2008年10月20日生效)	国家通过相关机构主导这一体系,尊重自由创作和表达、尊重文化多元化。负责管理和促进文化,负责指导和实行文化领域的国际政策。 第379条 下列属于纪念个人和集体的有形的和无形的重要文化遗产,受国家保护: 1.语言、表达方式、口头传统以及各种文化表达和创作,涉及宗教、庆典和生产方面。 2.楼房、城市建筑、纪念碑、自然景区、道路、花园、地标景点,或具有历史意义、艺术意义、考古意义、人种意义或古生物学意义的景点。 3.具有历史意义、艺术意义、考古意义人种意义或古生物学意义的文件、物品、收藏、档案、图书馆和博物馆。 4.艺术和科技创作。 国家的文化遗产是不可分割、不可查封和不可缺少的。国家有获得文化遗产的优先权并保证予以保护。任何损坏将依法受到惩罚。 第380条 下列应该由国家负责: 1.通过持久的政策关心有形和无形的文化遗产,历史、艺术、语言、考古方面的财富,集体回忆录,有价值的整体,具有厄瓜多尔多民族、多元文化和多种族的表达,并加以保护、捍卫、恢复、推广和提升。 2.促进归还和重新获得被掠夺、丢失或损坏的遗产,保障合法储存印刷品、音像制品及大量传播的电子内容。 5.支持艺术专业。 6.设立奖金和鼓励,使个人、机构、企业和媒体推动、支持、发展和资助文化活动。 7.保障文化多元性,推动本国生产文化财富,加以大量传播。 8.充分和及时的保证资金来实施文化政策。	

续表

宪法名称	"文化遗产保护"相关条款内容	条款分布
哥伦比亚共和国政治宪法(1991年7月4日制宪大会通过)	第7条 国家承认并保护哥伦比亚种族和文化的多样化。 第8条 保护国家的物质和文化遗产是国家和国民的义务。 第72条 文化遗产受国家宪法保护。塑造民族身份认同的考古遗产与其他文化资源属于国家,并且是不可分割、不可剥夺和不可侵犯。宪法将建立机制来恢复个人掌控的遗产资源,规范族群享有他们民族占领地内的考古财富这一特殊权利。 第95条 每个公民需承担下列义务: 8.保护国家的文化和自然资源,维护国家良好的环境。	第一编 基本原则 第二编 权利、保障和义务 第二章 关于社会、经济和文化权利 第二编 权利、保障和义务 第五章 关于责任和义务
古巴共和国宪法(1976年2月15日经全民投票通过)	第39条 国家奖励和发展各种教育、文化和科学。国家在教育和文化方面的政策中遵守下列原则: (9)国家关心古巴文化的塑造,保护作为国家财富的文化遗产和国家的艺术历史文物珍品。国家保护以其自然的优美著称或者具有艺术历史价值的各种国家古迹和胜地; (10)国家促使公民通过各种群众性的社会团体参加实现国家的教育和文化政策。 (根据全国人民政权代表大会1992年7月12日作出的修正案增加)	第五章 教育与文化
圭亚那合作共和国宪法(1980年10月6日生效)	第149条 之七原住民的权利 原住民有保护、保持和传播他们的语言、文化遗产和生活方式的权利。	第二编 细则 第一节 个人基本权利和自由的保护

续表

宪法名称	"文化遗产保护"相关条款内容	条款分布
海地共和国宪法（1987年3月29日经全民公决通过，2011年5月9日经国民大会修正，2011年5月14日生效）	第215条 国家的考古、历史、文化和民间艺术以及建筑遗迹，足资证明我国的伟大历史，属于民族遗产的一部分。因此，纪念碑、遗迹以及我们祖先奋斗的遗迹，我们非洲信仰的著名中心和所有残存的历史遗迹均受到国家保护。	第六编　独立机构 第五章　大学、科学院和文化
洪都拉斯政治宪法（1982年1月11日由国民制宪大会颁布，1982年1月20日生效）	第172条 洪都拉斯的所有人文、考古、历史和艺术方面的财富为国家文化继承遗产的一部分。 法律应视情况制定相关规定以作为上述财富保存、重建、维持及恢复的基础。 所有洪都拉斯人都有责任保护他们的遗产不受非法损害。 …… 第173条 国家保护并弘扬国家文化，包括民族舞蹈、民间艺术及手工艺等传统表现形式。	第三编　宣告、权利和保障 第八章　教育与文化
墨西哥合众国政治宪法（1917年1月31日由制宪会议制定，并于1917年2月5日公布于官方公报）	第2条 墨西哥是一个不可分割的整体。本国家源于土著居民，是多文化的国家。 成为殖民地之前居住在本国的祖先的后裔，保有他们自己的社会、经济、文化和政治体系或其中的一部分。 …… 土著社区是指定居在一定区域并根据其习俗确定自己机构的文化、经济和社会单位。 …… 1.本宪法承认和保护土著居民和土著社区对下列事项的自决权和自治权： (1)决定其共存的内部形式，以及社会、经济、政治和文化组织。 (4)保存和发扬语言、知识和所有构成其文化和身份的因素。	第一编 第一章　人权和保障

续表

宪法名称	"文化遗产保护"相关条款内容	条款分布
尼加拉瓜共和国政治宪法(1986年8月18日有国民大会通过,1987年1月9日生效)	第126条 国家必须促进对植根于人民创造性参与的民族文化的挽救、发展和加强。 国家支持各种表现形式的民族文化,无论是集体创作还是个人创作。 第127条 艺术和文化创造自由而不受限制。文化工作者享有充分自由来选择表达的形式和方法。国家尽力为其提供创作和传播的必要便利并保护著作权。 第128条 国家保护本国考古、历史、语言和文化艺术遗产。	第七章 教育与文化
萨尔瓦多共和国宪法(1983年12月16日官方公报公布,1983年12月20日生效)	第63条 共和国的艺术、历史与考古财富属于萨尔瓦多文化遗产。国家根据特别法提供保护。	第二编 个人权利和基本保障 第二章 社会权利 第三节 教育、科学与文化

续表

宪法名称	"文化遗产保护"相关条款内容	条款分布
危地马拉共和国政治宪法（1985年5月经国民议会通过，1986年1月14日生效）	第57条 文化权 人人有权自由参与社会文化和艺术生活，并享受国家科学进步的成果。 第58条 文化认同 个人和社会有权依据其价值观、语言和风俗习惯使其文化特性受到认同。 第59条 对文化的保护和研究 国家的一项首要任务就是保护、促进和传播本国文化，颁布法律和规定以弘扬、复兴、保留和恢复本国文化；推动和规范对文化的科学研究以及对相应技术的开发和应用。 第60条 文化遗产 古生物、考古、历史和艺术有形和无形财产都属于民族文化遗产，应受到国家保护。除法律有规定的情况外，严禁文化遗产外流、出口或改造。 第61条 保护文化遗产 古迹、古碑以及危地马拉文化中心应受到国家特别照顾，以保留其特色，保护其文化和历史价值。已经被列为世界遗产的蒂卡尔国家公园、基里瓜考古公园以及危地马拉古镇，以及其他类似文化遗产适用特殊保护制度。 第62条 保护艺术、民俗和传统工艺 民族艺术、大众艺术、民俗以及本地手工技艺应当受到国家的特殊保护，以保留其原汁原味的特色。国家应面向国内外开放市场，实现艺术品和手工艺品的自由流通，以促进其生产并发展生产工艺。 第65条 对文化的保护与促进 国家应指派一家具有独立预算的专门机构负责开展与保护和促进文化及其表现形式有关的活动。	第二编 人权 第二章 社会权利 第二节 文化
	第66条 对民族群体的保护 危地马拉是由各民族共同组成的国家，其中包括属于玛雅人后裔的土著居民。国家承认、尊重并促进其生活方式、风俗习惯、传统、社会组织形态、土著人的民族着装、语言和方言。	第二编 人权 第二章 社会权利 第三节 土著社区
	第121条 国家财产 以下属于国家财产： （6）文物古迹和考古遗址；	第二编 人权 第二章 社会权利 第十节 经济和社会制度

续表

宪法名称	"文化遗产保护"相关条款内容	条款分布
委内瑞拉玻利瓦尔共和国宪法（1999年12月20日由制宪大会颁布，1999年12月30日生效）	第9条 　　官方语言是西班牙语。土著人也可使用本地语言作为官方用语，在共和国领土内使用本地语言将作为国家与民族文化遗产的一部分予以尊重。 第98条 　　文化创作自由。这项自由包括投资权、创作权、传播创作作品、科学作品、技术成果和人文著作的权利，法律保护作者对其作品享有的权利。国家依据法律和共和国批准的国际条约承认并保护科学、文学和艺术作品的知识产权，承认并保护发明、创造、商业名称、专利、商标和口号等知识产权。 第99条 　　文化价值是委内瑞拉人不可剥夺的财产，是受到国家鼓励和保障的基本权利，国家努力提供必要的条件、法律制度、方法和资金，对此予以鼓励和保障。依法承认文化在公共管理上的自治。国家保护、维护、丰富、保存和重建有形和无形的文化遗产以及国家的纪念物。国家的文化遗产不可转让，不应受到漠视和限制。破坏这些遗产应依法予以制裁和惩罚。 第119条 　　国家承认土著人及其社区的存在，他们的社会、政治和经济组织、文化和风俗习惯，语言和宗教信仰，住所及其祖先和传统上占领的土地的原始权利，以及其生活方式都受到必然的发展和保障。国家负责在土著人的参与下对他们的集体土地所有权进行划分并予以保障。依据本宪法和法律，他们对土地的集体所有权是不可转让的，不受制于法律的限制和疏忽。 第121条 　　土著人有权维护和发展他们的部落文化、世界观、人生观和精神圣地以及宗教场所。国家应促进对土著人文化的欣赏和传播，考虑到他们特殊的社会文化特点、价值观和传统，土著人可以有自己的教育权和跨文化与双语教育制度。	第一编　基本原则 第二编　义务、人权和保障 第六章　文化教育权 第二编　义务、人权和保障 第八章　土著人的权利

339

续表

宪法名称	"文化遗产保护"相关条款内容	条款分布
委内瑞拉玻利瓦尔共和国宪法（1999年12月20日由制宪大会颁布，1999年12月30日生效）	第124条 土著人的知识、技术和方法上共有的知识产权受到保护。与基因资源有关的任何活动和知识都应用于集体利益。这些祖先传下来的知识和资源禁止进行专利登记。 第126条 土著人的文化具有祖先传下来的根基，是国家的一部分。国家和委内瑞拉人民是一个整体，主权不可分割。依据本宪法，他们负有保护国家主权完整的义务。 …… 第127条 每一代人都有为自身利益和未来世界保护和维持环境的权利和义务。人人都有单个和集体享受安全、健康和生态平衡的权利。国家应当保护环境和生物的多样性，保护生态循环、国家公园、名胜古迹和其他重要的生态领域。生物染色体不得获取专利，该领域由法律依据生物伦理原则予以管理。 ……	第二编 义务、人权和保障 第九章 环境权
乌拉圭东岸共和国宪法（1966年11月27日公民投票决定，1967年2月1日由国会主席颁布）	第34条 国家所有的艺术或历史财产，无论归何人所有，均属国家文化财产的一部分；受国家保护，法律应作出人物必要的、相应的保护规定。	第二编 权利、义务、保障 第一章
智利共和国宪法（1980年9月11日通过，1981年3月11日生效）	第19条 宪法保障所有人民： 10.受教育权。 …… 国家有义务提升各级教育水平，鼓励科学和技术研究、艺术创新，保护和增加国家的文化遗产。	第三章 宪法权利和义务

附录 世界各国现行宪法"文化遗产保护"相关条款一览表

续表

宪法名称	"文化遗产保护"相关条款内容	条款分布
巴布亚新几内亚独立国宪法(1975年8月15日由制宪会议通过,1975年9月16日生效)	第4条自然资源和环境 …… 我们号召: (二)为我们自身和后代的利益,保护和完善环境及其宗教的、风景的和历史的特征; 第5条巴布亚新几内亚道路 …… 我们号召: (三)我国人民在文化、贸易和种族上的多样化是积极因素,我们传统的生活方式和传统文化,包括语言,是丰富多彩的,要培养对它们的尊重和重视,要积极地、创造性地、心悦诚服地运用它们去完成发展任务; 我们据此宣布我们国家的所有人对自己和后代,互相之间,对国家负有下列义务: (四)保护巴布亚新几内亚,为了当今一代和子孙后代的利益而捍卫国家财富、资源和环境;	国家目标和指导原则 基本社会义务

后 记

我从2007年硕士毕业进入故宫博物院工作至今，已十五年有余。每天看到恢宏壮美的宫殿建筑群、一榫一卯之间遍布巧思的古建筑、精美绝伦的各类文物，无不赞叹古人的奇思妙想、精湛技艺，以及蕴含其中的美学意境和哲学理念，敬畏之情油然而生。也正因如此，每当我看到或听到古建筑破坏、文物毁损，都百感交集、心痛不已，希望力所能及地为此找寻解决之道，哪怕只是为此贡献自己一些粗浅、不成熟的观点和思考，以期"抛砖引玉"启迪真正的能人志士为保护中华文化遗产寻找到行之有效的理论实践路径。

我们说"良法善治"，是希望既有"良法"，同时又有"善治"，也就是既要有"立法保障"也要同时具备"法律的（主体性和支持性）实施保障"。正如我在书中所示，法治系统的相互配合和严密作用才能为文化遗产的存续提供完备的行为规范保障。文化遗产保护是一个系统工程，需要匹配较高专业性和复杂性的文化遗产保护实施技术。重视文化遗产法治保障的系统性和协调性既是"法治中国"建设体系的外在要求，亦是文化遗产事业发展的内在需求。文化遗产的法治保障不仅需要理论上的系统构建，更需要实践中的体系配合。

党的十八大以来，随着国家兴盛、民族复兴之势，以及人民对于美好生活的新期待，使得文化遗产在我国社会生活中的位置愈显重要，无论是文化遗产法治保护理论之探讨，还是文化遗产法治保护实践之施行都日益增多。

后记

就在本书付梓之际，我得悉《文物保护法》已列入2022年全国人大常委会立法工作计划。从目前的修订草案（征求意见稿）来看，所涉法条已从8章80条扩充至9章107条。值得注意的是，在本次征求意见稿中增设专章，就文物保护监督检查进行了规定。这无不透显出国家在加强文化遗产主体性实施保障和支持性实施保障的系统弥合所作的努力，这是我非常高兴看到的。

在法学视域探讨文化遗产的保护，是我提升理论思维的一次重要学习经历。我还记得2013年国庆，我与太太去海边度假时，我躲在椰树下，斜卧在躺椅上，左手端着张千帆老师所著的《宪法学讲义》，右手拿着黑笔勾画重点。写作期间，抱着笔记本电脑去度假更是成为家常便饭。现在回想起来，这些场景似乎别有一番趣味。那些在当时看来的必要和无奈，也已融进了字里行间，成为本书的一部分，也成了我人生的重要组成部分。我想工作与学习、思考与写作还将继续陪伴着我。

此外，法学理论的宽广和深邃、严谨与思辨于我而言无疑是一个重大的学术挑战。许多时候，我越是深入研究，越是感觉思想学识亟待丰富和升华，迷茫和怀疑更是寻觅文思时的"家常便饭"。也正是这些沉思和体验，反倒激发了我对文化遗产的敬畏，给予了我读书思考和坚持研究的动力。正因为文化遗产本身的脆弱性、不可再生属性和亟待系统保护的迫切性，更需要对其法治保障积极倡言和呼吁。在文化遗产面前，我们更加需要如履薄冰，好生待之。

本书的完成并非我一人之功，是许多爱我、支持我的人共同努力的成果。首先我要感谢我的博士生导师程燎原教授，能够在程老师指导下研习法学，是我毕生之荣幸。感谢我所在单位的领导故宫博物院王旭东院长和朱鸿文副院长，他们为我提供了优质的工作和学术平台及展示才能的宽阔舞台。感谢我所在部门的领导数字与信息部苏怡主任，她在工作和学习方面给予了我巨大指导和帮助。感谢我的父亲和母亲持续在学术路上鼓舞我，许多时候的动力都来源于他们的不断鼓励。感谢我的岳父和岳母，在忙于工作和学习之时，许多时候我都疏于料理家务和照顾孩子，多亏他们的悉心关爱和支持。此外，我还要特别感谢我的太太，感谢她对我在研究上的大力支持和生活上的照顾，一路有她，伴我同行。最后，我要感谢出版此书的责任编辑吴昊先生，给予本书精心的编辑、校对和出版建议，使本书增色不少。

  学术研究之路，永无止境。期待在未来的日子里，我能够对文化遗产的法治问题有更进一步的思考与探索。囿于本人学识水平，本书中的不足和错误，敬请读者不吝斧正。

黄墨樵
2022年8月于北京